云南工业发展研究系列丛书

云南工业经济结构研究

和段琪　蒋兴明　梁双陆　等著

北　京
冶 金 工 业 出 版 社
2015

内 容 提 要

本书分析了云南工业结构性特征，云南工业经济结构凸现出重工业资源依赖度高、大而不强，烟草工业“一枝独秀”，其他行业小散弱等深层次的结构性问题。在实施产业转型升级和现代产业体系建设中应做到新的做优、小的做大、大的做强，推进产业结构高级化和发展方式转变，在此基础上提出“创新驱动、改革推动、开放带动”等举措推进工业调结构上水平。

本书可供经济地理学、工业地理学、产业经济学、区域经济与区域发展等领域的研究人员、管理和决策人员使用，也可供高等院校相关专业师生参考。

图书在版编目(CIP)数据

云南工业经济结构研究/和段琪等著. —北京：冶金工业出版社，2015.10

(云南工业发展研究系列丛书)

ISBN 978-7-5024-7045-6

Ⅰ.①云…　Ⅱ.①和…　Ⅲ.①工业经济结构—研究—云南省　Ⅳ.①F427.74

中国版本图书馆CIP数据核字(2015)第239765号

出 版 人　谭学余
地　　址　北京市东城区嵩祝院北巷39号　邮编　100009　电话　(010)64027926
网　　址　www.cnmip.com.cn　电子信箱　yjcbs@cnmip.com.cn
责任编辑　杨秋奎　美术编辑　杨　帆　版式设计　孙跃红
责任校对　郑　娟　责任印制　牛晓波
ISBN 978-7-5024-7045-6
冶金工业出版社出版发行；各地新华书店经销；固安华明印业有限公司印刷
2015年10月第1版，2015年10月第1次印刷
169mm×239mm；14.25印张；273千字；211页
55.00元

冶金工业出版社　投稿电话　(010)64027932　投稿信箱　tougao@cnmip.com.cn
冶金工业出版社营销中心　电话　(010)64044283　传真　(010)64027893
冶金书店　地址　北京市东四西大街46号(100010)　电话　(010)65289081(兼传真)
冶金工业出版社天猫旗舰店　yjgycbs.tmall.com

前　言

经济发展过程，是否需要大力发展工业？什么是最优的工业结构？轻重工业该是怎样的比例？专家学者在国际金融危机的2008年众说纷纭。

走出误区，需要理论勇气，需要实证的支撑。历经多次调研思考后，和段琪在2008年6月组织了云南省人民政府办公厅叶燎原、蒋兴明以及云南大学梁双陆研究员等专家学者对云南工业经济结构进行了深入研究。在云南省科技厅、云南省工业和信息化委员会、云南省统计局等部门的支持下，2009年9月完成了《云南新型工业化发展过程中的结构水平研究报告》，供有关部门、企业和科研人员参考。本书就是在该研究报告的基础上修改完成的。

本书分析和总结了云南省的轻重工业结构、轻工业内部结构、重工业内部结构及特点，对矿业、生物资源加工与制造、化工、装备制造、卷烟和电力等工业内部结构进行了深入分析，对可能支撑新一轮增长的新能源、新材料、生物技术、环保等新兴产业也展开了潜力分析，在此基础上提出云南推进新型工业化进程中调结构上水平的思路与重点，并提出相应的对策措施。

本书由和段琪审定、蒋兴明审稿、梁双陆统稿。和段琪撰写了第9、10章，蒋兴明撰写第2、4章，梁双陆撰写了第3、5、6章，叶燎原撰写了第7章，毛宗晦、梁玉浩撰写了第8章，张国胜撰写了第1章。当然，本书是合作研究的成果，范艳娟、杜颖、李汝凤、宋丹洁等参与了研究报告的撰写。刘绍忠、徐盛鹏、董华、许云、周赤、杨谊群、刘春学等专家对本研究提出了很好的建议意见。王洪兴、宋海龄、谢晓阳、武俊、陆浩、殷照平、胡明武、邓建强等也对研究工作给予积极的支持。

云南如何危中求进、化危为机加快推进新型工业化发展，是我们一直思考和探索的问题。在我国经济发展进入新常态的今天，出版本书是为了引起学界和相关部门对云南工业结构调整优化的探讨与争鸣，欢迎读者批评指正。

著 者

2015 年 5 月

目　录

图 目 录

表目录

1 云南工业经济结构

工业结构首先划分为轻重工业结构。轻工业是指主要提供生活消费品和制作手工工具的工业，按其所使用的原料不同，可分为两大类：（1）以农产品为原料的轻工业。即直接或间接以农产品为基本原料的轻工业，主要包括食品制造、饮料制造、烟草加工、纺织、缝纫、皮革和毛皮制作、造纸以及印刷等工业。（2）以非农产品为原料的轻工业。即以工业品为原料的轻工业，主要包括文教体育用品、化学药品制造、合成纤维制造、日用化学制品、日用玻璃制品、日用金属制品、手工工具制造、医疗器械制造、文化和办公用机械制造等工业。重工业是指为国民经济各部门提供物质技术基础的主要生产资料的工业，按其生产性质和产品用途，可以分为下列三类：（1）采掘工业。即对自然资源的开采，包括石油开采、煤炭开采、金属矿开采、非金属矿开采等工业。（2）原材料工业。即向国民经济各部门提供基本材料、动力和燃料的工业，包括金属冶炼及加工、炼焦及焦炭、化学、化工原料、水泥、人造板以及电力、石油和煤炭加工等工业。（3）加工工业。即对工业原材料进行再加工制造的工业，包括装备国民经济各部门的机械设备制造工业、金属结构、水泥制品等工业，以及为农业提供生产资料，如化肥、农药等工业。

在云南工业经济中，轻工业比重相对较高，重工业比重相对较低，云南工业经济的轻型化特征仍然十分突出，但随着卷烟工业地位的下降，轻工业比重不断下降，重工业比重不断上升，体现出重工业化的趋势。

1.1 轻重工业结构

2005 年，云南全省规模以上重工业企业有 1649 户，占全省规模以上工业企业户数的 69.8%；轻工业企业有 713 户，占全省规模以上工业企业户数的 30.2%。2006 年，全省规模以上重工业企业有 1834 户，占全省规模以上工业企业户数的 70.5%；轻工业企业有 767 户，占全省规模以上工业企业户数的 29.5%。2007 年，全省规模以上重工业企业有 1958 户，占全省规模以上工业企业户数的 72.6%；轻工业企业有 740 户，占全省规模以上工业企业户数的 27.4%。2008 年，全省规模以上重工业企业有 2091 户，占全省规模以上工业企业户数的 73.2%；全省规模以上轻工业有 764 户，占全省规模以上工业企业户数的 26.8%。2009 年 1 ~7 月，全省规模以上重工业企业有 2383 户，占全省规模以上工业企业户数的72.9%；轻工业企业有884户，占全省规模以上工业企业户数的27.1%。

1.1.1 横向对比

从横向对比看，云南省轻工业比重相对较高，重工业比重相对较低。

轻工业比重高是云南工业经济的基本特征，从工业增加值看，2008年云南省规模以上工业实现增加值1803.62亿元，其中，轻工业完成增加值818.61亿元，占45.4%，重工业完成增加值985.12亿元，占54.6%。在金融危机影响前的2007年，云南省轻重工业增加值结构比例为46.2:53.8，轻工业增加值比重仅低于福建省（48.1%），在全国31个省（自治区、直辖市）中处于第2位（图1-1）。从工业总产值看，云南省的轻工业比重也比较高，2007年云南省完成工农业总产值6552.08亿元，其中，完成工业总产值5137.3亿元（轻工业总产值1830.16亿元，重工业总产值3307.14亿元），轻重工业结构比例为35.6:64.4，轻工业在总产值中的比重在全国31个省（自治区、直辖市）中处于第13位（图1-2）；从规模以上工业总产值看，轻工业所占比重为27.9%，但在我国的排位仍然处于中上水平。说明轻工业比重相对较高是云南工业经济的一个显著特点。

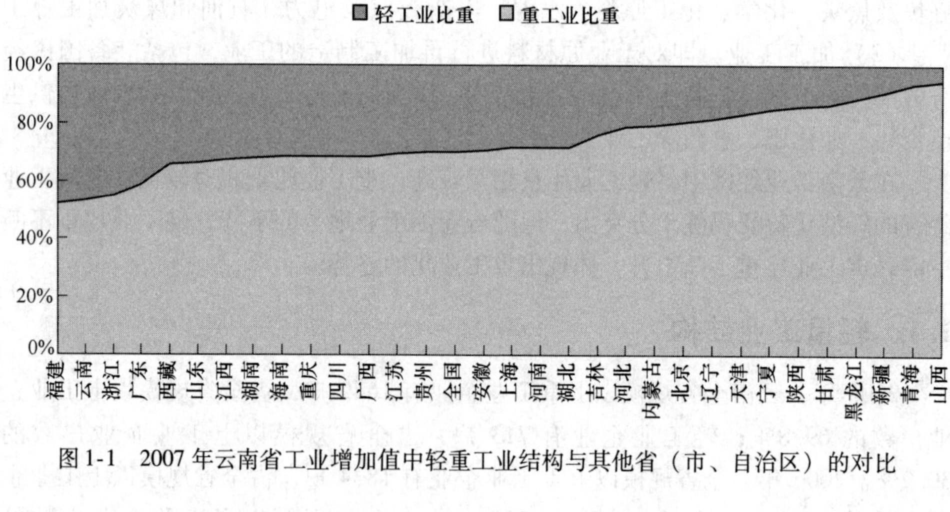

图1-1 2007年云南省工业增加值中轻重工业结构与其他省（市、自治区）的对比

1.1.2 纵向对比

从纵向比较看，云南省轻工业比重总体上呈下降态势，重工业比重呈上升态势。

从纵向发展看，改革开放以来，云南省的工业经济发展经历了轻重工业结构不断调整变化的过程，我国在改革开放前就建立起以重工业为主的工业，云南省

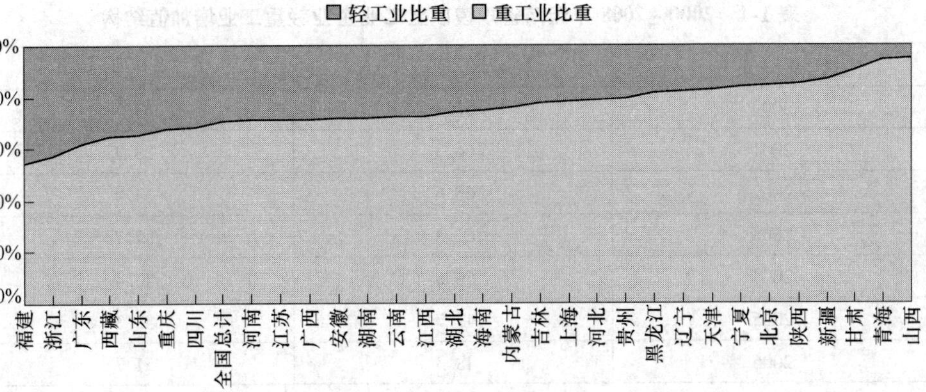

图 1-2　2007 年云南省工业总产值中轻重工业结构与其他省（市、自治区）全国的对比

也处于轻工业比重低、重工业比重高的格局，1978 年云南省的轻重工业比例为 43.0:57.0，为了解决当时日用消费品短缺的问题，改变过去片面强调发展重工业的做法，加快轻工业的发展，重点发展满足人民生活需要的日用消费品，云南省的轻工业比重逐步提高，1994 年轻工业产值超过重工业，轻工业比重达到 54.1% 的最高水平（图 1-3）。云南省的轻工业是以农产品为原料的加工工业，如烟、糖、纸等为主，后逐步下降，特别是 2000 年以后，轻工业比重下降很快，全部轻工业在工业总产值中的比重由 2002 年的 51.6% 下降到 2007 年的 35.6%，规模以上工业增加值中轻工业的比重从 2001 年的 66.3% 快速下降到 2008 年的 45.4%（表 1-1），短短 7 年时间下降了 21 个百分点。这样的结构变化，是云南省进行产业结构调整的结果，也是工业化进程加快后的必然趋势。

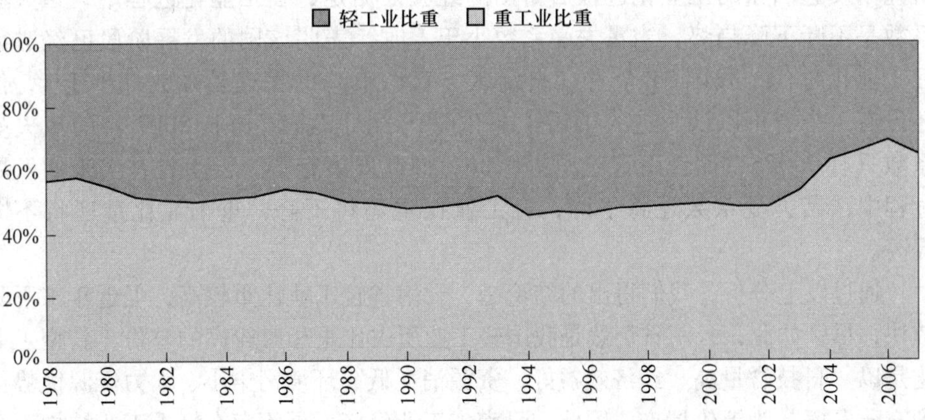

图 1-3　云南省工业总产值中的轻重工业结构

表 1-1 2000～2008 年云南省规模以上工业企业轻重工业增加值结构

年 份	轻工业比重（%）	重工业比重（%）
2000	52.3	47.7
2001	66.3	33.7
2002	65.6	34.4
2003	62.3	37.7
2004	56.6	43.4
2005	47.7	52.3
2006	48.3	51.7
2007	46.2	53.8
2008	45.4	54.6

资料来源：2001～2007 年各年云南工业经济信息资料；2008 年云南统计公报。

1.1.3 新型工业化发展要求

从新型工业化的发展要求看，云南省不存在轻重工业结构不合理的问题。

党的十六大确定了我国必须走一条“科技含量高、经济效益好、资源消耗低、环境污染小、人力资源优势得到充分发挥”的新型工业化道路。从新型工业化的定义和学界的观点看，地区工业经济发展应以科技含量、经济效益、资源消耗、环境污染、人力资源利用为评价标准，而不以轻重工业为依据，只要科技含量不断提高、经济效益不断提高，资源消耗不断下降、环境污染不断减少，能充分吸纳就业，无论是轻工业还是重工业都应该加快发展。从传统的工业化进程评价看，体现轻重工业结构的霍夫曼系数是重要评价指标，霍夫曼在研究了发达国家的工业化进程后得出的经验证据是：在工业化进程中，霍夫曼系数呈不断下降趋势，当霍夫曼系数小于 1 时，表明该国的发展阶段已经进入后工业化时代，我国 31 个省（自治区、直辖市）的霍夫曼系数都小于 1，但还没有一个省可以认为进入了后工业化时代，尤其是青海省 2007 年的霍夫曼系数只有 0.076，而云南省还高达 0.86，照此发展趋势，云南省在未来的发展过程中，霍夫曼系数还将下降，轻工业比重还将下降，重工业比重还将不断提高。

通过以上分析，我们得出的结论是：云南省轻工业比重较高，但近年来下降较快，尽管如此，云南省仍然是我国轻工业所占比重相对较高的省份，新型工业化是以“科技含量高、经济效益好、资源消耗低、环境污染小、人力资源优势得到充分发挥”为评价标准，因此，云南省工业经济发展不存在轻重工业结构不合理的问题。

1.2 轻工业内部结构

按照其所使用原料的不同，轻工业可划分为以农产品为原料的轻工业和以非农产品为原料的轻工业两大类。其中以农产品为原料的轻工业包括国民经济行业中的农副食品加工业，食品制造业，饮料制造业，烟草品制造业，纺织业，皮革，皮毛、羽毛及其制造业，木材加工及木、竹、藤、棕、草制造业，家具制造业，造纸及纸制品业等；以非农产品为原料的轻工业包括国民经济行业中的文教体育用品制造业，医药制造业，通信设备，计算机及其他电子设备制造业，工艺品及其他制造业，印刷业和记录媒介的复制，塑料制品业，废弃资源和废旧材料回收加工业等。

在过去的30多年里，尽管云南省的轻工业得到了较快的发展，但全省轻工业内部以农产品为原料的轻工业占主导地位，以非农产品为原料的轻工业发展滞后的结构性特点仍然突出，全省轻工业行业化分布趋势明显。

1.2.1 以农产品为原料的轻工业

以农产品为原料的轻工业中的烟草制品业集中度高，食品、饮料和农副食品加工快速增长。

在直接或间接以农产品为基本原料的轻工业中，烟草制品业的行业规模与平均企业规模都远远超过其他行业，但农副食品加工业与食品制造业的行业规模与平均企业规模呈现了较快的增长趋势；尽管烟草制品业的盈利能力与发展潜力仍然较大，但食品制造业、饮料制造业与农副食品加工业的发展潜在空间比较大；在与国内同行业的横向比较中，以农产品为原料的轻工业只有烟草制品业在国内与同行业中具有比较优势，而且优势越来越不明显。

2008年，尽管金融危机对以农产品为原料的轻工业的发展产生了影响，并直接或间接地导致了行业相应评价指标的波动，但这些波动并未从整体上改变以农产品为原料的轻工业内部的行业结构性特点与发展趋势。

（1）行业规模与企业规模。从行业产值规模看，在以农产品为原料的轻工业内部，烟草制品业的产值规模领先其他行业的产值规模，占据主导地位，农副食品加工业与饮料制造业的产值规模有所扩大。2007年全省以农产品为原料的轻工业内部，产值规模排在前5位的分别是烟草制品业、农副食品加工业、饮料制造业、造纸及纸制品业、食品制造业，产值分别为749.76亿元、137.44亿元、66.95亿元、37.36亿元、25.08亿元。这一结果与2003年相比，行业产值排名没有大的变化，但各行业的产值增长速度有所变化，农副食品加工业与饮料制造业的产值规模的扩张速度开始加快。

尽管受到金融危机的冲击，2008年以农产品为原材料的轻工业内部各行业的产值规模仍然保持扩张的趋势。食品制造业、农副食品制造业等行业的产值规模扩张明显；烟草制品业的产值规模仍然领先，与其他行业产值规模的差距进一步拉大；但就行业产值规模的排名而言，烟草制造业、农副食品加工业、饮料制造业的产值规模仍然靠前（表1-2）。

表1-2 云南省农产品为原料的轻工业的内部行业产值规模 （亿元）

行业分类	2008年	2008年排序	2007年	2007年排序	2003年	2003年排序
烟草制品业	853.89	1	749.77	1	507.64	1
农副食品加工业	179.66	2	137.44	2	66.64	2
饮料制造业	68.62	3	66.95	3	14.94	4
造纸及纸制品业	42.32	4	37.36	4	21.24	3
食品制造业	37.84	5	25.08	5	8.24	6
木材加工及木竹藤棕草制品业	18.84	6	15.19	6	8.97	5
纺织业	12.32	7	9.82	7	4.48	7
纺织服装、鞋、帽制造业	1.37	8	1.67	8	1.13	8
家具制造业	0.60	9	0.57	9	0.34	10
皮革毛皮羽毛（绒）及其制品业	0.07	10	0.06	10	0.69	9

资料来源：云南工业经济信息资料2007、2003；2008年数据来自云南省统计局提供的内部数据，未经国家统计局审核。

就从业人员人数看（表1-3），烟草制品业的从业人员年平均数领先其他行业，农副食品加工业、饮料制造业的从业人员年平均数紧跟其后。从以农产品为

表1-3 云南省以农产品为原料的轻工业的内部行业从业人数

行业分类	2008年	2008年排序	2007年	2007年排序	2003年	2003年排序
烟草制品业	853.89	1	749.77	1	507.64	1
农副食品加工业	179.66	2	137.44	2	66.64	2
饮料制造业	68.62	3	66.95	3	14.94	4
造纸及纸制品业	42.32	4	37.36	4	21.24	3
食品制造业	37.84	5	25.08	5	8.24	6
木材加工及木竹藤棕草制品业	18.84	6	15.19	6	8.97	5
纺织业	12.32	7	9.82	7	4.48	7
纺织服装、鞋、帽制造业	1.37	8	1.67	8	1.13	8
家具制造业	0.60	9	0.57	9	0.34	10
皮革毛皮羽毛（绒）及其制品业	0.07	10	0.06	10	0.69	9

资料来源：云南工业经济信息资料2007、2003；2008年数据来自云南省统计局提供的内部数据，未经国家统计局审核。

原料的轻工业的内部行业从业人员年平均数看，2003～2007 年烟草制品业的从业人员年平均数尽管出现了下降，但仍然排在第 1 位；农副食品加工业的从业人员年平均数变化不大，排名第 2 位；饮料制造业开始吸纳更多的就业人员，而纺织业的从业人员年平均数开始出现较大幅度的增加。

对比 2007～2008 年的数据，金融危机并未对以农产品为原料的轻工业的就业产生明显的影响。2008 年，全行业内部就业人数的排名未出现变化；除纺织服装、鞋、帽制造业就业人数出现了小幅下降外；其他行业的就业人数都呈现增长（表 1-3）。

从行业企业单位数与企业规模看，烟草制品业企业规模进一步扩大，农副食品加工业、饮料制造业、食品制造业的企业规模排名尽管靠前，但企业规模明显偏小。2007 年，烟草制品业平均企业规模为 34.08 亿元/户，排名第 2～5 位的农副食品加工业、饮料制造业、纺织业、食品制造业的企业规模仅仅为烟草制品业企业规模的 2.2%、1.7%、1.5%、1.4%；与此相反，这些行业的企业单位数分别为烟草制品业企业单位数的 8.1 倍、5.1 倍、0.9 倍、3.9 倍。因此，除纺织业因产业收缩导致企业规模较小外，其他行业则呈现明显的过度竞争局面，行业企业单位数过多，企业规模过小。

对比 2007～2008 年的数据，金融危机对以农产品为原料的轻工业内部行业的企业规模与企业单位数影响不大。2008 年，烟草制造业企业规模继续攀升，排名第一；农副产品加工业、饮料制造业等行业受企业单位数出现明显上升趋势的影响，企业规模呈现了一定的下滑趋势，但排名仍然靠前（表 1-4 和表 1-5）。

表 1-4　云南省以农产品为原料的轻工业的内部行业企业单位数

行业分类	2008 年	2008 年排序	2007 年	2007 年排序	2003 年	2003 年排序
农副食品加工业	45520	1	41843	1	42528	1
烟草制品业	30947	2	29617	2	28571	2
饮料制造业	21271	3	21986	3	11264	4
造纸及纸制品业	13830	4	14498	4	10601	5
纺织业	12874	5	13086	5	19119	3
木材加工及木竹藤棕草制品业	12110	6	11520	6	8820	6
食品制造业	11973	7	9673	7	8092	7
纺织服装、鞋、帽制造业	878	8	1127	8	2186	8
家具制造业	503	9	502	9	311	10
皮革、毛皮、羽毛（绒）及其制品	159	10	143	10	1046	9

资料来源：云南工业经济信息资料 2007、2003；2008 年数据来自云南省统计局提供的内部数据，未经国家统计局审核。

表1-5 云南省以农产品为原料的轻工业的内部行业企业规模 （亿元）

行业分类	2008年	2008年排序	2007年	2007年排序	2003年	2003年排序
烟草制品业	38.81	1	34.08	1	23.07	1
农副食品加工业	0.72	2	0.77	2	0.42	2
食品制造业	0.53	3	0.47	5	0.19	8
饮料制造业	0.52	4	0.60	3	0.25	4
造纸及纸制品业	0.52	5	0.46	6	0.38	3
纺织业	0.51	6	0.52	4	0.22	6
木材加工及木竹藤棕草制品	0.34	7	0.35	7	0.20	7
纺织服装、鞋、帽制造业	0.27	8	0.28	8	0.11	9
家具制造业	0.15	9	0.14	9	0.11	10
皮革毛皮羽毛（绒）及其制品	0.07	10	0.06	10	0.23	5

资料来源：云南工业经济信息资料2007、2003；2008年数据来自云南省统计局提供的内部数据，未经国家统计局审核。

（2）盈利能力与发展潜力。从行业全员劳动生产率看，在以农产品为原料的轻工业内部，烟草制品业的全员劳动生产率远远高于其他行业，农副食品加工业、饮料制造业与食品制造业的全员劳动生产率呈明显的上升趋势。2003～2007年，烟草制品业的全员劳动生产率尽管出现了上升趋势，但年均增幅只有10%；而同期农副食品加工业、饮料制造业、食品制造业与造纸及纸制品业的全员劳动生产率的年均增幅高达16%、24%、24%、34%，分别达到了32.85万元/人、30.45万元/人、25.93万元/人、25.77万元/人，呈现明显上升趋势；但与烟草制品业的全员劳动生产率的差距仍然较大（表1-6）。

表1-6 云南省以农产品为原料的轻工业的内部行业全员劳动生产率 （万元/人）

行业分类	2007年	2007年排序	2003年	2003年排序
烟草制品业	253.15	1	177.68	1
农副食品加工业	32.85	2	15.67	3
饮料制造业	30.45	3	13.27	4
食品制造业	25.93	4	10.18	6
造纸及纸制品业	25.77	5	20.04	2
纺织服装、鞋、帽制造业	14.84	6	5.17	9
木材加工及木竹藤棕草制品	13.19	7	10.17	7
家具制造业	11.26	8	10.85	5
纺织业	7.50	9	2.34	10
皮革毛皮羽毛（绒）及其制品业	4.31	10	6.55	8

资料来源：云南工业经济信息资料2007、2003。

从行业工业品销售率看，2007年纺织服装鞋帽制造业、食品制造业与烟草制品业的产品产销率都超过了100%，产品销售前景看好。2003～2007年，纺织服装、鞋、帽制造业的产品产销率呈现明显的上升趋势，由2003的85.40%，排名第10位，上升到2007年的105.83%，排名第1位；其他行业，如食品制造业、烟草制品业的产品产销率也呈现了上升趋势，产品销售前景十分看好。与此相反的是纺织业的产品产销率出现了较大幅度的下滑，由2003年的125.42%，排名第1位，下降到2007年的90.39%，排名第9位；同时，皮革毛皮羽毛（绒）及其制品业、木材加工及木竹藤棕草制品业等的产品产销率也出现了下滑，产品销售的不确定性明显增加（表1-7）。

受金融危机影响，2008年以农产品为原料的轻工业内部行业的产品产销率均呈现不同程度的下降。其中食品制造业、烟草制品业与纺织业的产品产销率下降较大；就排序而言，纺织服装、鞋、帽制造业，造纸及纸制品业与烟草制品业的产品产销率排名仍然靠前（表1-7）。

表1-7 云南省以农产品为原料的轻工业的内部行业产品产销率 （%）

行业分类	2008年	2008年排序	2007年	2007年排序	2003年	2003年排序
纺织服装、鞋、帽制造业	103.16	1	105.83	1	85.40	10
造纸及纸制品业	96.68	2	96.01	5	94.25	7
烟草制品业	96.35	3	100.24	3	100.02	4
农副食品加工业	95.84	4	95.83	6	96.76	6
家具制造业	95.75	5	93.11	8	93.20	9
食品制造业	95.26	6	102.75	2	97.40	5
皮革毛皮羽毛（绒）及其制品业	93.72	7	94.97	7	114.03	2
木材加工及木竹藤棕草制品业	87.86	8	97.80	4	101.08	3
纺织业	82.18	9	90.39	9	125.42	1
饮料制造业	83.19	10	86.47	10	93.71	8

资料来源：云南工业经济信息资料2007、2003；2008年数据来自云南省统计局提供的内部数据，未经国家统计局审核。

从行业工业资产利税率看，2007年烟草制品业的工业资产利税率仍然领先其他行业，但近年来皮革毛皮羽毛（绒）及其制品业，饮料制造业，食品制造业等的工业资产利税率出现了扩大的趋势。2003～2007年，烟草制品业的工业资产利税率由57.48%上升到了75.48%，年均增幅维持在4.5%，远远高于同期其他行业工业资产利税率的增幅；皮革、毛皮、羽毛（绒）及其制品业、饮料制造业、食品制造业的工业资产利税率开始出现扩大趋势，其年均增幅也维持在4%、3%、2.4%，在2007年分别达到了21.98%、17.86%、13.12%。

受金融危机影响，2008年以农产品为原料的轻工业内部行业的工业资产利税率均出现了一定程度的下降。但就排名而言，烟草制品业，皮革、毛皮、羽毛（绒）及其制品业，饮料制造业，食品制造业等的工业资产利税率的排名仍然靠前（表1-8）。

表1-8 云南省以农产品为原料的轻工业的内部行业工业资产利税率 （%）

行业分类	2008年	2008年排序	2007年	2007年排序	2003年	2003年排序
烟草制品业	53.20	1	75.48	1	57.48	1
皮革、毛皮、羽毛（绒）及其制品业	16.27	2	21.98	2	-3.14	8
食品制造业	13.39	3	13.12	4	3.49	4
造纸及纸制品业	10.15	4	12.25	5	4.24	3
饮料制造业	7.58	5	17.86	3	5.87	2
农副食品加工业	7.55	6	12.20	6	-1.11	7
家具制造业	3.80	7	4.31	8	-16.38	10
纺织服装、鞋、帽制造业	3.36	8	2.79	9	1.64	6
纺织业	2.38	9	2.21	10	-3.63	9
木材加工及木竹藤棕草制品业	1.98	10	5.01	7	2.06	5

资料来源：云南工业经济信息资料2007、2003；2008年数据来自云南省统计局提供的内部数据，未经国家统计局审核。

从行业工业增加值率看，烟草制品业的工业增加值率仍然处于明显的优势地位，但与皮革、毛皮、羽毛（绒）及其制品业，家具制造业，饮料制造业等的工业增加值率的差距开始缩小。2003～2007年，皮革、毛皮、羽毛（绒）及其制品业，家具制造业的工业增加值率出现明显上升趋势，分别增长了33.6%和5%左右，与烟草制品业的工业增加值率的差距进一步缩小。但饮料制造业、造纸及纸制品业、纺织业等的工业增加值率则出现了一定程度的下滑（表1-9）。

表1-9 云南省以农产品为原料的轻工业的内部行业工业增加值率 （%）

行业分类	2007年	2007年排序	2003年	2003年排序
烟草制品业	77.52	1	74.93	1
皮革、毛皮、羽毛（绒）及其制品业	43.28	2	9.65	10
家具制造业	41.88	3	36.97	4
饮料制造业	40.01	4	40.10	2
造纸及纸制品业	32.69	5	36.97	3
农副食品加工业	25.49	6	25.25	9
纺织业	25.30	7	32.80	5
食品制造业	24.30	8	32.37	7
木材加工及木竹藤棕草制品业	23.63	9	32.63	6
纺织服装、鞋、帽制造业	23.00	10	26.98	8

资料来源：云南工业经济信息资料2007、2003。

从行业总资产贡献率看，2007 年烟草制品业的总资产贡献率仍然领先其他行业，但皮革、毛皮、羽毛（绒）及其制品业，饮料制造业与食品制造业的总资产贡献率出现了快速上升的趋势。2003～2007 年烟草制品业的总资产贡献率年均增长约为 3.5%，与皮革、毛皮、羽毛（绒）及其制品业，饮料制造业与食品制造业的总资产贡献率的年均增幅相比，分别低了 2 个百分点、1.2 个百分点与 0.4 个百分点（表 1-10）。

表 1-10 云南省以农产品为原料的轻工业的内部行业总资产贡献率 （%）

行业分类	2008 年	2008 年排序	2007 年	2007 年排序	2003 年	2003 年排序
烟草制品业	55.37	1	64.44	1	50.05	1
皮革、毛皮、羽毛（绒）及其制品	21.10	2	28.82	2	-2.24	7
食品制造业	17.81	3	18.56	4	3.00	4
造纸及纸制品业	12.03	4	16.50	5	6.54	2
农副食品加工业	10.35	5	16.36	6	-2.32	8
饮料制造业	9.77	6	25.21	3	6.19	3
纺织服装、鞋、帽制造业	4.04	7	4.57	8	0.92	6
家具制造业	3.85	8	3.27	9	-31.67	10
木材加工及木竹藤棕草制品业	3.52	9	5.72	7	1.55	5
纺织业	3.17	10	1.85	10	-5.63	9

资料来源：云南工业经济信息资料 2007、2003；2008 年数据来自云南省统计局提供的内部数据，未经国家统计局审核。

受金融危机影响，2008 年以农产品为原料的轻工业内部行业的总资产贡献率均出现了一定程度的下降，饮料制造业的总资产贡献率下降趋势明显。但就总资产贡献率的排名而言，烟草制品业，皮革、毛皮、羽毛（绒）及其制品业，食品制造业等的总资产贡献率的排名仍然靠前（表 1-10）。

（3）在国内的地位评价。从国内同行业的横向比较来看，云南省只有烟草制品业的各项指标在全国或同行业中的排名靠前，但各项排名均出现了一定程度的下降；农副食品加工业、食品制造业与饮料制造业尽管在省内排名靠前，并显示出来较大的发展空间，但在全国或同行业中的排名靠后。

表 1-11 的数据显示，在全省排名靠前的几个行业，只有烟草制品业在全国与同业中排名靠前，其他行业排名都比较靠后，产业竞争力不强表现突出。

1.2.2 以非农产品为原料的轻工业

以非农产品为原料的轻工业中的通信、电子设备、工艺品等行业盈利能力强，有较大发展潜力。

表 1-11 2007 年云南省以农产品为原料的轻工业的内部行业与全国及同行业的比较

行业分类	单位企业产值		全员劳动生产率		产品产销率		资产利税率		总资产贡献率	
	行业排名	全国排名	行业排名	全国排名	行业排名	全国排名	行业排名	全国排名	行业排名	全国排名
烟草制品业	1	7	2	8	5	9	1	20	1	27
饮料制造业	8	3	15	28	25	27	7	18	5	19
农副食品加工业	17	17	3	28	19	21	14	19	10	18
纺织业	19	20	25	30	23	27	25	26	25	29
食品制造业	20	27	18	29	2	5	12	17	9	13

资料来源：根据云南工业经济信息资料 2007、中国工业经济统计年鉴 2008；2008 年数据来自云南省统计局提供的内部数据，未经国家统计局审核。

改革开放初期，云南省以非农产品为原料的轻工业曾经得到较快的发展，但随着市场经济的发展，日用消费品逐步在市场竞争中被淘汰，以非农产品为原料的轻工业发展较慢，在全省轻工业中所占比例也相对小；尽管如此，其中的一些行业也值得重点关注。医药制造业、印刷业和记录媒介的复制等行业已达到一定的产值规模与企业规模；尽管通信设备、计算机及其他电子设备、工艺品及其他制造业等行业的产值规模与企业规模偏小，但行业盈利能力与发展潜力较大；不过在与国内同行业的横向比较中，这些行业中无论是产值规模、企业规模还是盈利能力等，都不具有竞争优势。

2008 年，尽管金融危机对以非农产品为原料的轻工业的发展产生了一定影响，并直接或间接地导致了行业相应评价指标的波动，但这些波动并未从整体上改变以非农产品为原料的轻工业内部的行业结构性特点与发展趋势。

(1) 行业规模与企业规模。从行业产值规模看，2007 年在以非农产品为原料的轻工业内部，医药制造业的产值规模与年均增长速度遥遥领先于其他行业，呈快速增长趋势；同时印刷业和记录媒介的复制、塑料制品业的产值规模也快速增长。2003 ~2007 年，医药制造业的总产值由 37. 50 亿元迅速增长到 79. 01 亿元，年均增长速度高达 27. 7%；呈现快速增长的趋势，产值规模继续维持第一；同期，印刷业和记录媒介的复制、塑料制品业的产值规模也分别由 32. 08 亿元、13. 02 亿元扩大到 44. 17、23. 81 亿元，产值规模扩大明显，分别排在行业内部的第二位与第三位。其他行业尽管有的增长速度明显，如文教体育用品制造业，但产值规模普遍过小（表 1-12）。

对比 2007 ~2008 年的数据，金融危机对以非农产品为原料的轻工业内部行业的产值并未产生较大影响。2008 年，各行业的排序与 2007 年相比并未出现变化，但其总产值均出现了不同程度的上升趋势，尤其是医药制造业与塑料制造业的总产品规模的上升趋势明显（表 1-12）。

表1-12 云南省以非农产品为原料的轻工业的内部行业产值规模 （亿元）

行业分类	2008年	2008年排序	2007年	2007年排序	2003年	2003年排序
医药制造业	96.36	1	79.01	1	37.50	1
印刷业和记录媒介的复制	44.41	2	44.17	2	32.08	2
塑料制品业	32.85	3	23.81	3	13.02	3
通信设备、计算机及其他电子设备	14.73	4	11.47	4	4.72	5
仪器仪表及文化、办公用机械制造	13.60	5	10.15	5	5.71	4
工艺品及其他制造业	7.14	6	5.74	6	0.30	6
文教体育用品制造业		7	0.08	7	0.02	7

资料来源：云南工业经济信息资料2007、2003；2008年数据来自云南省统计局提供的内部数据，未经国家统计局审核。

从就业水平看，以非农产品为原料的轻工业的全部从业人员年平均数明显低于以农产品为原料的轻工业。2003～2007年，在行业内部，除医药制造业开始吸纳更多的就业人员外，其他行业的就业吸纳效应逐步在减弱。除排名第1位的医药制造业，排名第5位的工艺品及其他制造业，与排名第6位的通信设备、计算机及其他电子设备的全部从业人员年平均数由14210人、189人、2074人增长到18642人、2614人、2225人外；其他行业的全部从业人员年平均数都呈现下降趋势，行业的就业吸纳效应逐步减弱（表1-13）。

对比2007～2008年的数据，金融危机并未对以非农产品为原料的轻工业的就业产生明显影响。2008年，内部行业的就业人数排名未出现变化，除仪器仪表及文化、办公用机械制造业，塑料制品业，印刷业和记录媒介的复制业的就业人数出现小幅下降外，其他行业的就业人数都呈现出增长的趋势（表1-13）。

表1-13 云南省以非农产品为原料的轻工业行业年平均就业人数 （人）

行业分类	2008年	2008年排序	2007年	2007年排序	2003年	2003年排序
医药制造业	18944	1	18642	1	14210	2
印刷业和记录媒介的复制	11869	2	12295	2	14562	1
塑料制品业	7650	3	7751	3	8167	3
仪器仪表及文化、办公用机械制造	4238	4	4565	4	6568	4
工艺品及其他制造业	3938	5	2614	5	189	6
通信设备、计算机及其他电子设备	2374	6	2225	6	2074	5
文教体育用品制造业	—	7	27	7	43	7

资料来源：云南工业经济信息资料2007、2003；2008年数据来自云南省统计局提供的内部数据，未经国家统计局审核。

从行业单位数与企业规模看，2003～2007年，由于行业企业单位数明显偏多，行业企业规模普遍较小，尽管通信设备、计算机及其他电子设备的企业规模排在第一位，但优势不明显，医药制造业、工艺品及其他制造业紧跟其后，并呈快速扩大的趋势。由于通信设备、计算机及其他电子设备的企业单位数只由5户扩大到12户，因此企业规模排在第一位，但优势不明显，且扩张速度过缓。由于其他行业的企业单位数明显偏多，企业规模不理想，但扩张速度较快，如医药制造业、工艺品及其他制造业、印刷业和记录媒介的复制等行业的平均企业规模分别由于2003年的0.51亿元/户、0.15亿元/户、0.38亿元/户扩大到0.81亿元/户、0.72亿元/户、0.70亿元/户，呈现快速扩大的趋势。

对比2007～2008年的数据，以非农产品为原料的轻工业内部行业的企业单位数均出现了大幅度的增长；但就企业规模而言，除工艺品及其他制造业及印刷业和记录媒介的复制的企业规模下降外，其他各行业的企业规模均保持了较高的增长；通信设备、计算机及其他电子设备、医药制造业的企业规模仍然靠前；金融危机在这方面的影响不明显（表1-14、表1-15）。

表1-14 云南省以非农产品为原料的轻工业的内部行业企业数 （户）

行业分类	2008年	2008年排序	2007年	2007年排序	2003年	2003年排序
医药制造业	102	1	97	1	74	2
塑料制品业	80	2	75	2	61	3
印刷业和记录媒介的复制	64	3	63	3	84	1
仪器仪表及文化、办公用机械制造	33	4	28	4	21	4
通信设备、计算机及其他电子设备	15	5	12	5	5	5
工艺品及其他制造业	16	6	8	6	2	7
文教体育用品制造业		7	1	7	2	6

资料来源：云南工业经济信息资料2007、2003；2008年数据来自云南省统计局提供的内部数据，未经国家统计局审核。

表1-15 云南省以非农产品为原料的轻工业的内部行业平均企业规模 （亿元/户）

行业分类	2008年	2008年排序	2007年	2007年排序	2003年	2003年排序
通信设备、计算机及其他电子设备	0.98	1	0.96	1	0.94	1
医药制造业	0.94	2	0.81	2	0.51	2
印刷业和记录媒介的复制	0.69	3	0.70	4	0.38	3
工艺品及其他制造业	0.45	4	0.72	3	0.15	6
仪器仪表及文化、办公用机械制造	0.41	5	0.36	5	0.27	4
塑料制品业	0.41	6	0.32	6	0.21	5
文教体育用品制造业		7	0.08	7	0.01	7

资料来源：云南工业经济信息资料2007、2003；2008年数据来自云南省统计局提供的内部数据，未经国家统计局审核。

(2) 盈利能力与发展潜力。从行业全员劳动生产率看，在以非农产品为原料的轻工业内部，行业的全员劳动生产率普遍不高但差距不明显，通信设备、计算机及其他电子设备排在第一位，医药制造业、印刷业和记录媒介的复制等行业紧随其后。2003~2007年，通信设备、计算机及其他电子设备的全员劳动生产率的增长速度明显，由22.75万元/人迅速增长到51.55万元/人，并超过医药制造业排在第1位，但与医药制造业全员劳动生产率的差距不大；尽管医药制造业、印刷业和记录媒介的复制等行业全员劳动生产率都保持着较快增长速度，但行业的全员劳动生产率普遍不高（表1-16），2007年分别只有42.38万元/人、35.92万元/人。

表1-16 云南省以非农产品为原料的轻工业的内部行业全员劳动生产率

（万元/人）

行业分类	2007年	2007年排序	2003年	2003年排序
通信设备、计算机及其他电子设备	51.55	1	22.75	2
医药制造业	42.38	2	26.39	1
印刷业和记录媒介的复制	35.92	3	22.03	3
塑料制品业	30.72	4	15.95	5
文教体育用品制造业	28.51	5	4.21	7
仪器仪表及文化、办公用机械制造	22.24	6	8.69	6
工艺品及其他制造业	21.95	7	16.10	4

资料来源：云南工业经济信息资料2007、2003；2008年数据来自云南省统计局提供的内部数据，未经国家统计局审核。

从工业品产销率看，2007年仪器仪表及文化、办公用机械制造，印刷业和记录媒介的复制，塑料制品业的工业品产销率超过了100%，产品销售前景看好。2003~2007年，仪器仪表及文化、办公用机械制造，印刷业和记录媒介的复制，塑料制品业的产品产销率增长速度最快，分别由99.66%、97.34%、97.98%增长到101.85%、101.29%、100.22%，排在前三甲，产品销售前景十分看好。其他行业的产品产销率则不同程度的呈现下滑趋势，尤其是文教体育用品制造业，其产品产销率由107.02%下降到86.49%，由第1位下滑到第7位；工艺品及其他制造业、医药制造业等产品产销率也不理想，产品销售前景的不确定性开始增加（表1-17）。

受金融危机影响，2008年除工艺品及其他制造业、医药制造业的工业品产销率出现一定程度的上升外，以非农产品为原料的轻工内部其他行业的工业品产销率均出现了一定程度的下滑。但就排名而言，仪器仪表及文化、办公用机械制造，塑料制品业的工业品产销率的排名仍然靠前（表1-17）。

表 1-17 云南省以非农产品为原料的轻工业的内部行业工业品产销率 （%）

行业分类	2008 年	2008 年排序	2007 年	2007 年排序	2003 年	2003 年排序
仪器仪表及文化、办公用机械制造	101.70	1	101.85	1	99.66	3
工艺品及其他制造业	100.42	2	96.70	5	104.73	2
印刷业和记录媒介的复制	99.53	3	101.29	2	97.34	5
塑料制品业	93.96	4	100.22	3	97.98	4
通信设备、计算机及其他电子设备	93.84	5	98.40	4	96.11	6
医药制造业	90.62	6	87.57	6	90.58	7
文教体育用品制造业	—	7	86.49	7	107.02	1

资料来源：云南工业经济信息资料 2007、2003；2008 年数据来自云南省统计局提供的内部数据，未经国家统计局审核。

从工业资产利税率看，2003～2007 年印刷业和记录媒介的复制的工业资产利税率增长较快，排名第一，医药制造业和文教体育用品制造业的排名仅靠其后，但行业间的差距在拉大。2003～2007 年印刷业和记录媒介的复制的工业资产利税率由 15.75% 上升到 23.52%，增长幅度较大；同期医药制造业的工业资产利税率仅由 15.38% 上升到 16.22%，与印刷业和记录媒介的复制的差距进一步拉大；文教体育用品制造业、工艺品及其他制造业与塑料制品业的工业资产利税率开始上升，分别由 8.23%、8.01%、1.17% 上升到 13.66%、11.22%、8.66%；其他行业的工业资产利税率则出现了不同程度的下降。

受金融危机影响，2008 年以非农产品为原料的轻工业内部行业的工业资产利税率波动较大。除仪器仪表及文化、办公用机械制造的工业资产利税率上升了 0.01 个百分点、塑料制品业上升了 0.76 个百分点外，其他各行业的工业资产利税率均出现了较大幅度的下降；但各行业的排名变化不大，印刷业和记录媒介的复制、医药制造业的工业资产利税率的排名仍然位居前两位（表 1-18）。

表 1-18 云南省以非农产品为原料的轻工业的内部行业工业资产利税率 （%）

行业分类	2008 年	2008 年排序	2007 年	2007 年排序	2003 年	2003 年排序
印刷业和记录媒介的复制	18.61	1	23.52	1	15.75	1
医药制造业	14.95	2	16.22	2	15.38	2
塑料制品业	9.42	3	8.66	5	1.17	7
工艺品及其他制造业	8.62	4	11.22	4	8.01	5
通信设备、计算机及其他电子设备	4.82	5	8.29	6	8.44	3
仪器仪表及文化、办公用机械制造	4.43	6	4.42	7	5.04	6
文教体育用品制造业		7	13.66	3	8.23	4

资料来源：云南工业经济信息资料 2007、2003；2008 年数据来自云南省统计局提供的内部数据，未经国家统计局审核。

从工业增加值率看，以非农产品为原料的轻工业内部各行业出现了不同程度的下降，医药制造业、印刷业和记录媒介的复制由于下降较慢，排名上升。2003～2007 年除工艺品及其他制造业，印刷业和记录媒介的复制的工业增加值率由 24.99%、36.88% 上升到 28.78%、39.50% 外，排名开始靠前外，其他行业的工业增加值率都出现了不同程度的下降，尤其是文教体育用品制造业，工业增加值率由 51.85% 下降到 25.24%。医药制造业、印刷业和记录媒介的复制等行业由于工业增加值率下降速度较慢，行业排名开始上升（表 1-19）。

表 1-19 云南省以非农产品为原料的轻工业的内部行业工业增加值率 （%）

行业分类	2007 年	2007 年排序	2003 年	2003 年排序
医药制造业	43.56	1	44.50	2
印刷业和记录媒介的复制	39.50	2	36.88	3
工艺品及其他制造业	28.78	3	24.99	7
通信设备、计算机及其他电子设备	28.37	4	34.66	4
文教体育用品制造业	25.24	5	51.85	1
仪器仪表及文化、办公用机械制造	23.26	6	33.19	5
塑料制品业	20.90	7	26.58	6

资料来源：云南工业经济信息资料 2003、2007。

从总资产贡献率看，2007 年印刷业和记录媒介的复制的总资产贡献率遥遥领先于其他行业，紧跟其后的是医药制造业、工业品及其他制造业等行业，但这些行业的总资产贡献率差距不大。2003～2007 年，印刷业和记录媒介的复制的总资产贡献率迅速由 23.22% 上升到 35.37%，进一步拉开了与其他行业的总资产贡献率的差距。尽管工艺品及其他制造业的总资产贡献率也保持了较快的增长速度，但由于前期指标太低，仅排名第 3；医药制造业的总资产贡献率尽管出现了一定程度的增长，但增幅过小，工艺品及其他制造业、文教体育用品制造业等的总资产贡献率的差距进一步缩小（表 1-20）。

表 1-20 云南省以非农产品为原料的轻工业的内部行业总资产贡献率 （%）

行业分类	2008 年	2008 年排序	2007 年	2007 年排序	2003 年	2003 年排序
印刷业和记录媒介的复制	19.90	1	35.37	1	23.22	1
医药制造业	17.51	2	19.36	2	17.59	2
塑料制品业	11.46	3	12.69	5	1.25	7
工艺品及其他制造业	10.97	4	18.54	3	8.52	5
通信设备、计算机及其他电子设备	6.36	5	11.24	6	9.00	4
仪器仪表及文化、办公用机械制造	4.11	6	6.92	7	6.48	6
文教体育用品制造业		7	14.10	4	10.44	3

资料来源：云南工业经济信息资料 2007、2003；2008 年数据来自云南省统计局提供的内部数据，未经国家统计局审核。

受金融危机影响，2008 年以非农产品为原料的轻工业内部行业的总资产贡献率均呈下降趋势，印刷业和记录媒介的复制的总资产贡献率的下降幅度尤为明显。但对以非农产品为原料的轻工业内部行业的排名而言，印刷业和记录媒介的复制、医药制造业、工艺品及其他制造业的工业资产利税率的排名仍然靠前。

尽管医药制造业、印刷业和记录媒介的复制、工艺品及其他制造业在省内纵向比较中，具有一定的优势；但从国内同行业的横向比较来看，这些行业的产值规模、平均企业规模、盈利能力等都十分靠后，国内竞争优势不明显。不过，考虑到这些行业在省内轻工业中的地位、市场前景以及发展潜力，在以后的产业扶持发展中，需要予以重点关注。

1.3 重工业内部结构

按照其生产和产品用途的不同，重工业可划分为采掘工业、原材料工业与加工工业三个层次。其中采掘工业是指对自然资源的开采，包括国民经济行业中的煤炭开采和洗选业、石油和天然气开采业、黑色金属矿采选业、有色金属矿采选业、非金属矿采选业以及其他开采业等；原材料工业是指提供国民经济各部门使用的原料、动力和燃料的工业，包括国民经济行业中的石油加工、炼焦及核燃料加工业，化学原料及化学制品业，化学纤维制造业，橡胶制品业，非金属矿物制品业，金属制品业，黑色金属冶炼及压延加工业，有色金属冶炼及压延加工业，电力、热力的生产和供应业，燃气生产和供应业，水电生产和供应业等；加工工业是指对原材料进行加工制造的工业，包括国民经济行业中的通用设备制造业、专有设备制造业、交通运输设备制造业、电气机械及器材制造业等。

经过 30 多年的发展，云南全省重工业得到了快速发展，并在重工业内部形成了以原材料工业为主，加工工业为辅，采掘业比重低的格局。

1.3.1 采掘业

采掘业中的非金属矿、有色金属矿采选发展快，盈利能力强，发展潜力较大。

长期以来，云南省采掘业发展速度较慢，在全省重工业中所占比例偏小。经过改革开放 30 多年的发展，全省有色金属矿采选业的产值规模较大，但企业规模偏小，其他行业的产值规模与企业规模都不理想，行业内部过度竞争趋势明显；非金属矿采选业、有色金属矿采选业的盈利能力与发展潜力较大，而且在与国内同行业的比较中，排名靠前或居中，在国内具有一定的竞争优势。

2008 年，云南省的采掘业受金融危机的冲击较为严重，但煤炭开采和洗选业仍然异军突起，行业产值规模出现了十分异常的增长，不过企业规模与盈利能力并不理想。

（1）产值规模与企业规模。从行业产值规模看，截至2007年，在采掘业内部，有色金属矿采选业的工业总产值规模遥遥领先于其他行业的工业总产值，占据绝对主导地位；但2008年煤炭采选业异军突起，产值规模占主导地位，其他行业产值规模的增长速度明显减慢；尽管如此，行业间的工业总产值规模的差距在进一步拉大。表1-21的数据显示，2003~2007年，有色金属采选业的工业总产值规模由22.19亿元迅速上升到134.31亿元，增长速度明显；尽管煤炭开采与洗选业、黑色金属矿采选业与非金属矿采选业的工业总产值也保持着较快的增长速度，分别由19.08亿元、3.46亿元、7.25亿元增加到80.79亿元、46.64亿元、35.81亿元，但与有色金属采选业产值规模的差距还在进一步拉大。

对比2007~2008年的数据，金融危机并未对全省采掘业内部行业的产值规模产生较大的冲击，除有色金属矿采选业的产值规模出现了小幅度下滑外，其他行业的产值规模均出现不同程度的上升。尤其是煤炭开采和洗选业，受昭通煤炭矿区成为国家大型煤炭基地等因素的共同影响，2008年行业产值规模出现了十分异常的增长，工业总产值排名第一，并遥遥领先其他行业；黑色金属矿采选业的行业产值规模也保持了较快的增长势头（表1-21）。

表1-21 云南省采掘业内部行业产值规模 （亿元）

行业分类	2008年	2008年排序	2007年	2007年排序	2003年	2003年排序
煤炭开采和洗选业	186.30	1	80.79	2	19.08	2
有色金属矿采选业	130.37	2	134.31	1	22.19	1
黑色金属矿采选业	82.86	3	46.64	3	3.46	4
非金属矿采选业	48.80	4	35.81	4	7.25	3

资料来源：云南工业经济信息资料2003、2007；2008年数据来自云南省统计局提供的内部数据，未经国家统计局审核。

从行业就业看，有色金属矿采选业、煤炭开采与洗选业、黑色金属矿采选业的从业人员年平均数出现了快速的上涨。表1-22的数据显示，有色金属矿采选业、煤炭开采与洗选业、黑色金属矿采选业的从业人员年平均数分别由31973人，34227人、4006人迅速上升到83885人、71831人、16378人，出现较快的增长趋势，从重工业的就业吸纳而言，这些行业的就业吸纳效应明显。

受金融危机影响，2008年除煤炭开采和洗选业的就业人数出现较大幅度的增长外，采掘业内部其他各行业的就业人数均出现了不同程度的下降，有色金属矿采选业更为明显（表1-22）。

表 1-22 云南省采掘业行业从业人数 （人）

行业分类	2008年	2008年排序	2007年	2007年排序	2003年	2003年排序
煤炭开采和洗选业	121161	1	71831	2	34227	1
有色金属矿采选业	35532	2	83885	1	31973	2
黑色金属矿采选业	15658	3	16378	3	4006	4
非金属矿采选业	11631	4	9924	4	9061	3

资料来源：云南工业经济信息资料2003、2007；2008年数据来自云南省统计局提供的内部数据，未经国家统计局审核。

从行业企业单位数与企业规模看，在采掘业内部，由于煤炭开采和洗选业、有色金属矿采选业、黑色金属矿采选业的行业企业单位数迅速扩张，行业的平均企业规模普遍较小。2003～2007年，非金属矿采选业的企业单位数增加了12个，行业平均企业规模由0.45亿元扩大到1.38亿元，在采掘业内部排名第一；同期，煤炭开采和洗选业、有色金属矿采选业、黑色金属矿采选业的行业企业单位数迅速扩张，分别由66个、50个、14个增加到216个、103个、38个，存在过度扩张的局面，尤其是煤炭开采业的企业规模，远远低于采掘业内部的其他行业，过度竞争趋势明显。

对比2007～2008年的数据，采掘业内部各行业企业单位数出现了不同程度的增长（表1-23和表1-24）。

表 1-23 云南省采掘业的内部行业企业单位数

行业分类	2008年	2008年排序	2007年	2007年排序	2003年	2003年排序
煤炭开采和洗选业	453	1	216	1	66	1
有色金属矿采选业	108	2	103	2	50	2
黑色金属矿采选业	59	3	38	3	14	4
非金属矿采选业	40	4	26	4	16	3

资料来源：云南工业经济信息资料2003、2007，2008年数据来自云南省统计局提供的内部数据，未经国家统计局审核。

表 1-24 云南省采掘业的内部行业企业规模 （亿元）

行业分类	2008年	2008年排序	2007年	2007年排序	2003年	2003年排序
黑色金属矿采选业	1.40	1	1.23	3	0.25	4
非金属矿采选业	1.22	2	1.38	1	0.45	1
有色金属矿采选业	1.21	3	1.30	2	0.44	2
煤炭开采和洗选业	0.41	4	0.37	4	0.29	3

资料来源：云南工业经济信息资料2003、2007；2008年数据来自云南省统计局提供的内部数据，未经国家统计局审核。

(2) 盈利能力与发展潜力。从全员劳动生产率看，非金属矿采选业扩张速度明显，排在第1位，其他行业的全员劳动生产率尽管都存在扩张的趋势，但幅度不大。表1-25的数据显示，2003～2007年，煤炭开采和洗选业的全员劳动生产率增长的增幅最小，只由5.57万元/人增长到11.25万元/人；非金属矿采选业的全员劳动生产率的增幅最为明显，由8.00万元/人增长到36.08万元/人，在采掘业内部排名第一；黑色金属矿采选业、有色金属矿采选业的劳动生产率的扩张趋势不明显。

表1-25 云南省采掘业的内部行业全员劳动生产率 （万元/人）

行业分类	2007年	2007年排序	2003年	2003年排序
非金属矿采选业	36.08	1	8.00	2
黑色金属矿采选业	28.48	2	8.63	1
有色金属矿采选业	16.01	3	6.94	3
煤炭开采和洗选业	11.25	4	5.57	4

资料来源：云南工业经济信息资料2003、2007；2008年数据来自云南省统计局提供的内部数据，未经国家统计局审核。

就工业品产销率而言，2007年采掘业内部的各行业的工业品产销率出现了不同程度的下降趋势，尤其是有色金属矿采选业，下降趋势更为明显。表1-26的数据显示，2003～2007年，除非金属矿采选业、黑色金属矿采选业的工业品产销率由95.92%、96.67%上升到98.22%、98.39%外，其他各行业的工业品产销率都出现了不同程度的下降，尤其是有色金属矿采选业、煤炭开采和洗选业的工业品产销率更是由103.39%、100.95%下降到94.28%、99.07%，产品供过于求的趋势较为明显。受金融危机的影响，2008年云南省的采掘业产品产销率出现了不同程度的下滑，只有有色金属矿采选业的产品产销率有小幅提高。

表1-26 云南省采掘业的内部行业产品产销率 （%）

行业分类	2008年	2008年排序	2007年	2007年排序	2003年	2003年排序
有色金属矿采选业	102.13	1	94.28	4	103.39	1
煤炭开采和洗选业	98.71	2	99.07	1	100.95	2
黑色金属矿采选业	97.97	3	98.39	2	96.67	3
非金属矿采选业	92.96	4	98.22	3	95.92	4

资料来源：云南工业经济信息资料2003、2007；2008年数据来自云南省统计局提供的内部数据，未经国家统计局审核。

就工业资产利税率而言，2007年煤炭开采和洗选业、非金属矿采选业出现扩张趋势，有色金属矿采选业则出现了下降的趋势。表 1-27 的数据显示，2003～2007 年间，煤炭开采和洗选业的工业资产利税率扩张趋势最明显，由 6.28% 迅速攀升到 20.12%；而有色金属矿采选业的工业资产利税率则出现了收缩的趋势，由 11.7% 下滑到 9.66%；其他行业的工业资产利税率都出现了扩张的趋势，但增幅不大。2008 年，受金融危机的影响，全省采掘业内部各行业的工业资产利税率出现了一定程度的波动，黑色金属矿采选业与非金属矿采选业的工业资产利税率出现了较大幅度的下滑。

表 1-27 云南省采掘业的内部行业工业资产利税率 （%）

行业分类	2008 年	2008 年排序	2007 年	2007 年排序	2003 年	2003 年排序
煤炭开采和洗选业	22.21	1	20.12	2	6.28	4
有色金属矿采选业	13.09	2	9.66	4	11.70	2
黑色金属矿采选业	12.41	3	16.94	3	11.77	1
非金属矿采选业	11.70	4	21.84	1	10.84	3

资料来源：云南工业经济信息资料 2003、2007；2008 年数据来自云南省统计局提供的内部数据，未经国家统计局审核。

就行业的工业增加值率而言，各行业都保持着较高的增长趋势，煤炭开采和洗选业的扩张速度最为明显。2003～2007 年间，煤炭开采和洗选业的工业增加值率增长了近 6 个百分点，扩张速度最为明显；黑色金属矿采选业、有色金属矿采选业也都保持一定扩张趋势（表 1-28），但增幅有限。

表 1-28 云南省采掘业的内部行业工业增加值率 （%）

行业分类	2007 年	2007 年排序	2003 年	2003 年排序
煤炭开采和洗选业	56.20	1	50.84	1
黑色金属矿采选业	47.04	2	44.26	3
有色金属矿采选业	47.01	3	42.90	4
非金属矿采选业	45.43	4	45.53	2

资料来源：云南工业经济信息资料 2007、2003。

就行业的总资产贡献率而言，各行业都维持了较高的扩张趋势，有色金属矿采选业的扩张速度最为明显。表 1-29 的数据显示，2003～2007 年间，有色金属矿采选业的总资产贡献率由 10.09% 迅速扩张到 25.43%，扩张趋势最为明显；黑色金属矿采选业、煤炭开采和洗选业、非金属矿采选业的总资产贡献率也呈现了较快的扩张趋势。

表 1-29 云南省采掘业的内部行业总资产贡献率 (%)

行业分类	2008 年	2008 年排序	2007 年	2007 年排序	2003 年	2003 年排序
煤炭开采和洗选业	29.30	1	14.56	3	4.86	4
非金属矿采选业	16.26	2	18.30	2	10.07	2
有色金属矿采选业	15.85	3	25.43	1	10.09	1
黑色金属矿采选业	15.81	4	10.02	4	7.59	3

资料来源：云南工业经济信息资料 2003、2007；2008 年数据来自云南省统计局提供的内部数据，未经国家统计局审核。

2008 年，受金融危机的影响，全省采掘业内部各行业的总资产贡献率出现了一定程度的波动，煤炭开采和洗选业的总资产贡献出现了大幅度上升，而有色金属矿采选业和非金属矿采选业的总资产贡献率则出现了不同程度的下降。

（3）采掘业在国内的地位评价。总体而言，在与国内同行业的比较中，云南省采掘业内部各行业的排名都比较靠后，产业的国内竞争劣势突出。2003～2007 年，云南省除了非金属矿采选业、有色金属矿采选业在国内同行业中的排名略微靠前，具有一定的竞争优势外，黑色金属矿采选业、煤炭开采和洗选业在与国内同行业的比较中，各项指标排名都比较靠后，都不具备与国内同行业的竞争优势（表 1-30）。

表 1-30 2007 年云南省采掘业的内部行业与全国和同行业的比较

行业分类	单位企业产值		全员劳动生产率		产品产销率		资产利税率		总资产贡献率	
	行业排名	全国排名	行业排名	全国排名	行业排名	全国排名	行业排名	全国排名	行业排名	全国排名
煤炭开采和洗选业	23	23	24	22	10	13	6	11	6	12
黑色金属矿采选业	12	6	16	22	12	10	8	23	12	24
有色金属矿采选业	11	8	23	25	21	21	2	16	2	17
非金属矿采选业	9	1	12	8	13	12	3	14	3	14

资料来源：据云南工业经济信息资料 2007、中国工业经济统计年鉴 2008 计算整理。

1.3.2 原材料工业

原材料工业中的金属矿冶炼及压延加工业、电力产业规模大，非金属矿制品业集中度低，化学纤维制造业竞争力强。

长期以来，原材料工业都保持着较快的增长速度，在云南重工业中占据着主导地位。就内部各行业而言，有色金属冶炼和压延加工工业、电力热力的生产和供应业、黑色金属冶炼及压延加工业、非金属矿物制品业的产值规模较大，但行业内部存在过度竞争的格局；尽管这些行业在原材料工业内部具有较强的竞争优势，具有较大的盈利能力与发展潜力，但一旦与国内同行业进行比较，竞争优势并不明显；尽管化学纤维业的企业单位数只有1家，但盈利能力与发展潜力都十分看好，且在国内同行业的比较中，具有明显的竞争优势。

2008年，金融危机不同程度地影响了原材料工业内部各行业的发展，行业评价指标出现了不同程度的波动；有色金属冶炼和压延加工业受金融危机的冲击最为突出，效益指标出现较大幅度的下滑；但金融危机的冲击并未从整体上改变原材料工业内部的行业结构特点与发展趋势。

（1）产值规模与企业规模。从行业产值规模看，在原材料工业内部，有色金属冶炼和压延加工业，电力、热力的生产和供应业，黑色金属冶炼及压延加工业，化学原料及化学制品制造业，非金属矿物制品业的产值规模的扩张速度较为明显，产值规模位于全省原材料工业内地前五名。表1-31的数据显示，2003～2007年间，有色金属冶炼和压延加工业，电力、热力的生产和供应业，黑色金属冶炼及压延加工业，化学原料及化学制品制造业，非金属矿物制品业的产值规模分别由158.62亿元、182.43亿元、116.64亿元、142.39、52.67亿元迅速扩张到998.07亿元、477.06亿元，463.33亿元、360.61亿元、113.75亿元，扩张速度明显，尤其是有色金属冶炼和压延加工业，产值规模增加了5.3倍；尽管其他行业的产值规模扩张速度不明显，但总体上保持扩张的趋势。

表1-31 云南省原材料工业内部行业产值规模 （亿元）

行业分类	2008年	2008年排序	2007年	2007年排序	2003年	2003年排序
有色金属冶炼及压延加工业	898.10	1	998.07	1	158.62	2
黑色金属冶炼及压延加工业	648.24	2	463.33	3	116.64	4
电力、热力的生产和供应业	539.75	3	477.06	2	182.43	1
化学原料及化学制品制造业	520.39	4	360.61	4	142.39	3
石油加工、炼焦及核燃料加工	181.22	5	97.51	6	97.51	5
非金属矿物制品业	139.62	6	113.75	5	52.67	6
金属制品业	24.78	7	17.84	7	6.80	8
燃气生产和供应业	20.49	8	9.42	10	4.79	9
水的生产和供应业	11.30	9	10.51	9	7.32	7
化学纤维制造业	11.11	10	10.60	8	3.95	10
橡胶制品业	3.37	11	2.75	11	1.79	11

资料来源：云南工业经济信息资料2003、2007；2008年数据来自云南省统计局提供的内部数据，未经国家统计局审核。

2008年，除有色金属冶炼及压延加工业的产值规模因金融危机的冲击出现了大幅度的下滑外，其他各行业的产值规模均出现了不同程度的上升，尤其是黑色金属冶炼及压延加工业、燃气的生产与供应等的产值规模增速尤为突出。就原材料工业内部行业的产值规模排名而言，尽管受到金融危机的冲击，有色金属冶炼及压延加工业的产值规模仍然居首位，其次分别是黑色金属冶炼及压延加工业，电力、热力的生产和供应业，化学原料及化学制品制造业等，与2007年相比，排名变化不大（表1-31）。

就行业的从业人员数而言，有色金属冶炼和压延加工业，化学原料及化学制品制造业，电力、热力的生产和供应业，非金属矿物制品业，黑色金属冶炼及压延加工业为原材料工业内部从业人员年平均数前五位的行业。表1-32的数据显示，2007年有色金属冶炼和压延加工业的从业人员年平均数为103125人，成为原材料工业内部吸纳就业最多的行业；化学纤维业的从业人员年平均数出现了下滑的趋势，只吸纳了336人的就业，成为原材料内部从业人员最少的行业。2003～2007年，化学原料及化学制品制造业的从业人员年平均数尽管出现了下滑的趋势，由76504人下滑到71686人，但仍然成为原材料工业内部排名第二的吸纳就业的行业；电力、热力的生产和供应业，非金属矿物制品业，黑色金属冶炼及压延加工业的从业人员年平均数分别由59477人、56264人、55501人扩张到66446人、57173人、56687人，呈现出缓慢扩张的趋势（表1-32）。

表1-32 云南省原材料工业的内部行业从业人数 （人）

行业分类	2008年	2008年排序	2007年	2007年排序	2003年	2003年排序
有色金属冶炼及压延加工业	106546	1	103125	1	66413	2
化学原料及化学制品制造业	73388	2	71686	2	76504	1
电力、热力的生产和供应业	70032	3	66446	3	59477	3
黑色金属冶炼及压延加工业	60466	4	56687	5	55501	5
非金属矿物制品业	57194	5	57173	4	56264	4
石油加工、炼焦及核燃料加工	16925	6	16804	6	16804	6
金属制品业	5632	7	5696	7	6279	8
水的生产和供应业	4180	8	4152	8	7063	7
燃气生产和供应业	2150	9	2095	9	2792	10
橡胶制品业	1668	10	1003	10	2815	9
化学纤维制造业	334	11	336	11	397	11

资料来源：云南工业经济信息资料2003、2007；2008年数据来自云南省统计局提供的内部数据，未经国家统计局审核。

在金融危机的冲击下，2008年原材料工业内部各行业的从业人数未出现明显下滑，仍保持2007年的水平或略有增长。

从行业企业单位数与企业规模看（表1-33 和表1-34），行业企业单位数严重影响行业企业规模，化学纤维制造业由于只有1家企业，其企业规模排名第一；相反非金属矿物制品业，化学原料及化学制品制造业，电力、热力的生产和供应业等行业，由于企业单位数过多，企业规模都偏小；情况较为特殊的是有色金属冶炼及压延加工业、黑色金属冶炼及压延加工业，企业单位数与企业规模排名都靠前。表1-33 与表1-34 的数据显示，2007 年，非金属矿物制品业，化学原料及化学制品制造业，电力、热力的生产和供应业的企业单位数分别为288 家、274 家、255 家，位于原材料工业内部行业的前三位，行业过度竞争明显；相反企业规模则仅仅只排在行业内部的第9 位、8 位与7 位。而化学纤维制造业、燃气生产和供应业、橡胶制品业由于只有1 家、2 家与5 家企业，企业规模排名明显靠前；情况较为特殊的是有色金属冶炼及压延加工业、黑色金属冶炼及压延加工业，2007 年分别为205 家、137 家，企业规模排名仍然排在第2 位、4 位。

2008 年，金融危机并未影响原材料工业内部行业的企业单位数的扩张，除化学纤维制造业外，其他行业的企业单位均出现了不同程度的扩张；非金属矿物制品业，化学原料及化学制品业，电力、热力的生产和供应业等行业的企业单位数扩张明显。企业单位数的扩张直接影响了企业规模，2008 年，化学纤维制造业的企业规模继续排第一；但原材料工业内部的其他行业的企业规模则出现了不同程度的下降，行业内部过度竞争的格局进一步加剧；有色金属冶炼及压延加工业，黑色金属冶炼及压延加工业，石油加工、炼焦及核燃料加工业的企业规模排名仍然靠前（表1-33 和表1-34）。

表1-33 云南省原材料工业的内部行业企业单位数

行业分类	2008 年	2008 年排序	2007 年	2007 年排序	2003 年	2003 年排序
非金属矿物制品业	312	1	288	1	223	1
电力、热力的生产和供应业	310	2	255	3	171	3
化学原料及化学制品制造业	304	3	274	2	215	2
有色金属冶炼及压延加工业	212	4	205	4	118	4
黑色金属冶炼及压延加工业	141	5	137	5	107	5
金属制品业	63	6	52	6	42	7
石油加工、炼焦及核燃料加工业	48	7	39	7	39	8
水的生产和供应业	30	8	30	8	94	6
橡胶制品业	9	9	5	9	8	9
燃气生产和供应业	3	10	2	10	3	10
化学纤维制造业	1	11	1	11	2	11

资料来源：云南工业经济信息资料2003、2007；2008 年数据来自云南省统计局提供的内部数据，未经国家统计局审核。

表 1-34 云南省原材料工业的内部行业企业规模 （亿元）

行业分类	2008 年	2008 年排序	2007 年	2007 年排序	2003 年	2003 年排序
化学纤维制造业	11.1	1	10.60	1	1.98	2
燃气生产和供应业	4.60	2	4.71	3	1.60	4
黑色金属冶炼及压延加工业	4.24	3	3.38	4	1.09	6
有色金属冶炼及压延加工业	3.78	4	4.87	2	1.34	5
石油加工、炼焦及核燃料加工业	1.74	5	2.50	6	2.50	1
电力、热力的生产和供应业	1.71	6	1.87	7	1.07	7
化学原料及化学制品制造业	0.45	7	1.32	8	0.66	8
非金属矿物制品业	0.39	8	0.39	9	0.24	9
金属制品业	0.38	9	0.34	11	0.16	10
水的生产和供应业	0.37	10	0.35	10	0.08	11
橡胶制品业		11	2.89	5	1.67	3

资料来源：云南工业经济信息资料 2003、2007；2008 年数据来自云南省统计局提供的内部数据，未经国家统计局审核。

（2）盈利能力与发展潜力。就行业的全员劳动生产率而言，化学纤维制造业遥遥领先于其他行业，紧跟其后的是有色金属冶炼及压延加工业，黑色金属冶炼及压延加工业，电力、热力的生产和供应业，石油加工、炼焦及核燃料加工业等，这些行业间的全员劳动生产率差距不大。表 1-35 的数据显示，2003 ~ 2007 年，化学纤维制造业的全员劳动生产率由 99.61 万元/人上升到 315.43 万元/人，扩张速度最为明显；有色金属冶炼及压延加工业，黑色金属冶炼及压延加工业，电力、热力的生产和供应业，石油加工、炼焦及核燃料加工业等的全员劳动生产率排名尽管靠前，但扩张速度有限，与化学纤维制造业的全员劳动生产率的差距进一步拉大；其他行业的全员劳动生产率也都呈现出扩张的趋势。

表 1-35 云南省原材料工业的内部行业全员劳动生产率 （万元/人）

行业分类	2007 年	2007 年排序	2003 年	2003 年排序
化学纤维制造业	315.43	1	99.61	1
有色金属冶炼及压延加工业	96.78	2	23.88	4
黑色金属冶炼及压延加工业	81.73	3	21.02	5
电力、热力的生产和供应业	71.80	4	30.67	3
石油加工、炼焦及核燃料加工业	58.03	5	58.03	2
化学原料及化学制品制造业	50.30	6	18.61	6
燃气生产和供应业	44.98	7	17.17	7
金属制品业	31.32	8	10.84	8
橡胶制品业	27.41	9	6.35	11
水的生产和供应业	25.32	10	10.36	9
非金属矿物制品业	19.90	11	9.36	10

资料来源：云南工业经济信息资料 2003、2007。

就行业的工业品产销率而言，金属制品业、橡胶制品业与化学纤维制造业的销售前景看好，2007 年产品产销率都超过 100%，有色金属冶炼及压延加工业、黑色金属冶炼及压延加工业、非金属矿物制品业的产品产销率出现了下滑，行业供需关系开始发生变化。表 1-36 的数据显示，2003 ~ 2007 年，金属制品业、橡胶制品业与化学纤维制造业的产品产销率分别由 104.01%、101.57、98.76% 上升到 104.40%、103.97%、100.49%，继续保持供不应求的局面；与此相反，有色金属冶炼及压延加工业、黑色金属冶炼及压延加工业、非金属矿物制品业的产品产销率出现了大幅下滑，分别由 100.49%、100.28%、99.05% 下降到 97.94%、99.31%、96.83%。

表 1-36 云南省原材料工业的内部行业产品产销率 (%)

行业分类	2008 年	2008 年排序	2007 年	2007 年排序	2003 年	2003 年排序
橡胶制品业	103.12	1	103.97	2	101.57	2
化学纤维制造业	100.29	2	100.49	3	98.76	11
水的生产和供应业	99.51	3	99.53	7	99.35	8
电力、热力的生产和供应业	99.18	4	99.73	5	99.58	7
金属制品业	97.96	5	104.40	1	104.01	1
黑色金属冶炼及压延加工业	96.80	6	99.31	8	100.28	4
石油加工、炼焦及核燃料加工业	95.82	7	99.84	4	99.84	5
非金属矿物制品业	95.61	8	96.83	11	99.05	10
化学原料及化学制品制造业	95.08	9	99.55	6	99.34	9
燃气生产和供应业	95.01	10	98.00	9	99.65	6
有色金属冶炼及压延加工业	89.13	11	97.94	10	100.49	3

资料来源：云南工业经济信息资料 2003、2007；2008 年数据来自云南省统计局提供的内部数据，未经国家统计局审核。

受金融危机的冲击，2008 年原材料工业内部各行业的产品产销率均出现了不同程度的下滑，金属制品业、有色金属冶炼及压延加工业的产品产销率下滑幅度较大。就行业产品产销率排名而言，橡胶制品业，化学纤维制造业，电力、热力的生产和供应业，金属制品业，水的生产和供应业的产品销售前景仍然看好。

从工业资产利税率看（表 1-37），2007 年在原材料工业内部，化学纤维制造业的工业资产利税率扩张速度最为明显，继续第一的排名，有色金属冶炼及压延加工业，石油加工、炼焦及核燃料加工业，黑色金属冶炼及压延加工业等的工业资产利税率尽管排名靠前并出现扩张的趋势，但与化学纤维制造业的工业资产利税率的差距在进一步拉大。2003 ~ 2007 年，化学纤维制造业的工业资产利税率由 18.02% 迅速扩张到 38.07%，遥遥领先于其他行业的工业资产利税率；有色金属冶炼及压延加工业，石油加工、炼焦及核燃料加工业，黑色金属冶炼及压延加工业等的工业资产利税率也分别由 7.74%、16.59%、11.99% 扩张到 21.38%、16.59%、15.35%，扩张趋势不明显；情况较为特殊的是橡胶制品业，工业资产利税率由 -2.98% 迅速攀升到 12.83%，排名第五。

表 1-37 云南省重工业中原材料工业的内部行业工业资产利税率 (%)

行业分类	2008 年	2008 年排序	2007 年	2007 年排序	2003 年	2003 年排序
化学纤维制造业	41.33	1	38.07	1	18.02	1
石油加工、炼焦及核燃料加工业	13.21	2	16.59	3	16.59	2
化学原料及化学制品制造业	10.79	3	10.82	6	2.98	8
黑色金属冶炼及压延加工业	7.79	4	15.35	4	11.99	3
金属制品业	7.79	5	6.87	8	1.26	10
橡胶制品业	6.98	6	12.83	5	-2.98	11
非金属矿物制品业	4.69	7	6.13	9	4.02	7
电力、热力的生产和供应业	3.73	8	7.70	7	7.17	5
水的生产和供应业	2.67	9	4.06	10	5.68	6
燃气生产和供应业	1.89	10	-0.78	11	2.77	9
有色金属冶炼及压延加工业	0.96	11	21.38	2	7.74	4

资料来源：云南工业经济信息资料 2003、2007；2008 年数据来自云南省统计局提供的内部数据，未经国家统计局审核。

2008 年，化学纤维制造业的工业资产利税率仍然维持扩张趋势，继续第一的排名，并遥遥领先于其他行业。受金融危机的冲击，原材料工业内部其他行业的工业资产利税率均出现了不同程度的下滑趋势；有色金属冶炼及压延加工业的工业资产利税率下滑幅度最为明显，下滑了 20 个百分点；但石油加工、炼焦及核燃料加工业，黑色金属冶炼及压延加工业等的工业资产利税率排名仍然靠前（表 1-37）。

就行业的工业增加值率而言（表 1-38），原材料工业内部各行业的工业增加值率都不同程度地出现了下降，排名靠前的分别是水的生产和供应业，化学纤维制造业，电力、热力的生产和供应业，非金属矿物制品业，橡胶制品业等。2003～2007年，除黑色金属冶炼及压延加工业的工业增加值率的下降速度较为突出，其在原材料工业内部工业增加值率中的排名下降到第 10 位；其他各行业的工业增加值率尽管出现了不同程度的下降趋势，但各行业在原材料工业内部工业增加值率中的排名并未出现大的变化；2007 年排名前五位的分别是水的生产和供应业，化学纤维制造业，电力、热力的生产和供应业，非金属矿物制品业，橡胶制品业。

表 1-38 云南省原材料工业的内部行业工业增加值率 (%)

行 业 分 类	2007 年	2007 年排序	2003 年	2003 年排序
水的生产和供应业	48.64	1	61.35	1
化学纤维制造业	37.53	2	39.16	4
电力、热力的生产和供应业	36.83	3	44.48	2
非金属矿物制品业	30.06	4	40.59	3
橡胶制品业	25.21	5	25.00	7
石油加工、炼焦及核燃料加工业	24.18	6	24.18	9
化学原料及化学制品制造业	24.15	7	24.97	8
有色金属冶炼及压延加工业	21.49	8	26.21	6
金属制品业	19.72	9	21.52	11
黑色金属冶炼及压延加工业	17.81	10	34.58	5
燃气生产和供应业	8.05	11	23.96	10

资料来源：云南工业经济信息资料 2003、2007。

从总资产贡献率看，2007 年，在原材料工业内部，化学纤维制造业的总资产贡献率上升幅度最为明显，并遥遥领先于其他行业，有色金属冶炼及压延加工业、橡胶制品业、黑色金属冶炼及压延加工业、化学原料及化学制品制造业的总资产贡献率尽管排名靠前，但与化学纤维制造业的差距进一步拉大。2003 ~ 2007 年，化学纤维制造业的总资产贡献率由 15.43% 上升到 34.86%，排名继续第一；有色金属冶炼及压延加工业的总资产贡献率也出现快速扩张的趋势，由 7.34% 上升到 17.69%，但并未缩小与化学纤维制造业的总资产贡献率的差距；橡胶制品业、黑色金属冶炼及压延加工业、化学原料及化学制品制造业的总资产贡献率尽管排名靠前，但增幅并不明显；而石油加工、炼焦及核燃料加工业，电力、热力的生产和供应业的总资产贡献率出现了下滑的趋势（表 1-39）。

表 1-39 云南省原材料工业的内部行业总资产贡献率 (%)

行 业 分 类	2008 年	2008 年排序	2007 年	2007 年排序	2003 年	2003 年排序
化学纤维制造业	42.38	1	34.86	1	15.43	1
化学原料及化学制品制造业	14.02	2	9.16	5	3.60	8
石油加工、炼焦及核燃料加工业	12.58	3	8.53	6	8.53	3
橡胶制品业	10.53	4	15.74	3	0.77	11
金属制品业	10.27	5	5.98	9	2.13	10
黑色金属冶炼及压延加工业	10.11	6	13.13	4	10.62	2
非金属矿物制品业	6.92	7	6.47	8	5.33	6
电力、热力的生产和供应业	6.62	8	7.03	7	7.19	5
水的生产和供应业	3.68	9	4.33	10	5.17	7
有色金属冶炼及压延加工业	3.44	10	17.69	2	7.34	4
燃气生产和供应业	2.68	11	-0.16	11	2.44	9

资料来源：云南工业经济信息资料 2003、2007；2008 年数据来自云南省统计局提供的内部数据，未经国家统计局审核。

2008年，化学纤维制造业的总资产贡献率仍然维持扩张趋势，继续第一的排名，并遥遥领先于其他行业。受金融危机的冲击，原材料工业内部其他行业的总资产贡献率几乎都出现了不同程度的下滑趋势；有色金属冶炼及压延加工业的总资产贡献率下滑幅度尤为突出；橡胶制品业，黑色金属冶炼及压延加工业，化学原料及化学制品制造业，石油加工、炼焦及核燃料加工的总资产贡献率排名靠前。

(3) 原材料工业在国内的地位评价。尽管有色金属冶炼及压延加工业，电力、热力的生产和供应业，黑色金属冶炼及压延加工业的产值规模、盈利能力等在省内排名靠前，但在与国内同行业的横向比较中，除产值规模靠前外，其他指标排名都居中或靠后，这些产业的国内竞争优势并不明显。

表1-40的数据显示，在国内同行业的横向比较中，除化学纤维制造业的一些指标排名靠前，具有一定的国内竞争优势外；有色金属冶炼及压延加工业，电力、热力的生产和供应业、黑色金属冶炼及压延加工业除产值规模能在国内同行业中排名靠前外，其他各项指标排名都居中或靠后，充分表明这些行业尽管在省内的原材料工业内部具有较为明显的竞争优势，但在国内并不具备较强的竞争优势。

表1-40 2007年云南省重工业中原材料工业的内部行业与全国和同行业的比较

行业分类	单位企业产值		全员劳动生产率		产品产销率		资产利税率		总资产贡献率	
	行业排名	全国排名	行业排名	全国排名	行业排名	全国排名	行业排名	全国排名	行业排名	全国排名
化学纤维制造业	2	2	1	1	4	6	18	15	17	19
非金属矿物制品业	22	27	22	24	16	22	22	28	21	26
金属制品业	25	28	14	22	1	2	21	25	23	25
黑色金属冶炼及压延加工业	4	20	4	19	9	9	11	15	7	15
有色金属冶炼及压延加工业	3	5	3	16	14	19	4	13	4	14
电力、热力的生产和供应业	7	28	5	19	7	16	20	18	18	22

资料来源：根据云南工业经济信息资料2007、中国工业经济统计年鉴2008计算整理。

1.3.3 加工工业

加工工业中的通用设备和交通运输设备制造业发展快，盈利能力强，发展潜力较大。

加工工业是工业化过程由以原材料为中心的工业向以组装、加工为中心的工业的演进结果，是重工业化不断推进的结果。长期以来，云南全省重工业中的加工工业并未得到有效、长足的发展，但随着重工业的不断推进，加工工业在国民经济中的地位将越来越重要，需要重点关注。根据发展态势，加工工业内部有以下一些行业值得重点关注：交通运输设备制造业已形成一定的企业规模与行业规模，相应评价指标在国内与同行业的比较也居于中间地位；通用设备制造业、电气机械及器材制造业尽管在国内与同行业的比较中处于不利的竞争地位，但其行业规模与企业规模都呈现出较快的增长趋势，具有较大的盈利能力与发展潜力。

2008 年，尽管金融危机对加工工业的发展产生了影响，并直接或间接地导致了行业相应评价指标的波动，但这些波动并未从整体上改变全省加工工业的行业结构性特点与产业发展趋势。

（1）产值规模与企业规模。从行业规模与企业规模看，在加工工业内部，交通运输设备制造业的产值规模遥遥领先于其他行业的产值规模，占据绝对的主导地位；但电气机械及器材制造业、通用设备制造业的产值规模开始迅速扩大。2007 年全省加工工业的内部行业，产值规模排在前 3 位的分别是交通运输设备制造业、电气机械及器材制造业、通用设备制造业，产值分别为 80.13 亿元、54.20 亿元、47.67 亿元；与 2003 年相比，分别增长了 107.5%、194.1%、368.1%。尽管电气机械及器材制造业与通用设备制造业的产值规模不大，但其扩张速度开始加速（表 1-41）。

表 1-41 云南省加工工业的内部行业产值规模 （亿元）

行业分类	2008 年	2008 年排序	2007 年	2007 年排序	2003 年	2003 年排序
交通运输设备制造业	101.89	1	80.13	1	38.62	1
电气机械及器材制造业	67.84	2	54.20	2	18.43	3
通用设备制造业	56.25	3	47.67	3	10.18	4
专用设备制造业	45.44	4	37.24	4	28.14	2

资料来源：云南工业经济信息资料 2003、2007；2008 年数据来自云南省统计局提供的内部数据，未经国家统计局审核。

对比 2007～2008 年的数据，金融危机并未对加工工业内部各行业的产值规模产生较大冲击。2008 年，交通运输设备制造业的产值规模仍然保持快速的扩张趋势，排名继续保持第一；其他各行业的产值规模也出现了不同程度的扩张，但未改变加工工业内部的行业产值规模排名。

表 1-42 的数据显示，2003～2007 年，交通运输设备制造业的从业人员年平均数略有上升，排名跃居第 1 位；通用设备制造业开始吸纳更多的就业人员，排名居第 2 位；而专用设备制造业的从业人员年平均数开始出现较大幅度的下降，4 年降幅达 44.6%，排名从 2003 年的第 1 位跌至第 3 位。

表 1-42 云南省加工工业的内部行业从业人数 （人）

行业分类	2008 年	2008 年排序	2007 年	2007 年排序	2003 年	2003 年排序
通用设备制造业	17940	1	17416	2	14764	3
交通运输设备制造业	17011	2	18611	1	17109	2
专用设备制造业	15619	3	14795	3	26728	1
电气机械及器材制造业	10890	4	9958	4	11534	4

资料来源：云南工业经济信息资料 2003、2007；2008 年数据来自云南省统计局提供的内部数据，未经国家统计局审核。

2008 年，加工工业内部各行业的就业人数并未出现大的波动，金融危机在这方面的影响并不突出。但通用设备制造业的行业从业人数出现了一定的增长，排名上升到第 1 位，而交通运输设备制造业的行业从业人数出现了小幅度的下滑，排名跌至第 2 位。

就行业企业规模而言，2007 年，交通运输设备制造业的企业规模出现了大幅扩张趋势，遥遥领先于其他行业的企业规模；电气机械及器材制造业、专用设备制造业的企业规模也呈现扩张趋势，排名靠前，但由于企业单位数过多，企业规模明显偏小，行业内部存在过度竞争的格局。2007 年，交通运输设备制造业的企业规模为 19544.64 万元，电气机械及器材制造业、专用设备制造业、通用设备制造业的企业规模仅仅是交通运输设备制造业企业规模的 49.5%、45.4%、30.9%。与此相反，这些行业的企业单位数分为交通运输设备制造业企业单位数的 1.4 倍、1.1 倍、1.9 倍（表 1-43 和表 1-44）。因此，这些行业呈现明显的过度竞争局面，行业企业单位数过多，企业规模过小。

表 1-43 云南省加工工业的内部行业企业单位数

行业分类	2008 年	2008 年排序	2007 年	2007 年排序	2003 年	2003 年排序
通用设备制造业	99	1	79	1	46	2
电气机械及器材制造业	67	2	56	2	43	3
专用设备制造业	53	3	42	3	53	1
交通运输设备制造业	45	4	41	4	42	4

资料来源：云南工业经济信息资料 2003、2007；2008 年数据来自云南省统计局提供的内部数据，未经国家统计局审核。

2008 年，金融危机并未抑制加工工业内部各行业的企业单位数的扩张趋势，尤其是通用设备制造业，企业单位数的扩张趋势明显。企业单位数的扩张直接影响了企业规模，2008 年，通用设备制造业的企业规模出现了较快的下滑趋势，行业内部过度竞争的格局进一步恶化；交通运输设备制造业因企业单位数最少，

表 1-44 云南省加工工业的内部行业企业规模 （亿元）

行业分类	2008 年	2008 年排序	2007 年	2007 年排序	2003 年	2003 年排序
交通运输设备制造业	2.26	1	1.95	1	0.92	1
电气机械及器材制造业	1.01	2	0.97	2	0.43	3
专用设备制造业	0.86	3	0.89	3	0.53	2
通用设备制造业	0.57	4	0.60	4	0.22	4

资料来源：云南工业经济信息资料 2003、2007；2008 年数据来自云南省统计局提供的内部数据，未经国家统计局审核。

企业规模继续保持扩张的趋势。

（2）盈利能力与发展潜力。在加工工业内部，电气机械及器材制造的全员劳动生产率远高于其他行业，并呈大幅上升趋势；其他各行业的全员劳动生产率虽然也保持了较快的增长，但与电气机械及器材制造业的全员劳动生产率的差距进一步扩大。2003～2007 年，电气机械及器材制造业、通用设备制造业的全员劳动生产率年均增幅达到 60%、74%，分别达到 54.42 万元/人、27.37 万元/人，呈现明显上升趋势；而同期交通运输设备制造业、专用设备制造业的全员劳动生产率的年均增幅仅有 23%、35%，分别为 43.06 万元/人、25.17 万元/人，与电气机械及器材制造业的全员劳动生产率的差距进一步扩大（表 1-45）。

表 1-45 云南省加工工业的内部行业全员劳动生产率 （万元/人）

行业分类	2007 年	2007 年排序	2003 年	2003 年排序
电气机械及器材制造业	54.42	1	15.98	2
交通运输设备制造业	43.06	2	22.57	1
通用设备制造业	27.37	3	6.90	4
专用设备制造业	25.17	4	10.53	3

资料来源：云南工业经济信息资料 2003、2007。

就行业的工业品产销率而言，交通运输设备制造业 2003 年和 2007 年均排名第 1，但除电气机械及器材制造业的产品产销率略微上升，交通运输设备制造业、专用设备制造业、通用设备制造业的产品销售率则出现下降。2003～2007 年，电气机械及器材制造业的产品产销率呈现略微上升的趋势，由 2003 年的 94.40% 上升到 2007 年的 95.71%，排名从第 4 位上升到第 3 位。与此相反的是交通运输设备制造业的产品产销率出现了 2% 的下滑，2007 年仅为 97.87%，但排名仍然第一；同时，专用设备制造业、通用设备制造业的产品产销率也出现了一定程度的下滑，产品销售的不确定性明显增加（表 1-46）。

受金融危机的冲击，2008 年交通运输设备制造业与通用设备制造业的产品产销率均出现了不同程度的下滑，但专用设备制造业、电气机械及器材制造业的产品产销率却逆势上升，尤其是电气机械及其器材制造业，其产品产销率更是超过了100%。

表1-46 云南省加工工业的内部行业产品产销率 (%)

行业分类	2008年	2008年排序	2007年	2007年排序	2003年	2003年排序
电气机械及器材制造业	100.25	1	95.71	3	94.40	4
专用设备制造业	97.40	2	95.93	2	98.12	2
交通运输设备制造业	95.66	3	97.87	1	99.96	1
通用设备制造业	92.90	4	93.26	4	97.30	3

资料来源：云南工业经济信息资料2003、2007；2008年数据来自云南省统计局提供的内部数据，未经国家统计局审核。

就行业的工业资产利税率而言，2007年通用设备制造业的工业资产利税率位居第一，且加工工业内四个行业的工业资产利税率都出现了扩大的趋势。2003~2007年，通用设备制造业的工业资产利税率由0.92%、排名第四，上升到了13.16%、排名第一，年均增幅维持在3.3%，远远高于同期其他行业工业资产利税率的增幅；交通运输设备制造业、电气机械及器材制造业、专用设备制造业的工业资产利税率也开始出现小幅扩大趋势，年均增幅维持在0.19%、0.6%、0.04%，在2007年分别达到了10.12%、9.99%、4.43%（表1-47）。

受金融危机的冲击，2008年，加工工业内部各行业的资产利税率的波动较大。专用设备制造业的工业资产利税率尽管出现了小幅上涨，但排名仍然靠后；通用设备制造业、交通运输设备制造业等的工业资产利税率尽管出现较大幅度的下滑，但排名仍然靠前（表1-47）。

表1-47 云南省加工工业的内部行业工业资产利税率 (%)

行业分类	2008年	2008年排序	2007年	2007年排序	2003年	2003年排序
通用设备制造业	9.27	1	13.16	1	0.92	4
交通运输设备制造业	6.96	2	10.12	2	5.75	1
电气机械及器材制造业	6.91	3	9.99	3	2.89	3
专用设备制造业	5.68	4	4.43	4	3.86	2

资料来源：云南工业经济信息资料2003、2007；2008年数据来自云南省统计局提供的内部数据，未经国家统计局审核。

就行业的工业增加值率而言，电气机械及器材制造业的工业增加值率处于明显的优势地位，但与通用设备制造业、交通运输设备制造业、专用设备制造业等的工业增加值率的差距开始缩小。表1-48的数据显示，2003~2007年电气机械及器材制造业出现了一定程度的下滑，由2003年的23.36%下降到19.62%，但仍位居首位；相比之下，通用设备制造业、交通运输设备制造业出现了2%左右的增长，与电气机械及器材制造业的工业增加值率的差距进一步缩小。

表1-48 云南省加工工业的内部行业工业增加值率 （%）

行业分类	2007年	2007年排序	2003年	2003年排序
电气机械及器材制造业	19.62	1	23.36	1
通用设备制造业	4.15	2	2.38	2
交通运输设备制造业	3.78	3	1.89	3
专用设备制造业	2.04	4	1.64	4

资料来源：云南工业经济信息资料2003、2007。

就行业的总资产贡献率而言，2007年通用设备制造业的总资产贡献率遥遥领先其他行业，出现了快速上升的趋势；而交通运输设备制造业、电气机械及器材制造业、专用设备制造业的总资产贡献率也出现一定程度的增长。2003~2007年通用设备制造业的总资产贡献率由2003年0.64%上升到2007年15.83%，排名由第4位上升到第1位，年均增长约为5.9%；相比之下，交通运输设备制造业、电气机械及器材制造业的总资产贡献率4年间仅增长2%与4%，专用设备制造业的总资产贡献率4年间上升幅度还不到一个百分点（表1-49）。

受金融危机的冲击，2008年，全省加工工业内部各行业的总资产贡献率出现了一定程度的波动。专用设备制造业的总资产贡献率尽管出现了小幅上涨，但排名仍然靠后；通用设备制造业、交通运输设备制造业等的总资产贡献率尽管出现较大幅度的下滑，但排名仍然靠前（1-49）。

表1-49 云南省加工工业的内部行业总资产贡献率 （%）

行业分类	2008年	2008年排序	2007年	2007年排序	2003年	2003年排序
通用设备制造业	10.65	1	15.83	1	0.64	4
电气机械及器材制造业	9.08	2	8.99	3	4.84	3
交通运输设备制造业	7.44	3	9.74	2	7.61	1
专用设备制造业	6.99	4	5.65	4	5.42	2

资料来源：云南工业经济信息资料2003、2007；2008年数据来自云南省统计局提供的内部数据，未经国家统计局审核。

（3）加工业在国内的地位评价。从国内同行业的横向比较来看，云南省加工工业内部各行业的各项指标在全国或同行业中的排名均靠后；尽管交通运输设备制造业的评价指标在省内排名相对靠前，但在全国或同行业中的排名仍然靠后，产业的国内竞争优势并不明显。表 1-50 的数据显示，除了交通运输设备制造业在国内和同行业的比较中，某些评价指标的排名居于中间外，其他各行业的各项评价指标的排名都特别靠后，在国内的竞争中，云南全省加工工业内部各行业都处于不利地位。

表 1-50 2007 年云南省加工工业的内部行业与全国和同行业的比较

行业分类	单位企业产值		全员劳动生产率		产品产销率		资产利税率		总资产贡献率	
	行业排名	全国排名	行业排名	全国排名	行业排名	全国排名	行业排名	全国排名	行业排名	全国排名
电气机械及器材制造业	13	20	7	17	20	23	17	23	15	24
通用设备制造业	18	16	17	20	22	28	23	27	13	17
交通运输设备制造业	6	15	10	22	15	12	16	19	20	25
专用设备制造业	15	13	20	22	18	18	24	26	24	25

资料来源：云南工业经济信息资料 2007、中国工业经济统计年鉴 2008。

注：全国的电气机械及器材制造业名称为电器装备及器材制造业。

2 云南矿业分析

云南省矿产资源丰富，矿业[1]已经发展成为云南经济的重要支柱，不但产值规模大，而且有色金属冶炼技术等部分技术已达到国内先进水平，大部分矿业内部行业经济效益处于中上水平，但在全国的地位还不是最优，属于云南省大而不够强的产业，还有进一步增强竞争力的空间。

2.1 云南矿业发展现状及在全国的地位

从属性上可以将矿业划分为有色金属矿业、黑色金属矿业、煤炭和非金属矿业，三类矿业在全国的地位有较大差异。

2.1.1 有色金属矿业

云南省的有色金属矿业在全国占有重要地位，在省内工业行业中的产业地位高，经济效益在工业行业中处于较好水平，发挥着经济支柱的地位；但从全国范围来看，则处于中等水平。2008 年，云南全省规模以上有色金属行业企业有 312 户，占全省规模以上工业企业的 10.9%，从业人员约 13.53 万人，销售收入 960 亿元；工业增加值 234 亿元，占全省规模以上工业增加值的 13%，占全省生产总值的 4.1%。十种有色金属产量共计 217 万吨，占全国 2520 万吨的 8.6%，居全国第 2 位。其中：铜 31 万吨、铝 53 万吨、锌 81 万吨、锡 7 万吨，分别居全国第 3 位、第 9 位、第 3 位、第 1 位；有色行业已培育了云铜集团、云南冶金集团、云南锡业集团等 3 户销售收入超百亿的大型企业集团。

(1) 有色金属矿采选业。有色金属矿采选业在云南省内工业行业中总体上地位高、效益好，但在全国则处于中等水平。从工业企业的综合经济效益看，近年来云南有色金属矿采选业相对较低，并且在全国的地位有所下降，2007 年的全员劳动生产率在云南 25 个工业行业中处于第 23 位，比 2002 年有所下降，在全国 31 个省（自治区、直辖市）的有色金属矿采选业中处于第 25 位，比 2002 年下降了 5 位（表 2-1）；从工业企业的盈利能力看，盈利能力提升快，已处于各行业前列，在全国同行业中的地位处于中等水平，2007 年的资产利税率和总

[1] 本书所指矿业包括煤炭开采和洗选业、黑色金属矿采选业、有色金属矿采选业、非金属矿采选业、黑色金属冶炼及压延加工业、有色金属冶炼及压延加工业。

资产贡献率在云南25个工业行业中都处于第3位，2002年只处于第15位，提升速度很快，在全国31个省（自治区、直辖市）中处于第16位和17位，比2002年上升了6位和4位；从工业企业的经营管理水平看，企业经营管理能力在云南25个工业行业处于较高水平，但下降较快，在全国同行业中处于中下水平，流动资产周转次数从2002年的第1位下降到2007年的第9位，在全国31个省（自治区、直辖市）的排名从2002年的第14位下降到2007年的第20位；从工业企业的经营风险看，企业经营的抗风险能力明显提高，处于中上水平，资产负债率在云南工业行业中的地位从2002年的第16位转变为第9位，在全国的排名也从第19位转变为第15位；从企业规模看，在云南25个工业行业中和全国同行业中都处于集中度较高水平，单位企业产值在云南工业行业中处于第11位，在全国31个省（自治区、直辖市）的排名靠前，但近年来有所下降，从2002年的第5位下降到第8位（表2-1）。

表2-1 云南省有色金属矿采选业经济效益指标及地位变化

有色金属矿采选业	2002年	2007年	2008年	行业排名			全国排名	
				2002年	2007年	2008年	2002年	2007年
全员劳动生产率[万元/(人·年)]	6.61	16.01	—	22	23	—	20	25
资产利税率（%）	4.49	36.87	13.09	15	3	7	22	16
总资产贡献率（%）	5.14	25.42	15.85	15	3	7	21	17
成本费用利润率（%）	2.15	29.85	1.36	13	2	15	20	11
流动资产周转次数（次/年）	1.77	1.77	1.36	1	9	15	14	20
资产负债率（%）	69.49	52.96	52.45	16	9	9	19	15
单位企业产值（亿元）	0.46	1.3	1.21	11	11	11	5	8
工业增加值率（%）	40.11	47.01	—	7	4	—	4	14
产品销售率（%）	102.89	94.28	102.13	3	21	1	3	21

资料来源：根据云南工业经济信息资料2002、2007，中国工业经济统计年鉴2002、2007计算整理；2008年数据来自云南省统计局提供的内部数据，未经国家统计局审核。

2008年，在金融危机的影响下，有色金属矿采选业的经济效益下降较为明显。虽然产销率高达102.13%，位居矿业榜首，但企业规模相对萎缩，盈利能力下降较为明显，其中资产利税率下降23个百分点，在行业中的排序也从第3位降到第7位，成本费用利润率则从第2位降到第15位。总体来说，金融危机对有色金属矿采选的盈利能力影响较大。

综合以上指标看，云南有色金属矿采选业盈利能力强、提升快，在省内工业行业中处于前列，在国内同行业中则处于中等水平；企业经营管理能力在省内工业行业中较强，但下降快，在国内同行业中相对较弱，处于中下水平，且下降快；企业抗风险能力相对较弱，但有所提高；集中度较高，但在国内同行业中的地位有所下降；综合经济效益方面，在云南工业行业中和国内同行业中都较差，处于后列。受金融危机的影响突出，经济效益大幅下滑，企业普遍面临困难。

（2）有色金属冶炼及压延加工业。云南省的有色金属冶炼及压延加工业在工业行业中经济效益相对较好，发挥着经济支柱的地位，从全国范围来看，处于中等水平，但近年来地位有所提升。从工业企业的综合经济效益看，近年来在省内所有行业及全国的地位都有所上升，2007 年全员劳动生产率在云南 25 个工业行业中处于第 3 位，比 2002 年上升了两位，在全国 31 个省（自治区、直辖市）中处于第 16 位，比 2002 年上升了 5 位（表 2-2）；从工业企业的盈利能力看，盈利能力提升快，已处于各行业前列，在全国同行业中的地位处于中等水平，2007 年的资产利税率和总资产贡献率在云南 25 个工业行业中都处于第 5 位，2002 年仅处于第 10 位，提升速度很快，在全国 31 个省（自治区、直辖市）中处于第 13 位和 14 位，比 2002 年上升了 1 位和 2 位，成本费用利润率在云南 25 个工业行业中处于第 12 位，和 2002 年相同，但在全国地位上升了 4 位，位于第 12 位；从工业企业的经营管理看，企业经营管理能力在云南 25 个工业行业处于较高水平，在全国同行业中处于中下水平，地位均有所下降，流动资产周转次数从 2002 年的第 3 位下降到 2007 年的第 4 位，在全国 31 个省（自治区、直辖市）的排名从 2002 年的第 19 位下降到 2007 年的第 23 位；从工业企业的经营风险看，企业经营的抗风险能力下降较快，处于中下水平，资产负债率在云南工业行业中的地位从 2002 年的第 8 位转变为第 16 位，在全国的排名也从第 8 位转变为第 17 位；从企业规模看，在云南 25 个工业行业中和全国同行业中都处于集中度较高水平，单位企业产值在云南工业行业中处于第 3 位，在全国 31 个省（自治区、直辖市）中处于第 5 位，且名次有所上升。

2008 年，金融危机对有色金属冶炼及压延加工业造成严重冲击，从盈利能力来看，资产利税率、总资产贡献率、成本费用利润率均下降到省内工业行业的最后一位，而成本费用利润率更是降到 -2.72%，产销率也从 97.94% 降到 89.13%，资产负债率增加了 4 个百分点，在行业中排序下降了 3 位，流动资产周转次数从 2.56 次/年减慢到 2.04 次/年，排序下降了 3 位。在积极采取应对措施，加大产业整合的情况下，产业的平均企业规模下降幅度相对较小（表 2-2）。

表 2-2 云南省有色金属冶炼及压延加工业经济效益指标及地位变化

有色金属冶炼及压延加工业	2002 年	2007 年	2008 年	行业排名			全国排名	
				2002 年	2007 年	2008 年	2002 年	2007 年
全员劳动生产率[万元/(人·年)]	19.81	96.81		5	3		21	16
资产利税率（%）	5.95	21.38	0.96	10	5	23	14	13
总资产贡献率（%）	6.36	17.69	3.44	10	5	23	16	14
成本费用利润率（%）	2.67	8.25	-2.72	12	12	23	16	12

续表 2-2

有色金属冶炼及压延加工业	2002 年	2007 年	2008 年	行业排名			全国排名	
				2002 年	2007 年	2008 年	2002 年	2007 年
流动资产周转次数（次/年）	1.62	2.56	2.04	3	4	7	19	23
资产负债率（%）	57.45	61.51	65.75	8	16	19	8	17
单位企业产值（亿元）	1.21	4.87	4.24	3	3	4	8	5
工业增加值率（%）	25.01	21.49		19	22		17	24
产品销售率（%）	100.16	97.94	89.13	8	14	22	9	19

资料来源：根据云南工业经济信息资料 2002、2007，中国工业经济统计年鉴 2002、2007 计算整理；2008 年数据来自云南省统计局提供的内部数据，未经国家统计局审核。

综合以上指标来看，与其他行业相比，云南省有色金属冶炼及压延加工业在省内工业行业中盈利能力强、提升较快，在全国同行业中也相对较强，处于中上水平；企业经营管理能力在省内工业行业中较强，在国内同行业中相对较弱，处于较低水平，且有所下降；企业抗风险能力相对较弱，下降显著，集中度较高，但在同行业中地位有所下降；综合经济效益有所提升，在省内工业行业中较高，但在国内同行业中处于中等水平。受金融危机的影响相当显著，效益大幅下滑，企业普遍面临困难。

2.1.2 黑色金属矿业

云南省黑色金属行业在全国也具有一定的地位，是云南省工业行业中“大而不强”的产业。2008 年，全省规模以上黑色金属行业企业 188 户，占全省规模以上工业企业的 6.6%，从业人员约 7.3 万人，销售收入 727 亿元；工业增加值 142 亿元，占全省规模以上工业增加值的 7.9%，占全省生产总值的 2.5%。2008 年，全省生铁、粗钢、钢材、铁合金产量为 1180 万吨、901 万吨、837 万吨、63 万吨，比 2000 年分别增加 871 万吨、712 万吨、653 万吨、45 万吨，增幅分别为 73.8%、79%、78%、71.4%。其中，粗钢和钢材产量分别居全国第 17 位和 19 位。

（1）黑色金属矿采选业。云南省的黑色金属矿采选业经济效益在工业行业中处于中上水平，对云南工业经济具有重要作用，在国内同行业中则处于中下水平。从工业企业的综合经济效益看，近年来云南黑色金属矿采选业相对较低，在省内所有行业及全国都处于中下水平，2007 年的全员劳动生产率在云南 25 个工业行业中处于第 16 位，比 2002 年上升了两位，在全国 31 个省（自治区、直辖市）中处于第 22 位，比 2002 年下降了 7 位（表 2-3）；从工业企业的盈利能力看，盈利能力总体上有所下降，处于云南工业行业的中上水平，在全国同行业中则处于较低水平，2007 年的资产利税率和总资产贡献率在云南 25 个工业行业中分别处于第9位和第13位，比2002年分别下降了2位和9位，在全国31个省（自治区、直辖市）中处于第23位和24位，比2002年下降了8位和12位，但成本费用利润率显著提高，在云南25个工业行业中处于第4位，比2002年上升了14位，上升较快，在全国地位也上升了14位，位于第10位；从工业企业的经营管理看，企业经营管理能力在云南25个工业行业及全国同行业中处于低下水平，地位均显著下降，流动资产周转次数从2002年的第4位下降到2007年的第24位，在全国31个省（自治区、直辖市）的排名从2002年的第14位下降到2007年的第26位；从工业企业的经营风险看，企业经营的抗风险能力提高较快，处于较高水平，资产负债率在云南工业行业中的地位从2002年的第23位转变为第3位，在全国的排名也从第26位转变为第6位；从企业规模看，在云南25个工业行业中和全国同行业中都处于集中度较高水平，单位企业产值在云南工业行业中处于第12位，在全国31个省（自治区、直辖市）中处于第6位，但与2002年相比，名次有所下降。

2008年，虽然受金融危机的影响，黑色金属矿采选业积极采取应对措施，经济效益影响不大，总资产贡献率提高了5个百分点，排序提升了5位，成本费用利润率提高了2个百分点，依然位于行业前列，即盈利能力有所提升；企业规模从1.23亿元扩大到1.4亿元，排序提升3位；产品销售率从98.39%下降到97.97%，但排序提升了5位。总体来说，黑色金属矿采选业的产值、经济效益受金融危机的影响不大（表2-3）。

表2-3 云南省黑色金属矿采选业经济效益指标及地位变化

黑色金属矿采选业	2002年	2007年	2008年	行业排名			全国排名	
				2002年	2007年	2008年	2002年	2007年
全员劳动生产率[万元/(人·年)]	8.24	28.44		18	16		15	22
资产利税率（%）	6.41	16.95	12.41	7	9	8	15	23
总资产贡献率（%）	8.25	10.03	15.81	4	13	8	12	24
成本费用利润率（%）	−1.94	25.25	27.69	18	4	3	24	10
流动资产周转次数（次/年）	1.53	1.01	1.25	4	24	18	14	26
资产负债率（%）	84.82	35.72	35.43	23	3	4	26	6
单位企业产值（亿元）	0.58	1.23	1.40	8	12	9	5	6
工业增加值率（%）	38.13	47.04		9	3		14	11
产品销售率（%）	99.31	98.39	97.97	11	12	7	9	10

资料来源：根据云南工业经济信息资料2002、2007，中国工业经济统计年鉴2002、2007计算整理；2008年数据来自云南省统计局提供的内部数据，未经国家统计局审核。

综合以上指标看，云南黑色金属矿采选业盈利能力有所降低，在省内工业行业中处于中上水平，但在国内同行业中处于较低水平；企业经营管理能力显著下降，在省内工业行业及全国同行业中都处于中下水平；企业抗风险能力相对较强，提升快；集中度较高，但在省内工业行业中的地位下降较快；综合经济效益在云南工业行业及国内同行业中都处于中下水平，受金融危机的影响相对其他矿业较小。

（2）黑色金属冶炼及压延加工业。从工业企业的综合经济效益看，近年来云南黑色金属冶炼及压延加工业在省内工业行业中处于较高水平，在全国同行业中处于中下水平，地位均有所提升，2007 年的全员劳动生产率在云南 25 个工业行业及全国 31 个省（自治区、直辖市）中分别处于第 4 位和第 19 位，比 2002 年分别上升了 2 位和 6 位；从工业企业的盈利能力看，盈利能力处于中等水平，在省内工业行业中地位下降较快，在全国同行业中的地位有所上升，但上升幅度不大，2007 年黑色金属冶炼及压延加工业的资产利税率、总资产贡献率和成本费用利润率在云南 25 个工业行业中分别处于第 12 位、第 8 位和第 20 位，2002 年均处于前十位，下降速度较快，在全国 31 个省（自治区、直辖市）的黑色金属冶炼及压延加工业中都处于第 15 位，比 2002 年上升了 1 位和 2 位；从工业企业的经营管理看，企业经营管理能力较高，在省内及全国的地位上升很快，流动资产周转次数从 2002 年的第 8 位上升到 2007 年的第 1 位，在全国 31 个省（自治区、直辖市）的排名从 2002 年的第 25 位上升到 2007 年的第 4 位；从工业企业的经营风险看，企业经营的抗风险能力有所提高，在省内工业行业中处于中等水平，但在国内同行业中处于较高水平，资产负债率在云南工业行业中的地位从 2002 年的第 7 位下降为第 13 位，但在全国的排名从第 14 位上升为第 7 位；从企业规模看，在云南 25 个工业行业中处于集中度较高水平，但在国内同行业中处于较低水平，单位企业产值在云南工业行业中处于第 4 位，在全国 31 个省（自治区、直辖市）排名靠后，名次有所下降，从 2002 年的第 17 位下降到第 20 位（表 2-4）。

表 2-4　云南省黑色金属冶炼及压延加工业经济效益指标及地位变化

黑色金属冶炼及压延加工业	2002 年	2007 年	2008 年	行业排名			全国排名	
				2002 年	2007 年	2008 年	2002 年	2007 年
全员劳动生产率[万元/(人·年)]	16.49	81.72		6	4		25	19
资产利税率（%）	7.7	15.35	7.79	4	12	13	16	15
总资产贡献率（%）	7.29	13.13	10.11	5	8	15	16	15
成本费用利润率（%）	3.65	4.81	2.2	9	20	22	17	15
流动资产周转次数（次/年）	1.37	3.5	3.16	8	1	1	25	4
资产负债率（%）	57.41	57.18	65.42	7	13	18	14	7
单位企业产值（亿元）	1.2	3.38	4.60	4	4	3	17	20
工业增加值率（%）	37.12	17.81		12	25		2	25
产品销售率（%）	100.91	99.31	96.8	6	9	11	4	9

资料来源：根据云南工业经济信息资料 2002、2007，中国工业经济统计年鉴 2002、2007 计算整理；2008 年数据来自云南省统计局提供的内部数据，未经国家统计局审核。

2008 年，金融危机的袭击使得黑色金属冶炼及压延加工业的经济效益受到较大影响，企业规模增加近 1.2 亿元，排序提升一位；流动资产周转次数依然位居行业榜首；资产利税率下降 8 个百分点，总资产贡献率下降 3 个百分点，成本费用利润率下降 2 个百分点，在行业中排序均有所下降，盈利能力总体有所降低；资产负债率高达 65.42%，提高了 12 个百分点，排序下降 5 位；产销率降低 2.5 个百分点，排序下降 2 位。总体而言，黑色金属冶炼及压延加工业的盈利能力在省内工业行业中处于中等偏下水平，经营风险偏大。

综合以上指标看，云南黑色金属冶炼及压延加工业盈利能力有所减弱，在省内工业行业及全国同行业中都处于中等水平；企业经营管理能力提升快，在省内工业行业及全国同行业中都处于较高水平；企业抗风险能力在省内工业行业中相对较强，但呈下降态势，在国内同行业中较强，且地位上升较快；集中度在省内工业行业中较高，但在全国同行中相对较低，且地位有所下降；综合经济效益名次有所上升，在省内工业行业中处于较好水平，但在国内同行业中较差，处于靠后位置，受金融危机的影响较为突出，尤其是效益下滑较为显著。

2.1.3 煤炭和非金属矿业

(1) 煤炭开采和洗选业。云南省的煤炭资源丰富，煤炭开采和洗选业产值规模大，总体经济效益处于中上水平，还有较大的提升潜力，是云南工业行业中“大而不够强”的产业。2008 年，全省规模以上煤炭行业企业有 286 户，占全省规模以上工业企业的 10%，从业人员约 9.6 万人，销售收入约 142 亿元；工业增加值约 78.93 亿元，占全省规模以上工业增加值的 4.4%，占全省生产总值的 1.4%。2008 年全省原煤产量为 8657 万吨，约占全国总量的 3% 左右，进入全国 10 大产煤省。

从工业企业的综合经济效益看，近年来云南煤炭开采和洗选业相对较低，地位均有所下降，2007 年的全员劳动生产率在云南 25 个工业行业中处于第 24 位，比 2002 年有所下降，在全国 31 个省（自治区、直辖市）中处于第 22 位，比 2002 年下降了 4 位；从工业企业的盈利能力看，盈利能力提升快，已处于各行业前列，在全国同行业中的地位处于中上水平，2007 年的资产利税率、总资产贡献率和成本费用利润率在云南 25 个工业行业中处于第 7 位、第 7 位和第 9 位，2002 年均处于第 20 位之后，提升速度很快，在全国 31 个省（自治区、直辖市）中处于第 11 位、第 12 位和第 7 位，比 2002 年上升了 18 位、13 位和 22 位；从工业企业的经营管理看，企业经营管理能力处于中等水平，地位有所提升，但在国内同行业中仍处于较低水平，流动资产周转次数从 2002 年的第 18 位上升到 2007 年的第 12 位，在全国 31 个省（自治区、直辖市）的排名从 2002 年的第 22 位上升到 2007 年的第 18 位；从工业企业的经营风险看，企业经营的抗风险能力明显提高，处于中上水平，资产负债率在云南工业行业中的地位从2002年的第14位转变为第11位，在全国的排名也从第26位转变为第11位；从企业规模看，在云南25个工业行业中和全国同行业中都处于集中度较低水平，地位显著下降，单位企业产值在云南工业行业及国内同行业中均处于第23位，与2002年相比，分别下降了7位和4位。

2008年，虽受金融危机的影响，云南省煤炭开采和洗选业积极采取应对措施，使得煤炭开采和洗选业突飞猛进发展。资产利税率提高2个百分点，从行业的第7位提升到第3位，总资产贡献率提高15个百分点，成本费用利润率将近5个百分点，均位居行业前列；企业规模有所扩大，但依然处于行业末位；流动资产周转次数从1.7次/年加快到2.02次/年，行业排序提升4位；产销率略有下降，但在行业中排序提升4位。总体而言，煤炭开采和洗选业在2008年获得较大的发展，但企业规模依然偏小（表2-5）。

表2-5 云南省煤炭开采和洗选业经济效益指标及地位变化

煤炭开采和洗选业	2002年	2007年	2008年	行业排名			全国排名	
				2002年	2007年	2008年	2002年	2007年
全员劳动生产率[万元/(人·年)]	4.18	11.25		23	24		18	22
资产利税率（%）	-0.52	20.12	22.21	21	7	3	29	11
总资产贡献率（%）	0.28	14.56	29.30	22	7	3	25	12
成本费用利润率（%）	-10.24	13.15	17.94	23	9	4	29	7
流动资产周转次数（次/年）	0.97	1.7	2.02	18	12	8	22	18
资产负债率（%）	68.97	54.73	56.33	14	11	11	26	11
单位企业产值（亿元）	0.25	0.37	0.41	16	23	21	19	23
工业增加值率（%）	52.65	56.2		3	2		6	7
产品销售率（%）	100.6	99.07	98.71	7	10	6	10	13

资料来源：根据云南工业经济信息资料2002、2007，中国工业经济统计年鉴2002、2007计算整理；2008年数据来自云南省统计局提供的内部数据，未经国家统计局审核。

综合以上指标看，云南煤炭开采和洗选业盈利能力较强，提升很快，在省内工业行业中处于较高水平，在国内同行业中也处于中上水平；企业经营管理能力明显提高，在省内工业行业及国内同行业中都处于中等水平；企业抗风险能力相对较强，提升较快，处于中上水平；集中度较低，在省内工业行业及国内同行业中都位于后列，且有所下降；综合经济效益较低，在省内工业行业及国内同行业中都处于较低水平，且有所下降。

（2）非金属矿采选业。从工业企业的综合经济效益看，近年来云南非金属矿采选业相对较高，尤其是在国内同行业中处于较高水平，2007年的全员劳动生产率在云南25个工业行业中处于第12位，在全国31个省（自治区、直辖市）

中处于第8位；从工业企业的盈利能力看，盈利能力较强，处于各行业前列，在全国同行业中的地位处于中等水平，2007年的资产利税率和总资产贡献率在云南25个工业行业中都处于第4位，在全国31个省（自治区、直辖市）中均处于第14位，成本费用利润率在省内工业行业及国内同行业中都处于较高水平，分别位于第7位和第3位；从工业企业的经营管理看，企业经营管理能力在云南25个工业行业处于中等水平，在全国同行业中处于较低水平，流动资产周转次数在省内工业行业及全国31个省（自治区、直辖市）的排名分别位于第11位和第23位；从工业企业的经营风险看，企业经营的抗风险能力较强，处于中上水平，资产负债率在云南工业行业中位于第6位，在全国的排名中位于第12位；从企业规模看，在云南25个工业行业中和全国同行业中都处于集中度较高水平，单位企业产值在云南工业行业及全国31个省（自治区、直辖市）中排名靠前，分别位于第9位和第1位（表2-6）。

表2-6 云南省非金属矿采选业经济效益指标及地位变化

非金属矿采选业	2007年	2008年	2007行业排名	2008行业排名	2007年全国排名
全员劳动生产率[万元/(人·年)]	36.17		12		8
资产利税率（%）	21.85	11.7	4	9	14
总资产贡献率（%）	18.32	16.26	4	6	14
成本费用利润率（%）	20.23	13.27	7	7	3
流动资产周转次数（次/年）	1.73	1.61	11	13	23
资产负债率（%）	49.67	40.47	6	5	12
单位企业产值（亿元）	1.38	1.22	9	10	1
工业增加值率（%）	45.43		5		8
产品销售率（%）	98.21	92.96	13	19	12

资料来源：根据云南工业经济信息资料2002、2007，中国工业经济统计年鉴2002、2007计算整理；2008年数据是初步测算数。

2008年，虽然受金融危机的影响，云南非金属矿采选业积极采取应对措施，经济效益依然有所下降，但较其他矿产业而言，下降幅度相对较小。非金属矿采选的资产利税率下降10个百分点，总资产贡献率下降2个百分点，成本费用利润率下降7个百分点，行业排序有所下降，但依然处于行业中上水平；企业规模有所减小，行业排序下降一位；产销率下降5个百分点，排序下降6位；资产负债率下降9个百分点，行业排序第5，在矿业中属于经营风险相对较小的行业。总体而言，非金属矿采选的盈利能力较强，经营风险较小。

综合以上指标看，云南非金属矿采选业在省内工业行业中盈利能力强，在国内同行业中处于中上水平；企业经营管理能力在省内工业行业中较强，但在国内同行业中相对较弱；企业抗风险能力较强，在省内工业行业中位于前列，在国内同行业中也处于中上水平；集中度较高，在省内工业行业及国内同行业中都处于较高水平，位于前列。受金融危机影响，产业的经济效益明显下降，但比其他矿业影响略小。

综合以上分析可以看出，云南矿产品在全国占有重要地位，矿业在云南经济发展中具有支柱地位，资源优势、技术优势和产业基础突出，使云南矿业企业的经济效益好，盈利能力强，但普遍存在企业管理水平低，经营管理能力弱，人才短缺，劳动力生产率低，产业集中度不高的问题，属于“大而不强”的产业，在金融危机的冲击下，经济效益出现了大幅度下滑。因此，加强企业内部管理，培育现代企业制度，提高企业经营管理水平，加快人力资源开发和技能人才培养，进一步推进产业整合，提高产业集中度，淘汰落后产能，是提升云南矿业竞争力的重中之重。

2.2 云南矿业的内部结构特点与效益分析

根据矿业的分类，可以将矿业划分为三个层次，通过矿业内部各层次上的对比分析，揭示矿业内部结构特点和优势产业。

2.2.1 矿业内部第一层次行业结构特点与效益分析

矿业作为云南省国民经济的支柱产业，在云南工业中一直占据重要的地位，2007 年矿业总产值占全省工业总产值的 40.9%，但采选业、冶炼及压延加工业的经济地位却有所不同。表 2-7 的数据显示，从产业规模来看，冶炼及压延加工业的总产值远远高于采选业，尤以有色金属冶炼及压延加工业的总产值为首，占全省工业总产值的 23.22%，但其单位企业产值远小于非金属矿采选业，总体而言，除黑色及有色金属矿采选业的单位企业产值外，其他行业都远高于全省企业单位平均产值；从盈利能力来看，有色金属矿采选的成本费用利润率、总资产贡献率均居于矿业首位，但其资产利税率处于行业最差水平，冶炼及压延加工业通过降低成本费用的获利能力远低于采选业，且低于全省工业平均水平，而所有行业的资产利税率，除有色金属、非金属矿采选业外的其他行业总资产贡献率都低于全省工业平均水平；从企业经营管理能力来看，黑色金属、有色金属冶炼及压延加工业的流动资产周转较快，而采选业周转较慢且低于全省工业的平均水平；从综合经济效率来看，矿产品冶炼及压延加工业的全员劳动生产率较高，尤其是有色金属冶炼及压延加工业高达 96.78 万元，而采选业的全员劳动生产率均低于全省平均水平；从产品竞争力来看，黑色金属冶炼及压延加工业的产销率较高，最具竞争力，而有色金属矿采选、冶炼及压延加工业的产销率相对较低且低于全省工业平均水平；从企业经营风险来看，黑色金属矿采选业的经营风险相对较小，而其他行业都超过一半的负债，可见矿业整个行业的经营风险普遍较高。

表 2-7 云南省矿业内部各行业经济效益指标

行业分类	年份	总产值（亿元）	单位企业产值（亿元）	全员劳动生产率［万元/（人·年）］	成本费用利润率（%）	流动资产周转次数（次/年）	总资产贡献率（%）	资产利税率（%）	工业增加值率（%）	产品产销率（%）	资产负债率（%）
全省工业	2007	4298.29	1.59	52.38	10.79	1.90	18.15	23.82	36.44	98.31	54.40
	2008	5144.58	1.55		7.30	1.79	16.93	13.97		95.18	58.01
煤炭开采和洗选业	2007	80.79	3.74	11.25	12.38	1.70	14.56	20.12	56.20	99.07	54.73
	2008	186.30	0.41		17.94	2.02	29.30	22.21		98.71	56.33
黑色金属矿采选业	2007	46.64	1.23	28.48	23.15	1.01	10.02	16.94	47.04	98.39	35.72
	2008	82.86	1.40		27.69	1.25	15.81	12.41		97.97	35.43
有色金属矿采选业	2007	134.31	1.30	16.01	29.08	1.77	25.43	9.66	47.01	94.28	52.96
	2008	130.37	1.21		14.74	1.36	15.85	13.09		102.13	52.45
非金属矿采选业	2007	35.81	13.77	36.08	18.29	1.73	18.30	21.84	45.43	98.22	49.66
	2008	48.80	1.22		13.27	1.61	16.26	11.70		92.96	40.47
黑色金属冶炼压延	2007	463.33	3.38	81.73	4.66	3.50	13.13	15.35	17.81	99.31	57.18
	2008	648.24	4.60		2.20	3.16	10.11	7.79		96.80	65.42
有色金属冶炼压延	2007	998.07	4.87	96.78	8.03	2.56	17.69	21.38	21.49	97.94	61.51
	2008	898.10	4.24		−2.72	2.04	3.44	0.96		89.13	65.75

资料来源：根据云南工业经济信息资料 2007 计算整理；2008 年数据是初步测算数。

2008 年，金融危机对矿业的影响相对较为明显，云南省虽积极采取应对措施，但矿业内部各行业依然遭受不同程度的冲击。从产值规模来看，有色金属冶炼及压延加工业的总产值下降达 100 亿元，而其他行业的总产值基本上有所增加，尤以煤炭开采和洗选业从 2007 年的 80.79 亿元的产值激增到 186.30 亿元为最，但各行业的企业规模变化不大；从盈利能力来看，煤炭开采和洗选业的总资产贡献率、资产利税率均居于矿业首位，且其降低成本的获利能力也相对较高，而黑色、有色金属冶炼及压延加工业受金融危机的影响较为严重，其盈利能力大幅度下降；从产品竞争力来看，有色金属矿采选的产销率高达 102.13% 位居矿业榜首，其他行业均受金融危机的影响有所下降；从企业经营风险来看，黑色、有色金属冶炼及压延加工业的风险提升且资产负债率高达 65%，风险较大。综合来看，有色金属、非金属矿采选及黑色、有色金属冶炼及压延加工业的经济效益受金融危机的冲击较大，黑色金属矿采选业的经济效益下滑不大，而煤炭开采和洗选业由于煤矿企业骤增，使其经济效益增加。

总之，云南矿业内部第一层次行业结构特点是：冶炼和压延加工业产值规模大，产业地位高，劳动力生产率高；有色金属矿业经济效益好，企业管理水平相对较好，但其对金融的依赖性较强，抗风险能力较弱；而非金属矿业集中度相对较高。有色金属冶炼和压延加工业受金融危机影响最为突出，经济效益下滑幅度最大。

2.2.2 矿业内部第二层次行业结构特点与效益分析

（1）有色金属矿采选业。1997~2007年，有色金属矿采选业中产值规模最大的是常用有色金属矿采选，与1997年相比，各产业的产值规模均有大幅度提高；盈利能力最强的是常用有色金属矿采选，与1997年相比常用有色金属、贵金属矿采选的盈利能力都大幅度提高，仅有稀有稀土金属矿采选的盈利能力直线下降，但值得注意的是，贵金属、稀有稀土金属矿采选的总资产贡献率均低于行业平均水平；从企业经营管理能力来看，贵金属矿采选的流动资产的管理能力良好，降低成本的获利能力较差，而常用有色金属矿采选的成本费用利润率和流动资产周转率总体良好，即经营管理能力相对较强，且与1997年相比有大幅度提高；综合经济效率最强的是贵金属矿采选，与1997年相比，各产业的综合经济效率直线上升；产品竞争力最强的是稀有稀土金属矿采选，与1997年相比，仅常用有色金属矿采选的产品竞争力略有下降；企业经营风险最小的是贵金属矿采选，与1997年相比，稀有稀土金属矿采选的风险增加，而其他行业的风险均有所降低，但行业整体风险依然较大。

2008年，金融危机对有色金属矿采选业的冲击较大，经济效益显著下降。稀有稀土金属矿采选由2007年的4家企业减少到2008年的2家企业，企业规模有所扩大，经营风险明显下降，但受金融危机的影响，盈利能力大幅度下降，且其产销率从119.33%下降到95.46%；而常用有色金属矿采选的产品竞争力有所提升，但其经济效益有所下滑；贵金属矿采选的企业规模扩大，但其盈利能力明显下降，且资产负债率增加将近7个百分点（表2-8）。

表2-8 有色金属矿采选业内部各行业经济效益指标

行业分类	年份	总产值（亿元）	单位企业产值（亿元）	全员劳动生产率［万元/（人·年）］	成本费用利润率（%）	流动资产周转次数（次/年）	总资产贡献率（%）	资产利税率（%）	工业增加值率（%）	产品产销率（%）	资产负债率（%）
有色金属矿采选业	2007	134.31	1.30	16.01	29.08	1.77	25.43	9.66	47.01	94.28	52.96
	2008	130.37	1.21		14.74	1.36	15.85	13.09		102.13	52.45
常用有色金属矿采选	1997	19.41	0.17	3.17	-2.18	1.37	4.14	2.59	39.08	96.49	64.84
	2007	131.08	1.42	15.83	28.61	1.78	26.10	37.61	46.66	94.02	52.33
	2008	125.85	1.28		14.22	1.47	16.74	14.23		102.39	53.46

续表 2-8

行业分类	年份	总产值（亿元）	单位企业产值（亿元）	全员劳动生产率［万元/（人·年）］	成本费用利润率(%)	流动资产周转次数(次/年)	总资产贡献率（%）	资产利税率（%）	工业增加值率（%）	产品产销率（%）	资产负债率（%）
贵金属矿采选	1997	0.89	0.11	5.80	25.29	1.49	13.95	16.33	60.90	88.44	54.80
	2007	2.30	0.33	30.25	15.16	2.20	13.39	28.74	56.28	99.10	47.01
	2008	3.82	0.48		44.08	2.16	16.17	12.76		94.95	53.80
稀有稀土金属矿采选	1997	0.42	0.14	5.73	56.53	1.93	37.03	49.05	54.83	68.70	56.11
	2007	0.93	0.23	29.39	58.59	0.82	16.15	19.04	74.14	119.33	91.88
	2008	0.69	0.35		-6.49	0.06	0.12	0.05		95.46	39.89

资料来源：根据云南工业经济信息资料 1997、2007 计算整理；2008 年数据是初步测算数。

（2）黑色金属矿采选业。1997～2007 年，黑色金属矿采选业中产值规模最大、综合经济效率最高、产品竞争力最强的都是铁矿采选，且与 1997 年相比铁矿、其他黑色金属矿采选的产值规模、综合经济效率均有大幅度提高，而其他黑色金属矿采选的产品竞争力有所下降；盈利能力最强的是其他黑色金属矿采选，铁矿采选仅具有和行业水平相同的成本费用率，而资产贡献率、利税率均低于行业平均水平，但与 1997 年相比有所上升；从企业经营管理能力来看，铁矿采选降低成本的获利能力相对较强，而其他黑色金属矿采选的流动资产管理能力较强，难以判断孰强孰弱，但与 1997 年相比经营管理能力有所改善；企业经营风险较小的是铁矿采选，与 1997 年相比，铁矿、其他黑色金属矿采选的企业经营风险有所下降。

2008 年，虽然受金融危机的影响，但云南省黑色金属矿采选业积极采取应对措施，最终使黑色金属采选在“矿业的冬天”获得突破性的发展。铁矿采选和其他黑色金属矿采选的各项指标都有所提升，特别是铁矿采选的总产值增加了 32 亿元，产销率也达到了 100.03%（表 2-9）。

表 2-9　黑色金属矿采选业内部各行业经济效益指标

行业分类	年份	总产值（亿元）	单位企业产值（亿元）	全员劳动生产率［万元/（人·年）］	成本费用利润率(%)	流动资产周转次数(次/年)	总资产贡献率（%）	资产利税率（%）	工业增加值率（%）	产品产销率（%）	资产负债率（%）
黑色金属采选	2007	46.64	1.23	28.48	23.15	1.01	10.02	16.94	47.04	98.39	35.72
	2008	82.86	1.40		27.69	1.25	15.81	12.41		97.97	35.43
铁矿采选	1997	2.75	0.11	4.77	2.07	1.35	9.26	7.67	36.89	98.54	64.46
	2007	41.97	1.31	29.19	24.61	0.93	9.64	16.35	48.94	100.50	34.95
	2008	74.22	1.43		27.85	1.19	14.95	11.66		100.03	35.01

续表 2-9

行业分类	年份	总产值（亿元）	单位企业产值（亿元）	全员劳动生产率［万元/（人·年）］	成本费用利润率（%）	流动资产周转次数（次/年）	总资产贡献率（%）	资产利税率（%）	工业增加值率（%）	产品产销率（%）	资产负债率（%）
其他黑色金属矿采选	1997	1.65	0.18	4.25	2.50	1.26	6.61	5.35	36.91	86.21	70.11
	2007	4.67	0.78	23.34	12.18	3.03	22.55	33.38	29.94	79.40	61.42
	2008	8.63	1.23		26.03	2.32	45.50	38.98		80.24	50.45

资料来源：根据云南工业经济信息资料 1997、2007 计算整理；2008 年数据是初步测算数。

（3）有色金属冶炼及压延加工业。1997～2007 年，有色金属冶炼及压延加工业中产值规模最大的是常用有色金属冶炼，盈利能力最强的是贵金属冶炼，综合经济效率最高的是有色金属压延加工业，且与 1997 年相比，各行业的产值规模、盈利能力、综合经济效率都有大幅度提升。企业经营管理能力相对最强的是贵金属冶炼，但其流动资产管理能力有待提高，与 1997 年相比，各行业的经营管理能力有所提高，但整体偏差；产品竞争力最强的是有色金属压延加工业，但与 1997 年相比，有色金属压延加工、合金制造业的产品竞争力有所下降，其他行业的产品竞争力明显提高；企业经营风险最低的是贵金属冶炼，但整个行业的风险依然普遍偏高，与 1997 年相比，有色金属合金制造、压延加工，稀有稀土金属冶炼的风险加大。

2008 年，有色金属冶炼及压延加工业受金融危机的影响较为明显。从产值规模来看，仅有稀有稀土金属冶炼和有色金属合金制造的总产值增加、企业规模扩大，其他行业的产值和企业规模均下降；从盈利能力来看，各行业的盈利能力均大幅度下降，尤以常用有色金属冶炼下降的幅度最大，而稀有稀土金属冶炼则下降不多；从产品竞争力来看，各行业的产销率明显下降；从企业经营风险来看，除有色金属合金制造、有色金属压延加工外，各行业的资产负债率有所上升，经营风险加大（表 2-10）。

表 2-10 有色金属冶炼及压延加工业内部各行业经济效益指标

行业分类	年份	总产值（亿元）	单位企业产值（亿元）	全员劳动生产率［万元/（人·年）］	成本费用利润率（%）	流动资产周转次数（次/年）	总资产贡献率（%）	资产利税率（%）	工业增加值率（%）	产品产销率（%）	资产负债率（%）
有色金属冶炼压延加工	2007	998.07	4.87	96.78	8.03	2.56	17.69	21.38	21.49	97.94	61.51
	2008	898.10	4.24		－2.72	2.04	3.44	0.96		89.13	65.75
常用有色金属冶炼	1997	57.25	0.56	8.95	1.41	1.80	8.08	5.28	21.60	96.68	68.78
	2007	865.95	6.66	94.19	8.50	2.47	18.05	21.86	22.11	97.84	62.03
	2008	767.82	5.60		－3.74	1.91	2.82	0.24		87.89	67.21

续表 2-10

行业分类	年份	总产值（亿元）	单位企业产值（亿元）	全员劳动生产率［万元/（人·年）］	成本费用利润率(%)	流动资产周转次数（次/年）	总资产贡献率（%）	资产利税率（%）	工业增加值率（%）	产品产销率（%）	资产负债率（%）
贵金属冶炼	1997	0.26	0.05	3.12	-13.69	1.57	1.76	-5.83	-3.45	88.61	115.88
	2007	27.20	2.47	92.12	21.69	1.85	22.04	30.19	30.26	94.74	52.63
	2008	26.01	2.36		13.48	1.76	12.06	8.87		94.44	69.64
稀有稀土金属冶炼	1997	0.36	0.06	5.20	-7.73	1.15	2.77	0.44	8.94	89.00	37.91
	2007	14.31	0.41	30.78	11.55	2.20	19.35	23.74	30.20	97.70	61.89
	2008	18.73	0.60		13.26	1.97	21.55	17.09		90.73	60.70
有色金属合金制造	1997	2.56	0.32	21.98	-4.15	1.62	0.49	-0.76	12.32	104.11	18.60
	2007	9.02	1.80	115.91	3.51	1.59	3.98	6.54	15.16	96.80	57.55
	2008	11.26	2.25		-2.86	1.77	-0.48	-0.91		94.58	
有色金属压延加工	1997	2.56	0.32	21.98	-4.15	1.62	0.49	-0.76	12.32	104.11	18.60
	2007	81.59	3.40	290.14	-0.12	6.05	8.99	6.33	11.20	100.21	57.46
	2008	74.28	2.65		-1.02	8.18	0.40	-1.38		98.85	52.38

资料来源：根据云南工业经济信息资料 1997、2007 计算整理；2008 年数据是初步测算数。

（4）黑色金属冶炼及压延加工业。在黑色金属冶炼及压延加工业中，2007 年钢压延加工的产值规模最大、综合经济效率最高、企业经营风险最低，铁合金冶炼的盈利能力最强、经营管理能力较强、产品竞争力最强，与 1997 年相比，黑色金属冶炼及压延加工业各行业的综合经济效率提高、经营管理能力增强、盈利能力提高，因企业单位数从 3 家增加到 9 家，炼钢的单位企业产值降低但总产值上升，炼铁、炼钢的产品竞争力下降。

2008 年，在金融危机的袭击下，云南省黑色金属冶炼及压延加工业[1]积极采取应对措施，但经济效益仍受到一定程度的影响。从产值规模来看，钢压延加工的总产值增加了 131 亿元，且单位企业产值增加将近 2 亿元，仅有炼钢的产值略有下降；从盈利能力来看，炼铁的总资产贡献率、资产利税率、成本费用利润率均有大幅度提高，经济效益较好，而炼钢、钢压延加工的盈利能力下滑较多；仅有炼钢的产销率有所提升，其他产业均有不同程度的下降（表 2-11）。

[1] 1997～2002 年煤炭开采和洗选业下的行业划分为煤炭开采业和煤炭洗选业，表格中的划分是从 2003 年开始，故此处与 2003 年比较。

表 2-11 黑色金属冶炼及压延加工业内部各行业经济效益指标

行业分类	年份	总产值(亿元)	单位企业产值(亿元)	全员劳动生产率[万元/(人·年)]	成本费用利润率(%)	流动资产周转次数(次/年)	总资产贡献率(%)	资产利税率(%)	工业增加值率(%)	产品产销率(%)	资产负债率(%)
黑色金属冶炼压延加工	2007	463.33	3.38	81.73	4.66	3.50	13.13	15.35	17.81	99.31	57.18
	2008	648.24	4.60		2.20	3.16	10.11	7.79		96.80	65.42
炼铁	1997	6.76	0.20	4.75	-7.65	1.50	1.31	-2.43	17.39	100.11	77.68
	2007	97.28	1.87	56.01	3.47	3.45	16.20	18.51	17.45	99.14	82.89
	2008	135.73	2.83		8.33	3.57	29.29	26.08		93.81	81.91
炼钢	1997	39.27	13.09	10.98	4.45	1.39	7.54	9.26	42.66	100.13	58.42
	2007	110.74	12.30	104.36	3.29	4.02	9.33	9.88	15.17	98.94	57.11
	2008	106.85	10.68		-0.36	2.96	2.59	2.01		99.82	80.21
钢压延加工	1997	13.31	0.32	7.90	-0.17	1.59	3.31	1.96	20.89	92.98	61.03
	2007	222.75	8.57	108.33	5.30	3.47	13.19	16.10	18.13	99.41	50.32
	2008	353.17	10.39		0.37	3.26	6.47	3.93		97.47	56.08
铁合金冶炼	1997	4.41	0.07	8.08	-6.08	1.57	1.93	-2.97	19.06	88.25	89.98
	2007	32.55	0.65	39.97	7.33	2.82	19.24	23.36	25.69	100.39	58.48
	2008	52.50	1.07		6.67	2.39	23.46	18.93		93.84	66.68

资料来源：根据云南工业经济信息资料 1997、2007 计算整理；2008 年数据是初步测算数。

(5) 煤炭开采和洗选业。在煤炭开采和洗选业中，烟煤和无烟煤的开采和洗选业的产业规模较大、盈利能力较强，而褐煤的开采洗选业的综合经济效率较高、经营管理能力较强、产品竞争力较大、企业经营风险较低。与 2003 年 12 月相比，煤炭开采和洗选业整个行业的各项经济效益指标大幅度提高，但烟煤和无烟煤的开采和洗选业、褐煤的开采洗选业的产品竞争力有所下降。

2008 年，金融危机对云南省的煤炭开采和洗选业影响不大，其中烟煤和无烟煤的开采和洗选由 2007 年的 203 家增加到 2008 年的 436 家，使得其产值猛增，企业规模有所扩大，盈利能力明显提升，褐煤开采的产值和企业规模虽有所扩大，产销率达 100.1%，但资产利税率有所下降，经营风险加大。

（6）非金属矿采选业。1997～2007年，从产值规模来看，化学矿采选的总产值最大而单位企业产值相对较小，采盐业在2007年仅有一家规模以上的企业，使得其单位企业产值很高；从综合经济效率来看，化学矿采选最高，但采盐的全员劳动生产率与之相差不多；化学矿采选的经营管理能力最高、盈利能力最强、企业经营风险最小，而采盐的产品最具竞争力。与1997年相比，石棉及其他非金属矿采选的盈利能力下降、企业经营风险加大，土沙石开采的盈利能力下降、产品竞争力下降，除此之外，各产业的经济效益指标均提高。

2008年，金融危机的爆发使得非金属矿采选的盈利能力大幅度下降。化学矿采选由2007年的19家企业增加到31家使得其总产值增加14亿元，企业规模略有扩大；从盈利能力来看，石棉及其他非金属矿采选由2007年的亏损提升到2008年有所盈利，而其他行业均有不同程度的下滑，经济效益较差；采盐业的产品最具竞争力，其他行业的产品销售率均有下降；各行业的经营风险较2007年有所降低（表2-12、表2-13）。

表2-12　煤炭开采和洗选业内部各行业经济效益指标

行业分类	年份	总产值（亿元）	单位企业产值（亿元）	全员劳动生产率［万元/（人·年）］	成本费用利润率（%）	流动资产周转次数（次/年）	总资产贡献率（%）	资产利税率（%）	工业增加值率（%）	产品产销率（%）	资产负债率（%）
煤炭开采和洗选业	2007	80.79	3.74	11.25	12.38	1.70	14.56	20.12	56.20	99.07	54.73
	2008	186.30	0.41		17.94	2.02	29.30	22.21		98.71	56.33
烟煤和无烟煤的开采洗选	2003	10.59	0.22	4.10	−2.40	1.11	3.83	3.98	43.26	101.51	81.21
	2007	62.75	3.14	98.86	10.46	1.96	15.90	19.86	50.99	98.94	55.38
	2008	161.86	0.37		17.46	2.36	35.55	25.69		98.50	56.07
褐煤的开采洗选	2003	8.48	0.50	10.15	7.48	0.92	5.70	8.73	60.31	100.24	66.23
	2007	18.03	1.13	215.81	20.14	1.16	12.18	20.73	74.31	99.54	53.58
	2008	24.44	1.44		21.27	1.02	14.69	12.60		100.10	57.05

资料来源：根据云南工业经济信息资料1997、2007计算整理；2008年数据是初步测算数。

表2-13　非金属矿采选业内部各行业经济效益指标

行业分类	年份	总产值（亿元）	单位企业产值（亿元）	全员劳动生产率［万元/（人·年）］	成本费用利润率（%）	流动资产周转次数（次/年）	总资产贡献率（%）	资产利税率（%）	工业增加值率（%）	产品产销率（%）	资产负债率（%）
非金属矿采选	2007	35.81	13.77	36.08	18.29	1.73	18.30	21.84	45.43	98.22	49.66
	2008	48.80	1.22		13.27	1.61	16.26	11.70		92.96	40.47
土沙石开采	1997	0.64	0.02	23.79	16.74	2.88	32.47	33.20	42.96	99.01	53.11
	2007	0.56	0.11	167.39	18.67	1.94	14.77	18.52	38.70	91.28	55.94
	2008	0.99	0.14		11.10	2.46	15.43	11.95		92.33	46.87

续表 2-13

行业分类	年份	总产值（亿元）	单位企业产值（亿元）	全员劳动生产率［万元/（人·年）］	成本费用利润率（%）	流动资产周转次数（次/年）	总资产贡献率（%）	资产利税率（%）	工业增加值率（%）	产品产销率（%）	资产负债率（%）
化学矿采选	1997	3.09	0.07	27.72	-6.74	0.96	3.01	-0.64	37.91	96.81	82.51
	2007	20.78	1.09	391.91	23.78	1.43	21.81	28.69	54.23	96.11	48.29
	2008	34.84	1.12		19.36	1.42	20.66	14.44		90.06	36.54
采盐	1997	1.78	0.15	30.19	3.64	1.21	8.28	7.54	53.93	94.42	60.67
	2007	14.16	14.16	340.15	9.57	2.86	12.90	12.60	33.25	101.56	50.51
	2008	12.67	12.67		-3.56	2.71	4.44	1.36		101.11	54.75
石棉及其他非金属矿采选	1997	0.16	0.01	1.50	0.77	0.71	5.07	5.50	32.09	77.91	55.80
	2007	0.31	0.31	245.98	-9.52	3.37	-10.01	-12.36	24.02	100.00	140.38
	2008	0.30	0.30		-0.55	3.53	4.34	4.07		87.87	68.99

资料来源：根据云南工业经济信息资料 1997、2007 计算整理；2008 年数据是初步测算数。

2.2.3 矿业内部第三层次行业结构特点与效益分析

（1）常用有色金属矿采选业。在常用有色金属矿采选业中，镍钴矿采选的综合经济效率最高、经营管理能力最强、盈利能力最强、产品最具竞争力，而铜矿采选的产业规模最大，经营风险最低，铅锌矿采选的产业规模、综合经济效率、经营管理能力、盈利能力均居于第 2 位，与 1997 年相比，常用有色金属矿采选各行业的产业规模、综合经济效率、经营管理能力、盈利能力均有大幅度提高，而除镍钴矿采选外，产品竞争力有所下降，铜、铅锌、镍钴矿采选的经营风险降低，锡矿采选、其他常用有色金属矿采选的经营风险加大（表 2-14）。

表 2-14　常用有色金属矿采选业内部各行业经济效益指标

行业分类	年份	总产值（亿元）	单位企业产值（亿元）	全员劳动生产率［万元/（人·年）］	成本费用利润率（%）	流动资产周转次数（次/年）	总资产贡献率（%）	资产利税率（%）	工业增加值率（%）	产品产销率（%）	资产负债率（%）
常用有色金属矿采选业	2007	131.08	1.42	15.83	28.61	1.78	26.10	37.61	46.66	94.02	52.33
	2008	125.85	1.28		14.22	1.47	16.74	14.23		102.39	53.46
铜矿采选	1997	9.71	0.19	3.07	-6.23	1.34	1.10	-0.78	45.82	97.67	67.99
	2007	73.18	2.03	11.92	23.72	2.16	23.77	33.68	40.29	93.70	44.91
	2008	77.37	1.93		17.54	2.07	21.02	17.95		115.15	44.15

续表 2-14

行业分类	年份	总产值（亿元）	单位企业产值（亿元）	全员劳动生产率［万元/（人·年）］	成本费用利润率（%）	流动资产周转次数（次/年）	总资产贡献率（%）	资产利税率（%）	工业增加值率（%）	产品产销率（%）	资产负债率（%）
铅锌矿采选	1997	5.41	0.17	4.97	7.69	1.66	12.40	13.17	43.44	94.84	61.13
	2007	53.38	1.37	28.87	38.10	1.39	28.64	42.52	55.25	94.28	60.85
	2008	44.74	1.04		6.49	0.88	11.10	9.13		80.88	66.59
镍钴矿采选	1997	0.44	0.44	10.68	5.25	1.18	11.49	8.06	37.16	75.15	63.23
	2007	0.65	0.65	51.00	233.88	1.58	77.66	118.54	82.83	100.00	54.25
	2008	0.23	0.23		59.98	0.45	16.01	17.09		93.50	11.56
锡矿采选	1997	3.68	0.13	2.07	-4.76	1.20	2.78	0.20	15.10	98.22	60.28
	2007	0.66	0.13	4.49	0.13	3.05	16.78	18.41	67.61	97.21	77.23
	2008	1.82	0.30		13.38	1.55	24.51	16.23		95.52	69.79
其他常用有色金属矿采选	1997	0.10	0.10	4.49	14.18	0.95	23.23	27.05	40.54	100.10	42.21
	2007	3.20	0.29	24.39	6.69	2.93	23.28	26.93	37.27	95.08	54.67
	2008	1.70	0.21		12.11	0.77	13.64	10.58		96.40	46.75

资料来源：根据云南工业经济信息资料 1997、2007 计算整理；2008 年数据是初步测算数。

2008 年，金融危机使得有色金属矿采选业的企业规模萎缩，经济效益明显下降。从产值规模来看，锡矿采选的产值和企业规模略有扩张，而以铅锌矿采选为首的企业规模和总产值下降最多；从盈利能力来看，锡矿采选相对有所提升，其他行业均有不同程度的下滑，而镍钴矿采选的盈利能力下降最多，但其经济效益在行业中依然处于优势地位；从产品竞争力来看，铜矿采选的产品销售率高达 115.15%，且其总产值有所增加；从企业经营风险来看，除铅锌矿采选外，各行业的资产负债率有所降低，尤以镍钴矿产下降最多使其经营风险最低。

（2）贵金属矿采选业。在贵金属矿采选中，金矿采选的经济效益要明显优于银矿采选，金矿采选的产业规模、盈利能力、综合经济效率、经营管理能力、产品竞争力都优于银矿采选，但银矿采选的经营风险相对较低。银矿采选与 2006 年相比，虽仍为亏本经营，但发展较快（表 2-15）。

2008 年，由于贵金属的保值效应，金融危机促使贵金属矿采选业加快发展，但金矿采选的经济效益仍然有所下降。金银矿采选的总产值和企业规模都快速扩张，但金矿采选的盈利能力略有下降，而银矿采选则从 2006 年、2007 年的亏损发展到有一定的盈利，然而金银矿采选的产销率均有所下降。

表 2-15 贵金属矿采选业内部各行业经济效益指标

行业分类	年份	总产值（亿元）	单位企业产值（亿元）	全员劳动生产率［万元/（人·年）］	成本费用利润率（%）	流动资产周转次数（次/年）	总资产贡献率（%）	资产利税率（%）	工业增加值率（%）	产品产销率（%）	资产负债率（%）
贵金属矿采选业	2007	2.30	0.33	30.25	15.16	2.20	13.39	28.74	56.28	99.10	47.01
	2008	3.82	0.48		44.08	2.16	16.17	12.76		94.95	53.80
金矿采选	1997	0.89	0.11	5.80	25.29	1.49	13.95	16.33	60.90	88.44	54.80
	2007	2.22	0.37	32.62	48.95	3.36	15.87	36.52	56.54	99.14	52.44
	2008	3.60	0.51		47.97	2.81	18.06	14.08		95.70	56.87
银矿采选	2006	0.06	0.06	8.49	-52.32	0.73	-7.28	-11.99	40.37	96.95	17.48
	2007	0.08	0.08	10.11	-20.35	0.18	-1.62	-2.15	49.27	97.97	9.27
	2008	0.23	0.23		-0.74	0.41	0.80	0.73		82.98	25.79

资料来源：根据云南工业经济信息资料 1997、2006、2007 计算整理；2008 年数据是初步测算数。

（3）常用有色金属冶炼业。在常用有色金属冶炼中，铜冶炼的产值规模最大、综合经济效率最高，与 1997 年相比，各行业的产值规模、综合经济效率均有大幅度提高；产品竞争力最强的是铜冶炼，与 1997 年相比，铜、镍钴、锑冶炼的竞争力提升，而铅锌、锡、铝、其他常用有色金属冶炼的竞争力有所下降；盈利能力最强的是镍钴冶炼，其次是铅锌冶炼，与 1997 年相比，各产业的盈利能力均有大幅度提高；从企业经营管理能力来看，铅锌冶炼、镍钴冶炼较强，与 1997 年相比，各产业的经营管理能力有所提高；企业经营风险最小的是锑冶炼，常用有色金属冶炼的风险较高。

2008 年，金融危机对常用有色金属冶炼的影响较大，无论是产值、企业规模，还是经济效益均大幅度下滑。铜冶炼的产值下降将近 60 亿元，成本费用利润率、总资产贡献率、资产利税率均降到 -10% 左右，企业经营风险有所提升；唯有锡冶炼的产值和企业规模扩张较为明显，但其产销率居行业最后；镍钴冶炼的产值和企业规模和 2007 年几乎持平，产品竞争力大幅度提升，但其盈利能力下降较多（表 2-16）。

表 2-16 常用有色金属冶炼业内部各行业经济效益指标分析

行业分类	年份	总产值（亿元）	单位企业产值（亿元）	全员劳动生产率［万元/（人·年）］	成本费用利润率（%）	流动资产周转次数（次/年）	总资产贡献率（%）	资产利税率（%）	工业增加值率（%）	产品产销率（%）	资产负债率（%）
常用有色冶炼	2007	865.95	6.66	94.19	8.50	2.47	18.05	21.86	22.11	97.84	62.03
	2008	767.82	5.60		-3.74	1.91	2.82	0.24		87.89	67.21
铜冶炼	1997	20.12	0.67	29.70	2.74	1.63	10.96	7.60	15.36	97.76	49.18
	2007	324.53	12.48	450.36	2.23	2.20	10.23	11.82	9.74	102.64	71.48
	2008	262.15	9.71		-12.79	1.63	-9.03	-14.60		97.44	85.91

续表 2-16

行业分类	年份	总产值（亿元）	单位企业产值（亿元）	全员劳动生产率［万元/（人·年）］	成本费用利润率（%）	流动资产周转次数（次/年）	总资产贡献率（%）	资产利税率（%）	工业增加值率（%）	产品产销率（%）	资产负债率（%）
铅锌冶炼	1997	20.15	0.46	9.21	0.52	1.79	7.53	4.10	23.34	95.71	81.87
	2007	256.02	4.20	60.74	19.43	2.51	30.74	38.81	38.32	93.64	50.37
	2008	217.27	3.68		2.59	1.85	9.85	7.56		80.31	53.72
镍钴冶炼	1997	0.41	0.41	8.53	27.58	1.39	13.62	13.46	26.67	70.82	38.29
	2007	11.06	1.38	46.29	34.63	1.82	32.57	39.22	38.76	86.05	66.69
	2008	11.96	1.33		0.37	1.92	7.00	5.25		95.71	70.50
锡冶炼	1997	15.55	1.20	4.67	0.10	2.19	5.91	4.32	26.46	98.47	76.77
	2007	155.55	11.97	51.69	5.05	3.03	14.05	16.98	17.32	97.18	61.82
	2008	180.92	15.08		0.69	2.87	8.54	6.10		79.52	66.00
锑冶炼	1997	0.92	0.08	6.92	-13.38	0.70	1.30	-4.30	34.67	74.62	80.26
	2007	4.35	1.09	46.92	19.94	1.28	25.73	29.32	37.90	92.40	32.45
	2008	5.87	1.17		8.63	1.39	17.34	14.05		84.37	43.39
铝冶炼	1997	7.06	2.35	18.03	5.68	1.93	6.23	10.19	36.41	102.36	59.63
	2007	100.89	12.61	161.29	10.51	3.35	18.71	17.97	25.52	95.64	57.74
	2008	83.39	6.95		6.24	1.99	9.01	6.17		94.58	57.84
其他常用有色金属冶炼	1997	0.11	0.04	4.57	-8.09	1.49	1.77	-5.03	28.15	104.11	73.66
	2007	13.56	1.36	46.62	3.07	1.74	8.88	9.75	22.87	97.78	76.11
	2008	6.27	0.48		-27.35	1.14	-8.15	-14.12		92.05	107.60

资料来源：根据云南工业经济信息资料 1997、2007 计算整理；2008 年数据是初步测算数。

（4）贵金属矿冶炼业。在贵金属冶炼中，金冶炼的产值规模最大、盈利能力最强、经营管理能力相对较强、经营风险最小，而银冶炼的综合经济效率最高，其他贵金属冶炼的产品更具竞争力。与 1997 年相比，仅其他贵金属冶炼的经营管理能力下降、经营风险变高，银冶炼的产品竞争力下降，贵金属冶炼各行业的产值规模、盈利能力、综合经济效率均大幅度提升。

2008 年，在金融危机的影响下，贵金属冶炼内部行业的经济效益有一定的下降。总体而言，金冶炼的经济效益虽有下降，但在行业中相对不错，且其产值规模和企业规模均有所扩张，而银冶炼和其他贵金属冶炼的产值和经济效益受金融危机的影响比较严重，均处于亏损状态，其他贵金属冶炼的资产利税率甚至降低到 -36.42%，资产负债率高达 316.74%，经营风险过大（表 2-17）。

表 2-17 贵金属冶炼业内部行业经济效益对比

行业分类	年份	总产值（亿元）	单位企业产值（亿元）	全员劳动生产率［万元/（人·年）］	成本费用利润率（%）	流动资产周转次数（次/年）	总资产贡献率（%）	资产利税率（%）	工业增加值率（%）	产品产销率（%）	资产负债率（%）
贵金属冶炼	2007	27.20	2.47	92.12	21.69	1.85	22.04	30.19	30.26	94.74	52.63
	2008	26.01	2.36		13.48	1.76	12.06	8.87		94.44	69.64
金冶炼	1997	0.26	0.07	4.11	-13.69	1.57	1.76	-5.83	-3.45	88.61	115.88
	2007	15.43	3.09	65.98	41.04	1.53	23.87	37.18	41.49	97.28	47.97
	2008	20.69	4.14		21.14	1.90	15.70	11.85		97.03	59.80
银冶炼	1999	0.09	0.09	5.74	-20.98	0.73	0.14	-5.95	34.00	100.00	142.79
	2007	7.86	1.96	194.98	1.93	2.96	13.77	12.24	18.99	88.09	65.50
	2008	3.85	0.96		-5.06	1.40	-3.10	-6.24		82.16	77.97
其他贵金属冶炼	2001	0.11	0.11	8.43	86.90	0.41	7.77	16.10	28.06	77.74	11.45
	2007	3.92	1.96	184.85	1.75	2.07	14.96	10.96	8.65	98.08	83.04
	2008	1.46	0.73		-32.51	1.19	-21.59	-36.42		90.17	316.74

资料来源：根据云南工业经济信息资料 1997、1999、2001、2007 计算整理；2008 年数据是初步测算数。

（5）稀有稀土金属冶炼业。在稀有稀土金属冶炼中，钨钼冶炼的单位企业产值大、综合经济效率较高、企业经营风险较低、产品更具竞争力，但其他稀有金属冶炼的总产值大、经营管理能力较强、盈利能力较强，与 1997 年相比，2007 年整个稀有稀土金属冶炼的各项经济效益指标大幅度增加。

2008 年，虽受金融危机的影响，其他稀有金属冶炼的总产值、企业规模和经济效益指标都显著提升，而钨钼冶炼的经济效益受金融危机的影响较为严重，成本费用利润率、资产利税率、总资产贡献率降到 -10% 左右，尤其是产销率降到 46.5%，而资产负债率高达 107.12%，经营风险过大（表 2-18）。

表 2-18 稀有稀土金属冶炼业内部各行业经济效益指标

行业分类	年份	总产值（亿元）	单位企业产值（亿元）	全员劳动生产率［万元/（人·年）］	成本费用利润率（%）	流动资产周转次数（次/年）	总资产贡献率（%）	资产利税率（%）	工业增加值率（%）	产品产销率（%）	资产负债率（%）
稀有稀土金属冶炼	2007	14.31	0.41	30.78	11.55	2.20	19.35	23.74	30.20	97.70	61.89
	2008	18.73	0.60		13.26	1.97	21.55	17.09		90.73	60.70
钨钼冶炼	2004	0.27	0.27	49.24	5.49	1.89	23.01	6.43	54.68	82.60	59.95
	2007	1.27	1.27	101.60	-2.39	1.92	15.44	10.88	11.52	109.30	94.93
	2008	1.20	1.20		-15.41	0.77	-7.28	-10.89		46.50	107.12

续表 2-18

行业分类	年份	总产值（亿元）	单位企业产值（亿元）	全员劳动生产率［万元/（人·年）］	成本费用利润率（%）	流动资产周转次数（次/年）	总资产贡献率（%）	资产利税率（%）	工业增加值率（%）	产品产销率（%）	资产负债率（%）
其他稀有金属冶炼	1997	0.36	0.06	5.20	−7.73	1.15	2.77	0.44	8.94	89.00	37.91
	2007	13.04	0.38	28.82	13.34	2.23	19.58	24.74	32.02	96.57	59.91
	2008	17.54	0.58		14.48	2.07	23.05	18.37		93.75	58.57

资料来源：根据云南工业经济信息资料 1997、2004、2007 计算整理；2008 年数据是初步测算数。

（6）土沙石开采业。在土沙石开采的各行业中，从产业规模来看石灰石、石膏开采拥有最大的总产值，耐火土石开采拥有最大的单位企业产值；黏土及土沙石开采的综合经济效率最高、企业经营管理能力最强、盈利能力最强，而石灰石、石膏开采的产品竞争力相对较强，建筑装饰用石开采的企业经营风险最低。与 1997 年相比，各行业的产业规模、综合经济效率大幅度提高，石灰石、石膏开采，建筑装饰用石开采的经营管理能力下降、盈利能力下降，各行业的产品竞争力下降，除建筑装饰用石开采外的其他行业的经营风险加大。

2008 年，在金融危机的影响下，石灰石、石膏开采的产值、企业规模有所扩张，盈利能力增强，且资产负债率下降，经营风险降低；而黏土及其他土沙石开采的产值虽有所增加，但盈利能力下降较多，而耐火土石开采的盈利能力虽有下降，但在土沙石开采中仍处于优势地位，且企业经营风险较低（表 2-19）。

表 2-19　土沙石开采业内部各行业经济效益指标

行业分类	年份	总产值（亿元）	单位企业产值（亿元）	全员劳动生产率［万元/（人·年）］	成本费用利润率（%）	流动资产周转次数（次/年）	总资产贡献率（%）	资产利税率（%）	工业增加值率（%）	产品产销率（%）	资产负债率（%）
土沙石开采	2007	0.56	0.11	167.39	18.67	1.94	14.77	18.52	38.70	91.28	55.94
	2008	0.99	0.14		11.10	2.46	15.43	11.95		92.33	46.87
石灰石、石膏开采	1997	0.04	0.01	16.19	8.89	5.14	25.65	24.79	56.09	100.00	57.29
	2007	0.22	0.11	139.50	5.34	3.29	8.03	6.47	14.12	95.15	87.73
	2008	0.61	0.15		9.76	2.49	18.42	11.64		93.35	55.96
建筑装饰用石开采	1997	0.27	0.03	20.52	22.39	2.24	31.53	33.11	39.10	99.94	65.90
	2007	0.06	0.06	98.40	14.28	0.75	3.80	6.75	36.94	93.94	24.13
耐火土石开采	1997	0.00	0.00	2.67	−16.18	0.58	−1.16	−1.14	69.82	100.00	28.90
	2007	0.16	0.16	207.86	25.61	1.48	24.87	25.94	69.12	89.22	67.06
	2008	0.23	0.12		23.17	2.25	18.70	12.99		86.45	18.75
黏土及其他土沙石开采	1997	0.33	0.01	31.14	14.34	3.76	43.00	43.53	44.51	98.13	37.46
	2007	0.12	0.12	317.16	49.70	3.86	89.45	129.39	44.00	85.51	68.04
	2008	0.15	0.15		2.31	2.72	17.86	11.04		97.41	68.06

资料来源：根据云南工业经济信息资料 1997、2007 计算整理；2008 年数据是初步测算数。

2.2.4 基本评价

首先，有色金属矿采选业、冶炼及压延加工业的发展方向和发展思路应结合2009年5月12日出台的《有色金属产业调整和振兴规划》的指导思想、规划目标及其相应的政策措施，指导发展云南的有色金属产业，使其充分发挥其产业的优势，根据产业的大小强弱相应进行调整，促其加快发展。

金融危机前，常用有色金属矿采选业的产业规模较大、盈利能力较强，但与1997年相比产品竞争力有所下降，其中镍钴矿采选业的综合经济效率很高、经营管理能力较强、盈利能力较强、产品具有竞争力，具有较大发展空间，而2007年镍钴冶炼的经济效益指标最好，2008年虽遭受金融危机的袭击，经济效益有所下降，但产值和2007年持平且产品竞争力大幅度提升，因此可通过提高劳动生产率，扩大企业规模，将镍钴冶炼由小做大，鉴于镍钴矿采选受金融危机的影响较大，可以采取相应的规避措施降低风险，为镍钴冶炼提供持续的原材料。

金融危机前，有色金属冶炼及压延加工业的产业规模很大，全员劳动生产率较高，流动资产的管理能力良好，但降低成本费用的获利能力较差，盈利能力较差，产品的竞争力相对较低，且经营风险较大，工业产值增加相对较慢，属于云南省的“大而不强”的产业。具体而言，铜冶炼、铝冶炼的产业规模较大，综合经济效率较高，产品具有一定的竞争力，而企业经营管理能力一般，盈利能力较差，会承担一定的经营风险，应努力做强。铅锌冶炼具有较大的产业规模，较高的综合经济效率，企业经营管理能力优良，盈利能力强，但产品竞争力相对较弱，可以凭借现有优势，加强铅锌冶炼的技术改造，进行铅锌的深加工，提高铅锌冶炼产品的附加值，努力做强。锡冶炼具有较大的产业规模，由于其综合经济效率、经营管理能力相对较差，使得其盈利能力下降、产品竞争力下降，且十年间在行业中的地位有所下降，致使锡矿采选的产业规模萎缩。因此，锡冶炼应提高劳动生产率、提升经营管理能力，促进锡冶炼的发展。

金融危机前，稀有稀土金属矿采选的产品在有色金属矿采选中最具竞争力，工业产值增加较快，经营管理能力较强，但其综合经济效率较低，企业规模居中，盈利能力一般。由此可以看出市场对稀有稀土金属矿的需求很高，产业发展较快，降低成本获得的利润较高，而采选业的成本较高致使流动资产周转较慢、负债较大，而企业规模、劳动生产率的限制，阻碍了该产业的发展。2008年，金融危机对稀有稀土金属矿采选、加工的影响较明显，该产业应围绕市场需求及市场潜力大力发展稀有稀土金属矿采选。同时，还加快稀有稀土金属冶炼的发展尤其是钨钼矿采选和钨钼冶炼。

贵金属矿采选、冶炼的经营管理能力较强、综合经济效率较高且经营风险很小，尤其是贵金属冶炼的盈利能力很强，且金银的资产保值特性使得贵金属受金融危机的影响相对较小，经济效益虽有下降，但在整个矿业中盈利能力仍占据优势地位，特别是银矿采选从2007年的亏损转为2008年的盈利，因此应结合资源优势，加快金矿采选、冶炼，银矿采选、冶炼的发展步伐。

其次，云南省黑色金属矿采选业的经济效益在工业行业中处于中上水平，对云南工业经济具有重要作用，但在全国范围来看处于中下水平，而且发展速度较慢。

铁矿采选拥有较大的产业规模，产品竞争力较强，综合经济效率较高，经营风险较小，但其盈利能力较差、经营管理能力较差，属于大而不强型的产业，而铁合金冶炼的盈利能力最强、经营管理能力较强、产品竞争力最强，且受金融危机的影响较小，2008年的产值和企业规模均有所扩张，盈利能力稍有提升，因此应努力做强铁矿采选，发展铁合金冶炼，最终实现效益的最大化，成为在云南、全国具有比较优势的产业。炼钢在十年来的发展相对其他产业而言更为缓慢，仅具有较大的企业规模，而钢压延加工的产值规模最大、综合经济效率最高、企业经营风险最低，但受金融危机的影响比较大，因此应结合《钢铁产业调整和振兴规划》，淘汰落后炼钢能力，大力发展钢压延加工业，延长产业链。

最后，非金属矿采选业的单位企业产值很高，经营风险较小，总产值规模较低，但其产值在全国范围内名列第一，产品具有一定竞争力，不过在全国仍处于相对较低的水平。煤炭开采和洗选业的企业规模较小，虽然近几年来工业产值增加较快，但在全国仍处于劣势地位。化学矿采选的经营管理能力很高、盈利能力较强、企业经营风险小，其劳动生产率高达391.91万元，其产销率虽仅有96.11%，但与1997年相比有较大提高，工业产值增加较快，成本费用利润率也较高，总资产获利能力较强，总产值较高但单位企业产值较小，故应通过整合重组企业，扩大企业规模，凭借现有优势努力做大做强化学矿采选业；加大科研投入，努力向新材料发展，优化产业结构。

采盐业的全员劳动生产率高达340.15万元，产品竞争力较强，盈利能力较差，采盐业属于大而不强型的产业。面对旺盛的市场需求，可通过技术改造、降低成本费用，努力实现效益的最大化。

黏土及土沙石开采具有较高的综合经济效率，盈利能力较强，且企业经营管理能力高，工业产值增加较快，但其产品竞争力相对低下，且企业规模较小，因此可以考虑提高产品质量和产品市场定位，根据市场需求生产相应的矿产品，将黏土及土沙石开采业由小做大。

褐煤的开采洗选的产业规模较大，具有较高的综合经济效率，工业产值基本可以满足经济社会发展对褐煤开采洗选的需求，工业产值增长速度居于行业首位，但其盈利能力较差、经营管理能力一般，因此可通过煤炭安全生产隐患排查治理专项行动，减少煤炭安全事故，加强企业内部管理，提高企业经营管理水平，增加经济效益，加快发展。

烟煤和无烟煤的开采和洗选的总产值较高，但企业规模较小，在2008年煤炭政策的推动下，受金融危机的影响较小，发展较快，但成本费用利润率相对偏低，因此可通过企业重组整合，统一生产管理，提高企业经营管理水平，延长产业链，向煤化工方向发展。

2.3 云南矿业发展潜力与产业升级方向

2.3.1 未来国际、国内、省内市场需求分析

2003年以来，我国矿产品价格一直持续高速增长，然而从2008年8月开始，受产能释放、需求放缓和国际金融危机的影响，国际、国内市场对我国矿产品的市场需求开始持续下滑。2009年上半年，矿产品价格略有上升，经济正处于回暖的震荡期。各项工业建设将增加对矿物加工产品的使用，从而增加对矿冶炼、矿采选的需求。

发达国家的经济发展规律表明：在工业化完成之前，对矿产资源的消费将随着人均GDP的增加而增加。这一规律预示着未来我国对矿产品的消费仍将继续增长。我国正处于工业化、城镇化加速发展阶段，矿产资源消费增长速率一般大于或相当于GDP增长速率，创造单位GDP所消费的矿产资源数量会呈不断增长的趋势，人均矿产资源消费量会陡然上升，国家矿产资源消费总量会迅猛增加；而经济增长依赖于能源、与重要矿产资源消费同步增长是工业化过程中经济发展的基本特征，这就要求有充足的矿产资源给予保障，矿产品的需求和价格在短期内会波动，但在未来一个时期，经济社会发展对矿产资源的强烈需求是持续的，矿业经济具有较好的发展前景。

云南省还处于工业化初期向中期过渡阶段，实现工业化的过程中对矿产品的消费也将随着工业化进程的加速而继续增长。云南具有丰富的矿产资源，素有“金属王国”之称，矿产资源的矿种齐全、储量丰富，开采和冶炼技术发达。因此，未来国际、国内对中国矿产品的市场需求必然会带动云南矿业的快速发展。

2.3.2 国家有色金属和钢铁振兴计划对云南矿业提升核心竞争力的作用

为了应对金融危机对我国有色金属产业和钢铁产业的冲击，国家出台了有色金属产业调整和振兴规划、钢铁产业调整和振兴规划。

总体来看，这些刺激内需的政策有助于促进市场信心的恢复，帮助矿业解决困难，并使之获得税收等方面的实惠。国家投资计划与有色金属收储、淘汰落后产能等行动，对减少云南省内矿业的高库存，缓解产能过剩的矛盾，抑制生产收益递减，以及帮助企业缓解现金流的压力等有直接作用，因此矿业将集中获益，有色采掘与加工产业等有望率先复苏。

矿产资源的不可再生性使得各种矿产资源保障能力尤为重要，近年来，云南凭借其沿边开放和低成本利用周边国家优质矿产资源的双重区位优势，促使部分矿产企业到周边国家投资。但由于对外投资的种种限制及其各项政策的不完善，严重阻碍了对外投资的发展。目前，有色金属和钢铁产业振兴规划制定的支持企业“走出去”战略政策，从简化项目审批程序、完善信贷外汇和人员出入境等政策、加强境外资产管理、扩大出口信贷规模到资金支持，为云南矿业国际化经营提供了便利，可以开发和利用国内外“两种资源”，建立国外的原料基地，提升云南矿业的国际竞争力。

结合有色金属和钢铁产业振兴规划制定的“完善企业重组”政策，促进企业重组，调整产业布局。云南省应本着“抓大放小，有进有退”的原则，抓住有利时机，积极接收、改造、重组云南矿业企业，扶优扶强，推进低成本扩张，以资源及市场吸引资金、技术，采取国际省际合资、合作、嫁接等方式强化骨干企业，以骨干企业为核心、名优产品为龙头、资产为纽带，组建一批规模大、功能全、辐射广、跨地区、跨行业的大型企业集团，如铝电联营等，使企业结构得以重组、升级和优化，形成规模效应，提高矿业企业参与国际竞争的能力。

云南大多数有色金属矿采矿回收率约为60%~70%，选矿回收率约为79%~80%，冶炼回收率约为90%~95%，采、选、冶综合回收率仅40%~50%，综合利用率平均约55.8%。有色金属产业振兴规划提出要加快建设覆盖全社会的有色金属再生利用体系，支持具备条件的地区建设有色金属回收交易市场、拆解市场；建设若干年产30万吨以上的再生铜、铝等生产线，促进资源利用上规模、技术上水平、产品上档次，减少矿产资源消耗。在振兴规划的推动下，可提高开发和生产的各个环节的资源利用率和综合回收率，节约有色金属矿产资源，优化产业结构，提高有色金属产业的竞争力。

2.3.3 云南矿业的产业升级方向

云南矿业应以多种方式进行重组，实现规模化、集团化，提高产业竞争力，在资源合理开发与保护并重的前提下，推进原材料工业在资源富集地区聚集发展；应着力培育大企业集体，加快调整原材料工业产品结构，大力发展低能耗、低污染、高附加值产品；应积极推进有色金属信息型材料产业化创新基地、新型煤化工基地和昆明新型钢材项目等重大项目的建设，加快发展石油化工，鼓励发展节能环保和资源综合利用的新型建材业。

一方面，应推动矿业的产业结构升级，延长产业链条，提升矿产品的附加值。云南矿业多以矿产资源开发、原材料加工为主，矿产资源的精深加工环节相对欠缺，处于产业链的底端，产品附加值低。因此，要逐步推动矿业的产业结构升级，将矿业由大规模、低技术、低附加值的开采和简单加工拓展到高技术、高附加值的精深加工环节，从而完善矿业产业链条，提升矿产品的附加值。

另一方面，应强化矿业产业内的升级，促进有色金属、非金属向新材料发展。产业内的升级表现为企业通过对新产品、新技术、新工艺的研究与开发，使得企业在生产过程、产品功能等方面创造价值的能力得到大幅度提升。

首先，要加强非金属矿产品技术研发，根据高技术、新材料产业和环保产业的需求，大力发展具有高附加值的非金属矿深加工产品。如新能源、信息等技术领域应用的锂离子电池负极材料、电子信息设备的涂层材料等；信息技术领域应用的塑封材料和抛光材料；精细化工领域应用的新型吸附材料；耐高温的云母绝缘材料及高档涂料用的珠光云母材料等；用于油污吸附，重金属离子吸收，污水、废气净化，垃圾填埋，防止核辐射及核废料处理等方面的非金属矿物环境保护功能材料。

其次，要大力发展有色金属新型功能材料，满足市场的新需求。有色金属作为信息材料：95%以上的半导体器件和99%以上的集成电路都是用高纯优质的硅材料制成的，砷化镓单晶是应用最广泛的化合物半导体材料；能源材料：以有色金属为主要原材料的镍氢电池和锂离子电池成为电动汽车的主要动力电源；超导材料：低温超导材料和铋系高温超导材料都需要大量有色金属原材料；生态环境材料：综合利用有色金属工业的废气、废渣、废液，化废为宝、节约资源、降低环境污染。

我国正处于工业化阶段，未来国内外对矿产品的市场的需求依然旺盛，促进云南矿采选业、冶炼及压延加工业的进一步发展；有色金属和钢铁产业振兴规划在缓解产能过剩矛盾的同时，可通过建立有色金属再生利用体系，完善企业重组，支持云南矿业“走出去”，全面提升云南矿业的国际竞争力；通过拓展产业链条、提高矿产品的高附加值，促进有色金属、非金属矿业向新材料发展，加速云南矿业全面的产业升级。

2.3.4 重点企业集团产业链延伸方向

2.3.4.1 云南煤化工集团

云南煤化工集团有限公司（以下简称云南煤化集团）是在云南省委、省政府实施大企业大集团战略中，于2005年8月组建成立的省属大型企业集团。云南煤化集团以洁净煤产业为主，实行多元发展，现已有焦炭、电石、乙炔、1,4-丁二醇、煤焦油、粗苯精制、焦炉气、制氢、甲醇、合成氨、二甲醚、烯烃、醋酸、氮肥、各类油品等30余种产品，形成了从资源控制到资源加工，从初级产品到终端高附加值产品的完整的煤化工产业链。

云南煤化集团战略性的规划产品集中于直接液化或间接液化制烯烃，直接液化制汽柴油，间接液化制醇、醛、酮、酸等，从而构建成一条完整的煤化工产业链（图2-1）。

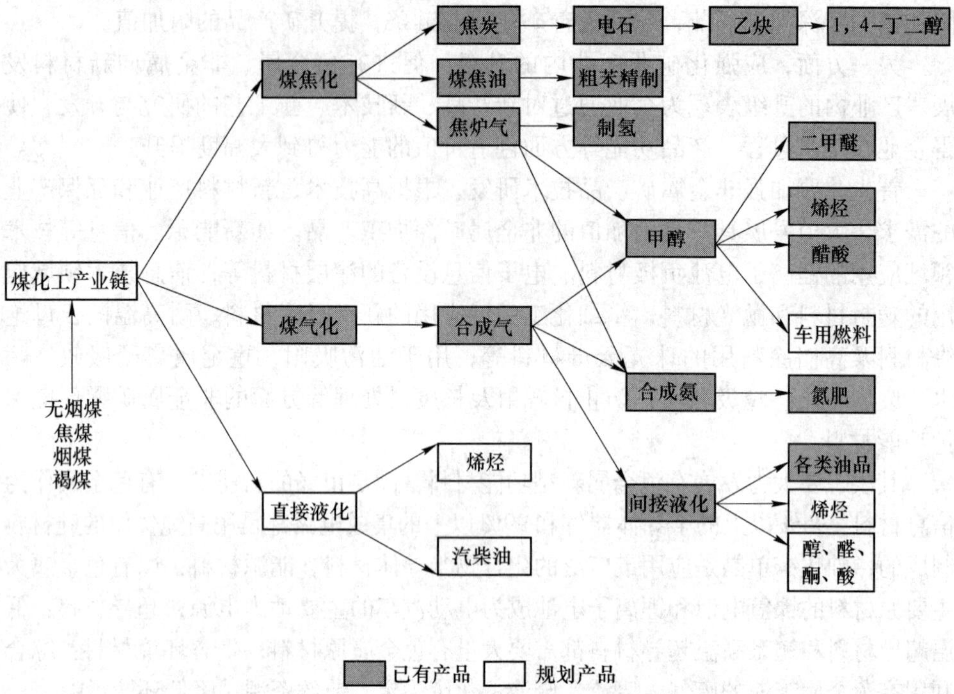

图 2-1 云南煤化工集团产业链总体规划

2.3.4.2 云南冶金集团

云南冶金集团股份有限公司是以铝、铅锌、锰、钛、硅五大产业为主，集采选冶、加工、勘探、科研、设计、工程施工、内外贸以及冶金高等教育为一体的国家520户重点企业和云南省政府重点支持的10户大型工业企业。

冶金集团现已有电解铝、铝圆杆、铝铸轧卷、铝箔、电锌、电铅、锌铝合金、硅铝合金、热度锌合金、工业硅、硅铁、高硅硅锰、锰系合金、高钛渣等多种产品。而集团的未来产业升级方向主要集中在铝电缆、高强铝板、钛铜铝合金、多晶硅、硅片、电池片、太阳能电池、海绵钛、钛白粉、钛锭、钛材、钛合金、钛合金材等高新技术产品（图2-2）。

2.3.4.3 云锡集团

云南锡业集团（控股）有限责任公司（以下简称云锡）是世界著名的锡生产、加工基地，是世界锡生产企业中产业链最长、最完整的企业，在世界锡行业中排名第一。云锡集团下属的锡化工现已有白镴合金、轴承合金、锡工艺美术品、焊条、焊丝、球形焊粉、焊锡球（粒）、BGA焊锡球、锡粉、锡锭、锡条、锡粒、马口铁电镀、无水氯化亚锡、氯化亚锡、焦磷酸亚锡、硫酸亚锡、锡酸钾、锡酸钠、锡酸锌、二氧化锡、氧化亚锡、四氯化锡、锌酸亚锡、硫醇

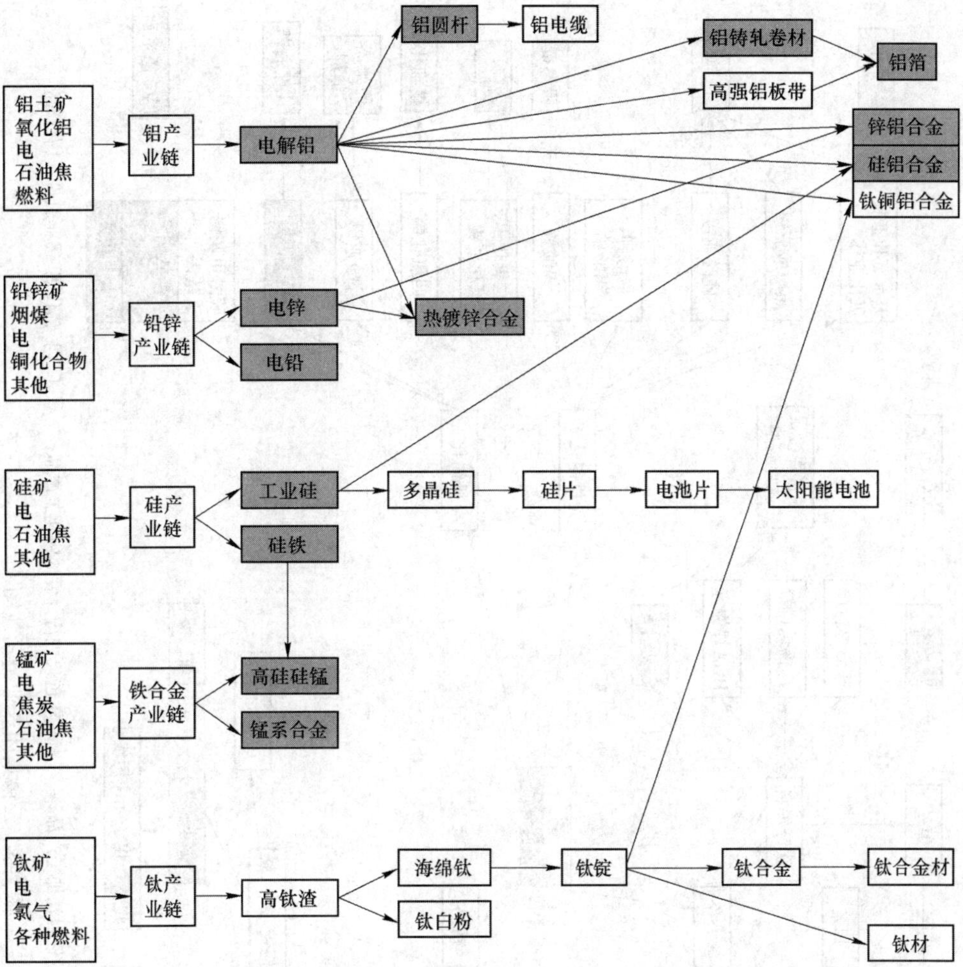

图 2-2 云南冶金集团铝、铅锌、铁合金、钛、硅产业链总体规划

甲基锡、丁基锡等 30 余种产品。未来集团产业升级方向集中于焊膏、焊片、锡箔、锡管、镀锡铜线、三唑锡、酯基锡、烷基锡、苯基锡等新材料产品（图 2-3）。

2.3.4.4 云铜集团

云南铜业集团是以铜金属的地质勘探、采矿选矿、冶炼加工、科技研发、进出口贸易为主的有色金属企业。现有全资、控股企业 34 个，参股企业 19 个，从业人员约 2 万人，总资产为 445 亿元，净资产为 179.8 亿元。该公司铜材产业链的现有产品为高速电气化铁路用铜银合金、铜锡合金接触线，高效节能电机用铸铜转子产品，均已达到国外先进水平，在国内多个大型项目中使用。未来云铜铜材产业链产业升级重点是着力于世界高端铜产品的研发，生产高性能和特殊条件

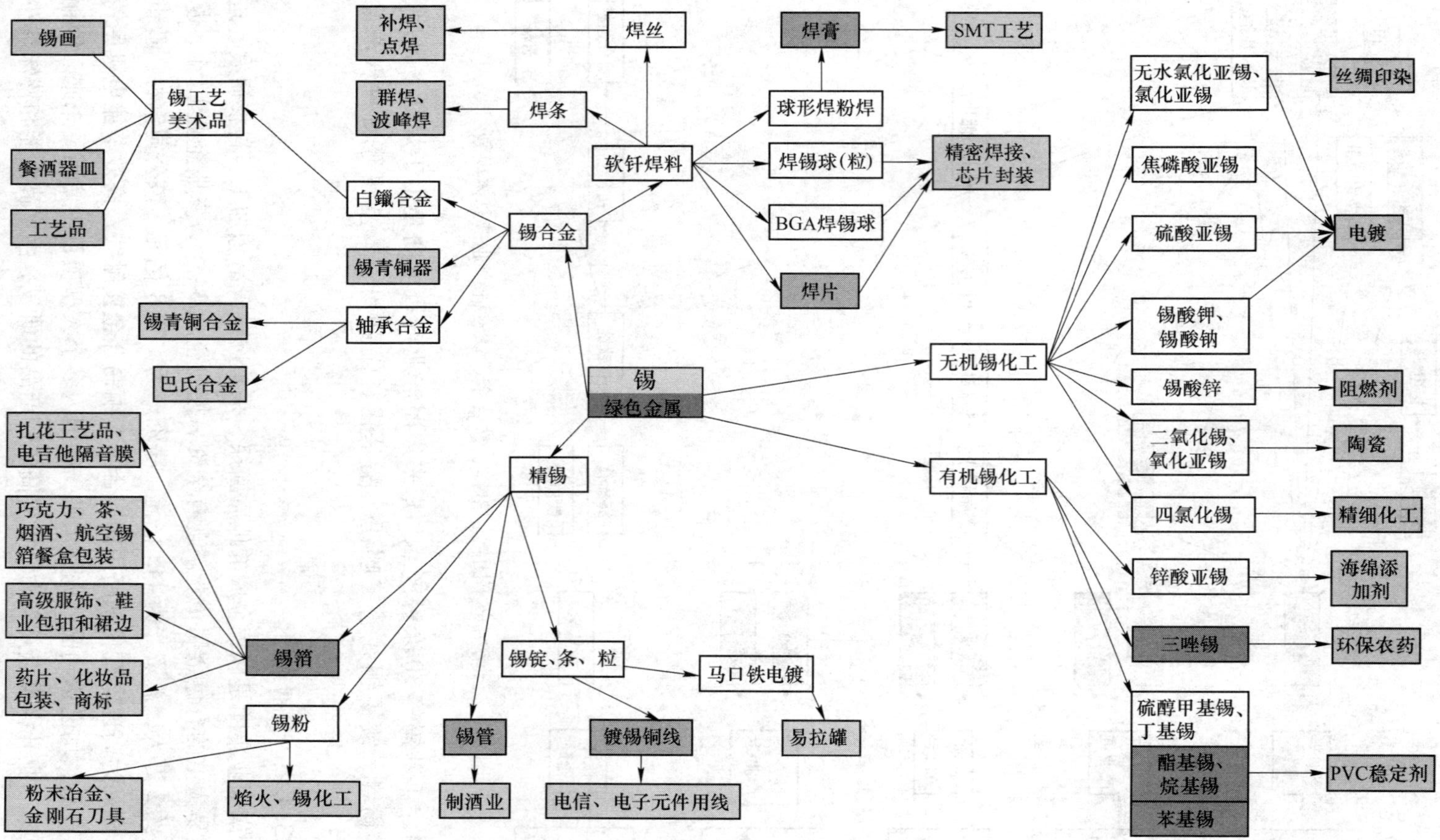

注：▭色代表产品用途；▭色代表待开发的锡材深加工产品；▭色代表待开发的锡化工产品；▭色代表“锡业股份”已有产品

图 2-3 云锡集团产业链示意图

下使用的铜材以及粉体材料，如，超薄的电解铜箔，具有高强度、弹性、硬度、疲劳强度、耐蚀、耐磨、耐寒、高导电等优良特殊性能的铜合金产品，银包铜片状或球状铜粉粉末、电子工业用铜粉、雾化铜及铜合金粉等（图 2-4）。

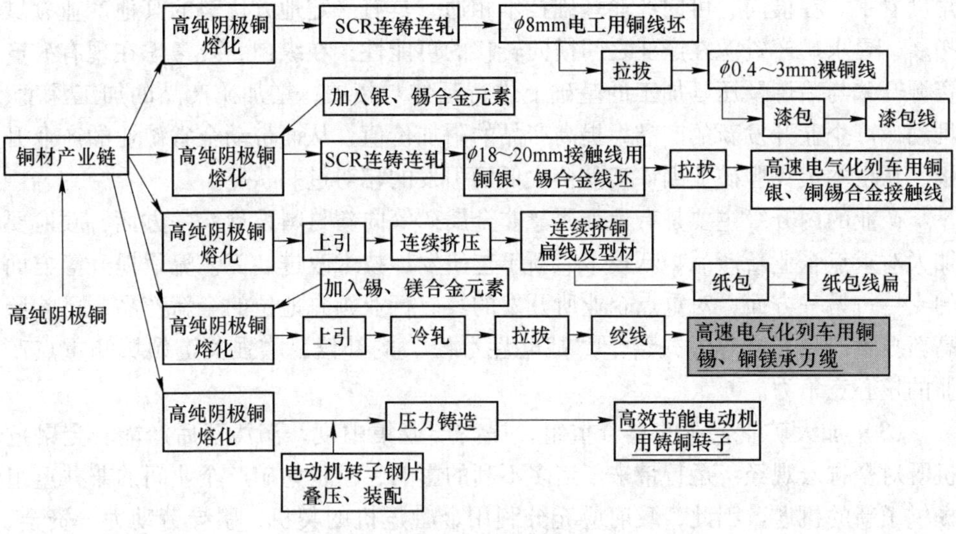

图 2-4 云铜集团铜材产业链

1. 图中带下划线的产品可作为成品直接销售；2. 图中带灰底的产品为正在完善的产品链。

2.3.4.5 昆钢集团

昆钢有 600 万吨钢的年生产能力，形成了线材、棒材、热轧板带、冷轧板带、镀锌板、彩涂板、焊接钢管及冷弯型钢、热轧型材共八大类、50 多个牌号、700 多个规格的系列产品。近年来还成功开发了管线钢、冷镦钢、硬线、耐硫酸露点腐蚀钢等一系列新产品，满足了国内外市场的需求。昆钢的主要产品有棒材、线材、热轧板带、冷轧板带、热镀锌板卷、彩涂板卷、焊管、热轧型材等。发展中的昆钢不断加大对新产品的开发力度，优化产品结构，新产品的数量逐年不断提高，未来的产业升级也更注重新产品研发，计划进行棒材产品开发、线材产品开发、板材产品开发和型材产品开发等。

2.3.5 化危为机，做强矿业

矿业作为云南省国民经济的支柱产业，在推进云南工业化进程中起到了重要的作用，但产能过剩、产业升级缓慢、产业结构单一、产品附加值低、对矿产资源的过度依赖一直困扰云南矿业的发展。因此建议：

（1）利用资源储备计划，帮助企业度过金融危机。充分利用省政府对 100 万吨铜、铝、铅锌、锡等有色金属矿产品的资源储备计划，其中收储铜 15 万吨、铝 30 万吨、铅 15 万吨、锌 30 万吨、锡 10 万吨，储备期为 1 年。

（2）强化矿业的产业结构升级和产业内升级，增强关键领域和重点企业的核心竞争力。矿业的产业结构升级与产业链条拓展应根据矿业类型的不同，运用产业的技术改造、技术创新以及产品创新等手段，从产业链条的横向与纵向两个角度着手。在横向，可向产业基础技术相通、具有一定地方优势的其他产业领域拓展，寻求矿产资源在产业之间横向转移的可能性；在纵向，要考虑在现有矿产资源开采与冶炼及压延加工的基础上进行延伸与拓展，增加矿产品的加工深度，推动矿产企业开发新的产品，提高产品的附加价值，从而带动全省矿业的产业升级，从根本上克服矿业因矿产品档次低而引发的相对过剩状况。

矿业的内升级主要是有色金属、非金属矿等向新材料发展。一方面，政府要加大对重点企业新产品、新技术、新工艺研发、技术改进、工艺流程提升等方面的支持；另一方面，对重点企业所开发的具有行业领先地位的全新产品，可参照高新技术产品开发等方式给予“战略性亏损”的补偿，增强关键领域和重点产业的核心竞争力。

（3）加大矿业企业的整合重组，提高产业集中度，淘汰落后产能。金融危机既对全省宏观经济运行带来了诸多不利的影响，但也为矿产企业间的兼并重组提供了新的机遇。因此，政府应充分利用金融危机的契机，引导劳动力、资金、人才等要素向具有较高劳动生产率、资金利润率和要素利用率的矿产企业集中，加快产业资源向高效企业集中的趋势，从而提高矿产业的集中度，逐步淘汰落后产能。另外，政府应为矿业的并购重组给予要素保障，金融部门应加大信贷支持，从各方面支持和保障矿产企业整合重组的顺利进行。

（4）顺应矿业全球化发展趋势，扩大对外开放。云南矿业发展应顺应全球化发展趋势，从封闭式向扩大开放转变。一方面，应积极引进国外资金、技术和人才，面向国内外两种资源、两种市场，从基础设施建设和软环境两方面大力改善外商投资环境，积极吸收矿业资本和跨国矿业公司来云南投资开发矿业，促进云南矿业的发展；另一方面，云南矿业应积极实施“走出去”战略，加快国际化经营步伐，逐步建立长远的海外资源战略，开发境外资源，确保矿业的原料供给，实现矿业的可持续发展与生命周期的延长。

矿业海外资源战略的主要任务是建立稳定的海外资源基地，这不但需要推动矿业有计划投资海外的矿产资源采选业，或与国外资本合作开发国外的矿产资源，使之形成具有相当规模的海外资源保障体系；而且需要有计划地解决好海运与相应的基础设施，确保资源运输的畅通。

（5）加强矿业循环经济高新技术的研究与运用，实现矿业开发与环境保护双赢。应借鉴吸取国外先进经验，把循环经济理念贯彻到矿业的采矿、选矿、冶炼、加工各个环节，优化产业、产品、技术工艺和装备结构，从整体上达到资源开发、合理加工和环境保护。为此，一方面，应加强矿业循环经济高新技术的研究与应用，依靠技术支撑矿业循环经济，实现能量的梯级利用、资源的高效利用和循环利用，提高资源的产出效益；开发并完善云南省矿产资源的采、选、冶、深加工，再生资源利用等，提升综合利用矿产资源的效率；参照杜邦模式，建立企业内部的循环经济系统，努力建设出一批零排放企业。另一方面，应加强矿业开发与环境保护重要领域的基础研究和技术开发，组织重大关键技术的协作攻关，处理好技术引进与自主开发、消化吸收与创新的关系；坚决淘汰一批资源浪费大、产品质量低、污染严重的工艺技术和设备，并调整和提升技术工艺结构，加快技术进步，促进新兴产业的形成，带动传统产业、产品结构的嫁接改造，实现矿业开发与环境保护的双重目的。

近年来云南一些矿山和冶炼企业，如昆钢、云冶、云铝、会泽铅锌矿、云锡和一些地方骨干企业，围绕节能降耗、环境治理、产品延伸、资源综合利用等，采用国内外先进成熟技术，因地制宜，进行了一系列的优化改造，使生产技术、经济指标得到进一步提高，环境质量得到进一步改善。

(6) 引导矿业的转型，调整产业结构，促进经济的可持续发展。随着矿产资源的不断开发利用，资源总量的不断减少，建立在优势自然资源基础上的矿业必将走向没落。这就需要在产业升级的同时，积极引导矿业的转型，用充满生机活力的新兴主导产业替代过时的、落后的、面临走向衰退的旧资源型产业，逐步彻底改变云南省经济发展对矿产资源的过度依赖，从而实现云南省产业结构的协调与经济的可持续发展。

矿业转型的重中之重是需要根据地区的比较优势与人力资源禀赋，选择适宜的接续主导产业。但市场机制很难有效畅通地实现接续主导产业对原有产业的替代，因此需要政府在资金、技术、人才、市场等多方面给予支持。即首先需要强化市场在接续主导产业发展中的作用，尊重市场机制对资源的配置；其次要制定各种有利于主导产业发展的政策措施，加大政府在主导产业发展中的调控力度，有效解决主导产业培育中的“市场失灵”问题；最后还要找准培育新兴接续主导产业的途径和方法，协调主导产业与非主导产业的和谐发展。

在接续主导产业的选择、培育和发展过程中，矿业的转型还需要关注衰退产业的转移。衰退产业的转移主要通过企业整体向其他地区转移和企业及其资产、职工向其他产业、行业转移两种方式进行。整体转移是将部分矿产企业转移到新的矿产资源区，使得矿产企业的生产能力继续发挥作用，这种转移形成相对容易；而第二种产业形式的转移却比较困难，因为矿产企业的相当一部分资产无法搬迁至其他地方继续使用，大多数职工也缺乏除了资源开采或加工的其他素质和技能。因此，需要创造条件，积极利用第一种形式实现衰退矿业向新兴资源区域的转移，而对于那些失去生存能力且无法转移的矿产企业，就要通过破产、兼并、重组、租赁、转产等多种手段，采取最合理的方式使其顺利地退出产业市场。

3 云南生物资源加工与制造业分析

从云南的产业特点出发，本章所指的生物资源加工与制造业包括生物制药业、农副食品加工、食品制造、饮料制造、木材加工及木、竹、藤、棕、草制品业、纺织业、天然橡胶加工、造纸及纸制品等产业❶。

3.1 云南生物资源加工与制造业发展现状及在全国的地位

云南是生物资源大省，加快云南的生物资源开发是多年来云南省的发展战略，为此，还确立了绿色经济强省的奋斗目标。绿色产业是未来世界经济竞争的重点，云南省的生物资源加工与制造业基本上还处于“小而散、加工程度低”的格局，是云南工业经济调结构上水平的重要领域。

3.1.1 医药制造业

医药制造业是云南工业行业中规模较小而经济效益处于中上水平的产业，产业规模小与云南天然药物资源优势地位极不对称。2008 年，云南有规模以上医药制造业企业 101 户，占全省规模以上工业企业的 3.5%，从业人员约 1.9 万人；工业增加值 39.76 亿元，占全省规模以上工业增加值的 2.2%，占全省生产总值的 0.7%。从工业企业的综合经济效益看，近年来云南医药制造业综合经济效益有所下降，在云南 25 个行业中处于中上水平，在全国同行业中处于中下水平，2007 年医药制造业的全员劳动生产率在云南 25 个工业行业中处于第 11 位，比 2002 年有所下降，在全国 31 个省（自治区、直辖市）中处于第 18 位，比 2002 年下降了 10 位；从工业企业的盈利能力看，盈利能力显著下降，在省内工业行业中由位于前列变为中上水平，在全国同行业中的地位处于中等水平，2007 年资产利税率、总资产贡献率和成本费用利润率在云南 25 个工业行业中分别处于第 10 位、第 8 位和第 6 位，而 2002 年均处于前 5 位，下降显著，在全国 31 个省（自治区、直辖市）中处于第 14 位、第 19 位和第 8 位，比 2002 年下降了 9 位、2 位和 5 位；从工业企业的经营管理看，企业经营管理能力较弱，且下降很快，在省内工业行业及全国同行业中都处于较低水平，流动资产周转次数在省内工业

❶ 卷烟工业也来自于烤烟的加工，本书将在其他部分进行分析。

行业及全国31个省（自治区、直辖市）的排名中从2002年的第13位和第14位分别下降到2007年的第21位和第28位；从工业企业的经营风险看，企业经营的抗风险能力有所下降，但在省内工业行业中仍处于较好水平，在国内同行业中处于中等水平，资产负债率在云南工业行业中的地位从2002年的第4位转变为第7位，在全国的排名也从第5位转变为第15位；从企业规模看，在云南25个工业行业中和全国同行业中都处于集中度较低水平，单位企业产值在云南工业行业中处于第16位，在全国31个省（自治区、直辖市）中位于第22位，近年来名次均有所下降，分别下降了7位和2位（表3-1）。

2008年，虽然受金融危机的影响，云南医药制造业积极采取应对措施，经济效益影响不大，资产利税率下降了1.2个百分点，在工业行业中的排序提高了6位，处于第4位，成本费用利润率下降了26个百分点，排序提高了1位，流动资产周转率保持2007年的水平，资产负债率下降了5个百分点，排序下降了1位，单位企业产值提高了0.13亿元/户，排序提高了2位，产品销售率提高了3个百分点，排序提高了5位。综合各效益指标看，云南医药制造业受金融危机的影响不大，效益指标略有下降，但产业地位有所提高（表3-1）。

表3-1 云南医药制造业经济效益指标及地位变化

医药制造业	2002年	2007年	2008年	行业排名			全国排名	
				2002年	2007年	2008年	2002年	2007年
全员劳动生产率[万元/(人·年)]	25.09	42.48		4	11		8	18
资产利税率（%）	16.18	16.22	14.95	3	10	4	5	14
总资产贡献率（%）	12.94	12.81	17.51	3	8	5	17	19
成本费用利润率（%）	45.52	43.56	17.50	4	6	5	3	8
流动资产周转次数（次/年）	1.21	1.14	1.14	13	21	20	14	28
资产负债率（%）	44.8	50.29	45.07	4	7	8	5	15
单位企业产值（亿元）	0.48	0.81	0.94	9	16	14	20	22
工业增加值率（%）	45.52	43.56		4	6		3	8
产品销售率（%）	89.36	87.57	90.62	24	24	19	25	28

资料来源：根据云南工业经济信息资料2002、2007，中国工业经济统计年鉴2002、2007计算整理；2008年数据来自云南省统计局提供的内部数据，未经国家统计局审核。

综合以上指标来看，云南医药制造业盈利能力较强，但有所下降，在省内工业行业及国内同行业中都处于中上水平，在国内同行业中处于中下水平；企业经营管理能力较弱，且地位显著下降，在省内工业行业及国内同行业中都处于较低水平，位于后列；企业抗风险能力在省内工业行业中相对较强，位于前列，在国内同行业中处于中等水平，近年来地位均有所下降，集中度较低，地位下降较快，在省内工业行业及国内同行业中都处于中下水平；综合经济效益在云南工业行业中处于中上水平，但在国内同行业中处于中下水平，且地位下降较快。受金融危机影响相对较小，产业地位有所提升。

3.1.2　饮料制造业

2008 年规模以上饮料制造业工业增加值仅 24.10 亿元，仅占全省工业的 1%，产值规模很小，是云南工业行业中典型的“小而散”的产业。从工业企业的综合经济效益看，近年来相对较低，并且地位有所下降，2007 年的全员劳动生产率在云南 25 个工业行业中处于第 15 位，在全国 31 个省（自治区、直辖市）中处于第 28 位，比 2002 年均下降了 1 位；从工业企业的盈利能力看，盈利能力提升快，已处于各行业前列，但在全国同行业中的地位仍处于中下水平，2007 年资产利税率、总资产贡献率和成本费用利润率在云南 25 个工业行业中分别处于第 7 位、第 5 位和第 5 位，2002 年分别处于第 11 位、第 9 位和第 15 位，提升速度很快，在全国 31 个省（自治区、直辖市）中处于第 8 位、第 6 位和第 6 位，比 2002 年分别上升了 20 位、21 位和 21 位；从工业企业的经营管理看，企业经营管理能力在云南 25 个工业行业及全国同行业中均处于较低水平，流动资产周转次数从 2002 年的第 19 位下降到 2007 年的第 20 位，在全国 31 个省（自治区、直辖市）的排名从 2002 年的第 25 位下降到 2007 年的第 27 位；从工业企业的经营风险看，企业经营的抗风险能力明显下降，处于较低水平，资产负债率在云南工业行业中的地位从 2002 年的第 13 位转变为第 22 位，在全国的排名也从第 25 位转变为第 27 位；从企业规模看，云南饮料制造业在云南 25 个工业行业中和全国同行业中都处于集中度较高水平，单位企业产值在云南工业行业中处于第 8 位，在全国 31 个省（自治区、直辖市）中排名也较靠前，且地位显著提高，与 2002 年相比，分别提升了 15 位和 26 位（表 3-2）。

表 3-2　云南饮料制造业经济效益指标及地位变化

饮料制造业	2002 年	2007 年	2008 年	行业排名			全国排名	
				2002 年	2007 年	2008 年	2002 年	2007 年
全员劳动生产率[万元/(人·年)]	11.78	30.43		14	15		27	28
资产利税率（%）	5.89	17.85	7.58	11	7	15	28	8
总资产贡献率（%）	6.4	15.25	9.77	9	5	16	27	6
成本费用利润率（%）	0	21.21	8.51	15	5	11	27	6
流动资产周转次数（次/年）	0.86	1.15	0.94	19	20	23	25	27
资产负债率（%）	68.82	69.97	58.70	13	22	12	25	27
单位企业产值（亿元）	0.16	1.67	0.52	23	8	19	29	3
工业增加值率（%）	42.09	40.01		5	7		7	8
产品销售率（%）	91.69	86.47	83.19	21	25	23	27	27

资料来源：根据云南工业经济信息资料 2002、2007，中国工业经济统计年鉴 2002、2007 计算整理；2008 年数据来自云南省统计局提供的内部数据，未经国家统计局审核。

2008 年，云南省饮料制造业是生物资源加工与制造业中受金融危机冲击最大的行业，经济效益下降明显，资产利税率下降了近 10 个百分点，在云南工业行业中的排序下降了 8 位，处于第 15 位，成本费用利润率下降了 13 个百分点，排序下降了 6 位，流动资产周转率较 2007 年的水平略有下降，资产负债率下降了 11 个百分点，排序提高了 10 位，单位企业产值下降了 1.15 亿元/户，排序下降了 11 位，产品销售率下降了 3 个百分点，排序提高了 2 位。因此，综合各效益指标看，云南饮料制造业受金融危机的影响突出，效益和产业地位下降明显（表 3-2）。

综合以上指标看，金融危机前，云南饮料制造业盈利能力提升较快，在省内工业行业中处于较高水平，但在国内同行业中仍处于中下水平；企业经营管理能力相对较弱，且有所下降，在云南工业行业及国内同行业中都处于较低水平；企业抗风险能力较弱，且下降快，在省内工业行业及国内同行业中都处于较低水平，名次靠后；集中度较高，在省内工业行业及国内同行业中均位于前列，且地位上升显著；综合经济效益相对较差，在云南工业行业和国内同行业中都处于中下水平。金融危机发生以来，饮料制造业受到严重冲击，效益和产业地位都出现较大幅度的下降。

3.1.3 食品制造业

2008 年规模以上食品制造业工业增加值仅 7.80 亿元，在全省工业中的地位不到 0.4%，是云南省工业行业中典型的“小而散”的产业。从工业企业的综合经济效益看，近年来云南食品制造业相对较低，2007 年的全员劳动生产率在云南 25 个工业行业中处于第 18 位，比 2002 年下降了 1 位，在全国 31 个省（自治区、直辖市）中处于第 29 位，变化不大；从工业企业的盈利能力看，盈利能力提升快，在全国同行业中的地位处于中等水平，2007 年的资产利税率、总资产贡献率和成本费用利润率在云南 25 个工业行业中分别处于第 12 位、第 9 位和第 16 位，2002 年均处于 20 位之后，提升速度很快，在全国 31 个省（自治区、直辖市）中处于第 13 位、第 10 位和第 17 位，比 2002 年上升了 17 位、18 位和 13 位；从工业企业的经营管理看，企业经营管理能力在云南 25 个工业行业处于较高水平，且上升很快，在全国同行业中处于中等水平，流动资产周转次数从 2002 年的第 11 位上升到 2007 年的第 3 位，在全国 31 个省（自治区、直辖市）的排名从 2002 年的第 28 位上升到 2007 年的第 16 位；从工业企业的经营风险看，企业经营的抗风险能力有所减弱，处于中下水平，资产负债率在云南工业行业中的地位从 2002 年的第 20 位转变为第 15 位，在全国的排名也从第 27 位转变为第 24 位；从企业规模看，在云南 25 个工业行业中和全国同行业中都处于集中度较低水平，单位企业产值在云南工业行业中处于第 20 位，地位上升了 4 位，在全国

31个省（自治区、直辖市）中排名也很靠后，且近年来有所下降，从2002年的第21位下降到第27位（表3-3）。

表3-3 云南食品制造业经济效益指标及地位变化

食品制造业	2002年	2007年	2008年	行业排名			全国排名	
				2002年	2007年	2008年	2002年	2007年
全员劳动生产率[万元/(人·年)]	8.69	25.86		17	18		29	29
资产利税率（%）	-8.7	13.1	13.39	24	12	5	30	13
总资产贡献率（%）	-0.21	12.23	17.81	23	9	4	28	10
成本费用利润率（%）	-4.84	6.15	8.59	21	16	10	30	17
流动资产周转次数（次/年）	1.26	2.82	2.81	11	3	3	28	16
资产负债率（%）	72.62	61.31	59.96	20	15	13	27	24
单位企业产值（亿元）	0.1	0.47	0.53	24	20	18	21	27
工业增加值率（%）	31.91	24.28		14	17		7	28
产品销售率（%）	97.03	102.75	95.26	19	2	16	14	5

资料来源：根据云南工业经济信息资料2002、2007，中国工业经济统计年鉴2002、2007计算整理；2008年数据来自云南省统计局提供的内部数据，未经国家统计局审核。

云南食品制造业主要面向省内市场，虽然受到金融危机的影响，但云南食品制造业积极采取应对措施，经济效益所受影响较小，部分经济指标仍稳步提高。资产利税率保持2007年的水平，在工业行业中的排序提高了7位，处于第5位，成本费用利润率提高了2个百分点，排序提高了6位，流动资产周转率保持2007年的水平，资产负债率下降了2个百分点，排序提高了2位，单位企业产值提高了0.06亿元/户，排序提高了2位，产品销售率下降了7个百分点，排序降到了16位。综合各效益指标看，云南食品制造业受金融危机的影响较小，企业效益和产业地位均有所提高（表3-3）。

综合以上指标看，金融危机前，云南食品制造业盈利能力提升较快，在省内工业行业及国内同行业中均处于中等水平；企业经营管理能力在省内工业行业中较强，且提升很快，在国内同行业中也有较大提升，但仍处于中等水平；企业抗风险能力相对较弱，且近年来有所下降，集中度较低，在国内同行业中的地位也有所下降，处于后列；综合经济效益在云南工业行业及国内同行业中都相对较差，且地位有所下降。金融危机发生后，云南食品制造业没有受到太大影响，经济效益和产业地位均有所提高。

3.1.4 农副食品加工业

从工业企业的综合经济效益看，近年来云南农副食品加工业在省内工业行业中处于中等水平，在国内同行业中相对较低，并且地位有所下降，2007年的全员劳动生产率在云南25个工业行业中处于第13位，在全国31个省（自治区、直辖市）中处于第28位，均比2002年下降了1位；从工业企业的盈利能力看，盈利能力有所提升，但在省内工业行业及全国同行业中的地位仍处于中下水平，2007年资产利税率、总资产贡献率和成本费用利润率在云南25个工业行业中分别处于第14位、第10位和第17位，分别提升了8位、10位和5位，在全国31个省（自治区、直辖市）的农副食品加工业中处于第15位、第11位和第18位，比2002年分别上升了15位、18位和12位，提升速度较快，但仍处于较低水平；从工业企业的经营管理看，企业经营管理能力在云南25个工业行业处于较高水平，但下降很快，在全国同行业中处于较低水平，流动资产周转次数从2002年的第2位下降到2007年的第6位，在全国31个省（自治区、直辖市）中位于第26位，变化不大；从工业企业的经营风险看，企业经营的抗风险能力有所提高，但仍处于中下水平，资产负债率在云南工业行业中的地位从2002年的第24位转变为第19位，在全国的排名也从第30位转变为第28位；从企业规模看，在云南25个工业行业中和全国同行业中都处于集中度较低水平，单位企业产值在云南工业行业和国内同行业中都处于第17位，且地位有所下降，分别下降了2位和4位（表3-4）。

表3-4　云南农副食品加工业经济效益指标及地位变化

农副食品加工业	2002年	2007年	2008年	行业排名			全国排名	
				2002年	2007年	2008年	2002年	2007年
全员劳动生产率[万元/(人·年)]	13.08	32.88		12	13		29	28
资产利税率（%）	-1.75	12.19	7.55	22	14	16	30	15
总资产贡献率（%）	1.75	11.47	10.35	20	10	13	29	11
成本费用利润率（%）	-8.64	6.01	3.7	22	17	21	30	18
流动资产周转次数（次/年）	1.64	2.02	2.24	2	6	5	26	26
资产负债率（%）	89.55	66.85	64.61	24	19	17	30	28
单位企业产值（亿元）	0.32	0.77	0.72	15	17	16	21	17
工业增加值率（%）	18.95	25.49		24	15		25	18
产品销售率（%）	99.17	95.83	95.84	18	19	13	19	21

资料来源：根据云南工业经济信息资料2002、2007，中国工业经济统计年鉴2002、2007计算整理；2008年数据来自云南省统计局提供的内部数据，未经国家统计局审核。

2008年，受金融危机的影响，云南农副食品加工业经济指标均有下降，经济效益略有下滑，资产利税率下降了5个百分点，在工业行业中的排序下降了2位，处于第16位，成本费用利润率下降了3个百分点，排序下降了4位，流动资产周转率保持2007年的水平略有提高，资产负债率下降了2个百分点，单位企业产值、产品销售率均保持2007年的水平，排序分别提高了1位和6位。综合各效益指标看，云南农副食品加工业在一定程度上受到金融危机的影响，企业效益下滑明显，产业地位有所下降（表3-4）。

综合以上指标看，金融危机前，云南农副食品加工业盈利能力提升较快，但在省内工业行业及全国同行业中仍处于中下水平；企业经营管理能力在省内工业行业中较强，但下降快，在国内同行业中相对较弱，处于中下水平，位于后列；企业抗风险能力相对较弱，但有所提高，集中度较低，且地位有所下降；综合经济效益在云南工业行业中处于中等水平，在国内同行业中相对较差，且地位均有所下降。金融危机发生后，云南农副食品加工业虽然受到一定程度的影响，效益下滑，产业地位有所下降。

3.1.5 天然橡胶制品业

云南省是天然橡胶的主产地之一，拥有全国天然橡胶种植面积的45.3%、产量的47.8%，但天然橡胶加工制造业却非常弱小，并且从1997年以来处于萎缩态势（表3-5）。2007年云南省有5家规模以上橡胶制品企业，共完成工业总产值2.75亿元，实现工业增加值仅0.69亿元，其中橡胶靴鞋制造和力车胎制造2家企业产值规模较大，实现的工业增加值也仅0.34亿元和0.22亿元，不到全国的千分之一。

表3-5 云南天然橡胶制品产能情况

年份	企业单位个数（个）	工业总产值（万元）	工业增加值（万元）
1997	48	95520.2	29677.9
1999	12	44031.6	9479.2
2001	10	29831.7	9766.3
2002	12	23710.9	4651.9
2003	8	17874.7	4468.3
2004	13	16635.4	3218.8
2005	4	18364.6	4481
2006	5	49749.9	8749.2
2007	5	27494.1	6932.1

资料来源：云南工业经济信息资料1997～2007。

因此，加快推进云南的天然橡胶制品业发展，提升云南天然橡胶产业的产品附加值，是当前的重点任务。

3.1.6 造纸及纸制造品业

从工业企业的综合经济效益看，近年来云南造纸及纸制品业相对较低，并且下降很快，2007年的全员劳动生产率在云南25个工业行业中处于第19位，比2002年下降了11位，在全国31个省（自治区、直辖市）中处于第25位，比2002年下降了14位；从工业企业的盈利能力看，盈利能力有所提升，在省内工业行业及全国同行业中的地位处于中上水平，2007年的资产利税率和总资产贡献率在云南25个工业行业中分布处于第13位和第11位，2002年仅处于第20位和第12位，在全国31个省（自治区、直辖市）中处于第14位和12位，比2002年上升了3位和4位，成本费用利润率在省内工业行业及国内同行业中均处于较高水平，位于前列，在国内同行业中的地位提升很快；从工业企业的经营管理看，企业经营管理能力在云南25个工业行业处于中上水平，但在全国同行业中处于较低水平，且地位有所下降，流动资产周转次数从2002年的第14位上升到2007年的第10位，在全国31个省（自治区、直辖市）的排名从2002年的第22位下降到2007年的第24位；从工业企业的经营风险看，企业经营的抗风险能力明显提高，位于前列，资产负债率在云南工业行业中的地位从2002年的第11位转变为第10位，在全国的排名也从第14位转变为第6位；从企业规模看，在云南25个工业行业中和全国同行业中都处于集中度较低水平，单位企业产值在云南工业行业中处于第21位，在全国31个省（自治区、直辖市）中位于第22位，其地位显著下降，分别下降了7位和12位（表3-6）。

表3-6 云南造纸及纸制品业经济效益指标及地位变化

造纸及纸制品业	2002年	2007年	2008年	行业排名			全国排名	
				2002年	2007年	2008年	2002年	2007年
全员劳动生产率[万元/(人·年)]	15.56	25.77		8	19		11	25
资产利税率（%）	0.16	12.27	10.15	20	13	11	17	14
总资产贡献率（%）	6.11	10.52	12.03	12	11	11	16	12
成本费用利润率（%）	3.82	10.74	9.30	8	9	8	17	10
流动资产周转次数（次/年）	1.2	1.74	1.69	14	10	12	22	24
资产负债率（%）	63.56	54.46	53.18	11	10	10	14	6
单位企业产值（亿元）	0.36	0.46	0.52	14	21	20	10	22
工业增加值率（%）	39.61	32.68		8	11		1	22
产品销售率（%）	99.42	96.01	96.68	10	17	12	2	25

资料来源：根据云南工业经济信息资料2002、2007，中国工业经济统计年鉴2002、2007计算整理；2008年数据来自云南省统计局提供的内部数据，未经国家统计局审核。

2008年，云南造纸及纸制品业受全球经济危机影响不大，经济效益和工业排名变化较小，基本上保持2007年水平。资产利税率下降了2个百分点，在工业行业中的排序提高了2位，处于11位，成本费用利润率、资产负债率均下降了1个百分点，排序都保持2007年水平，流动资产周转率保持2007年的水平，单位企业产值提高了0.06亿元/户，排序提高了1位，产品销售率基本保持2007年水平，排序提高了5位。综合各效益指标看，云南造纸及纸制品业受金融危机的影响不大，经济效益和产业地位变化不大，基本保持2007年水平（表3-6）。

综合以上指标看，金融危机前，云南造纸及纸制品业盈利能力提升较快，在省内工业行业及国内同行业中均处于中上水平；企业经营管理能力在省内工业行业中处于中上水平，但在全国同行业中处于较低水平，且地位有所下降；企业抗风险能力较强，且提升快，在省内工业行业及全国工业行业中均位于前列；集中度相对较低，地位显著下降；综合经济效益下降很快，在云南工业行业和国内同行业中都较差，位于后列。金融危机发生后，云南造纸及纸制品业受到的影响不大，经济效益和产业地位仍然保持2007年的水平。

3.2　云南生物资源加工与制造业的内部结构特点与效益分析

从产业属性和生物分类角度，可以将云南生物资源加工与制造业划分三个层次，通过比较分析各层次中规模以上企业经济效益指标，揭示各层次的结构特点和提升产业竞争力的重点。

3.2.1　生物资源加工与制造业内部第一层次行业结构特点与效益分析

从产业规模看，云南省的农副食品加工，医药制造，食品制造，饮料制造，木材加工及木、竹、藤、棕、草制品，造纸及纸制品，橡胶制品，纺织业等8个行业2007年的工业总产值仅为全省工业总产值的8.7%，其中，2007年产值比重最高的是农副食品加工业，其产值远远高于其他生物资源加工与制造业，是排名第二的医药制造业的两倍，而排名最后一位的是橡胶制品业，其工业总产值只有农副食品加工业的2%。可见，在云南生物资源加工与制造业中，产值规模最大的是农副食品制造业，产业规模最小的是橡胶制品业，并且各产业工业总产值间存在严重的发展不均衡。另外，从工业产值的增长率来看，饮料制品业和医药制造业的总产值增速最快，说明这两个行业在云南发展迅速。增速最慢的橡胶制品业增长率为-71.22%，过缓的增长速度使橡胶业的发展远远落后于其他生物资源加工与制造业的发展。

表3-7数据显示，2007年总资产贡献率、成本费用利润率和资产利税率最高的行业是饮料制造业，因此，在云南生物资源加工与制造业中，综合盈利能力相对较强的是饮料制造业，其次是医药制造业。农副食品加工业、橡胶制造业、食品制造业的流动资产周转次数较高，达到2以上，但是这几个行业的成本费用利润率却较低，说明企业仍需改进其经营管理能力。从综合经济效率看，生物资源加工与制造业远远高于云南省工业平均值。其中，经济效率最高的是医药制造业，其次是农副食品加工业和饮料制造业。另外，从全员劳动生产率和单位企业

规模判断指标这两组数据来看，其排序情况完全相同，即劳动生产率高的行业其单位企业规模指标也大，说明医药制造业、农副食品和饮料制造业在整个生物资源加工与制造业中的单位企业规模最大，综合经济效益相对较高，劳动力的素质也相对较高。

表 3-7　云南生物资源加工与制造业各行业经济效益

行业分类	年份	总产值（亿元）	单位企业产值（亿元）	全员劳动生产率［万元/（人·年）］	成本费用利润率（%）	流动资产周转次数（次/年）	总资产贡献率（%）	资产利税率（%）	工业增加值率（%）	产品产销率（%）	资产负债率（%）
全省工业	2008	5144.58	1.55		7.3	1.79	16.93	13.97		95.18	58.01
	2007	4298.29	1.59	52.38	10.79	1.9	18.15	23.82	36.44	98.31	54.4
农副食品加工业	2008	179.66	0.72		3.7	2.24	10.35	7.55		95.84	64.61
	2007	137.44	0.77	32.85	5.9	2.02	16.4	12.20	25.5	95.8	66.8
食品制造业	2008	37.84	0.53		8.59	2.81	17.81	13.39		95.26	59.96
	2007	25.08	0.47	25.93	6.1	2.81	18.6	13.12	24.3	102.7	61.3
饮料制造业	2008	68.62	0.52		8.51	0.94	9.77	7.58		83.19	58.7
	2007	66.95	0.6	30.45	20.7	1.15	25.2	17.86	40	86.5	70
木材加工及木、竹、藤、棕、草制品	2008	18.84	0.34		-1.35	0.99	3.52	1.98		87.86	58.48
	2007	15.19	0.35	13.19	0.6	1.09	5.7	5.01	23.6	97.8	55.9
造纸及纸制品业	2008	42.32	0.52		9.3	1.69	12.03	10.15		96.68	53.18
	2007	37.36	0.46	25.77	10.6	1.74	16.5	12.25	32.7	96	54.5
医药制造业	2008	96.36	0.94		17.5	1.14	17.51	14.95		90.62	45.07
	2007	79.01	0.81	42.38	17.8	1.14	19.4	16.22	43.6	87.6	50.3
橡胶制品业	2008	3.37	0.37		-0.27	2.33	10.53	6.98		103.12	81.31
	2007	2.75	0.55	27.41	0.9	2.85	14.2	16.22	25.2	104	89.6
纺织业	2008	12.32	0.51		3.82	1.16	3.17	2.38		82.18	73.27
	2007	9.82	0.52	7.50	0.6	1.39	1.8	12.83	25.3	90.4	67.2

资料来源：根据云南工业经济信息资料 2007 计算整理；2008 年数据是初步测算数。

从 2007 年的数据来看，工业销售率排在前三位的分别是橡胶、食品和木材加工，说明现有产品比较符合现有市场，具有较好的市场销售前景，但是云南的橡胶、食品和木材行业产品附加值较低，多为初级加工产品。相反，医药和饮料制造业的工业产品销售率排在生物资源加工与制造业的最后两位，销售率不足 90%，但是其工业增加值率却排在前两位。表明医药和饮料制造行业的产品本身具有相对较好的竞争力和经济效益，但是在营销和品牌推广方面较为薄弱，从而无法创造行业良好的经济效益。

2008年，尽管金融危机波及全球各个产业，但是云南生物资源加工与制造产业受到的影响较小，各产业工业总产值均稳步提高，各项经济指标略有浮动但浮动不大。一方面表明云南生物资源加工与制造产业的市场仍主要集中在省内，受外部的影响会表现得较为滞后；另一方面表明该产业发展状况相对较为良好，今后应进一步保持其良性发展。

综上所述，在云南生物资源加工与制造业的第一层次中，发展较好并具有一定优势的行业主要为医药制造业、饮料制造业和农副食品加工业，其产业地位相对较高，盈利能力相对较强，经济效益相对较好，产业集中度相对较高，企业经营管理能力也相对较强，具有良好市场需求，应作为今后加快发展的重点。

3.2.2 生物资源加工与制造业内部第二层次行业结构特点与经济效益分析

生物资源加工与制造业的第二层次集中反映了各行业第一层次下占有比重较大的各个分支行业的情况。依据工业总产值排序，农副食品、饮料、医药的第二层次各细分行业较为靠前，橡胶制造业各细分第二层次行业的排序靠后。

（1）农副食品加工业。在农副食品加工业中，其工业总产值排到9亿元以上的有制糖、饲料加工、植物油加工和蔬菜、水果和坚果加工。其中，制糖业的总产值、企业规模都占到了生物资源加工与制造业的第一位，其他各项指标都较靠前。但是行业内劳动生产率较低，综合经济效率略低，因此作为云南产值和规模最大的生物资源加工与制造业，应努力提高劳动力生产率，延伸产业链；饲料加工的产值较高，其他指标也较好，有良好的产业发展前景，应在扩大产业规模的同时侧重优化结构。云南气候条件优越，拥有丰富的蔬菜和水果，因此，进一步加大水果和蔬菜再加工产业，扩大产品增加值，提高其盈利能力和经济效益，应成为云南农副食品加工业的发展重点（表3-8）。

2008年金融危机对云南省农副食品加工业的影响较大。除工业总产值较其他工业增幅较大外，各项经济效益指标都出现了较大幅度下滑，其中制糖、屠宰及肉类蛋类加工业的经济效益指标下滑了一半左右（表3-8）。

表3-8 云南农副食品加工业内部各行业经济效益对比

行业分类	年份	总产值（亿元）	单位企业产值（亿元）	全员劳动生产率［万元/（人·年）］	成本费用利润率（%）	流动资产周转次数（次/年）	总资产贡献率（%）	资产利税率（%）	工业增加值率（%）	产品产销率（%）	资产负债率（%）
农副食品加工	2008	179.66	0.72		3.70	2.24	10.35	7.55		95.84	64.61
	2007	137.44	0.77	32.85	5.90	2.00	16.40	12.20	25.50	95.80	66.80
谷物磨制	2008	2.55	0.21		3.81	3.84	5.60	4.84		96.10	62.04
	2007	2.43	0.22	42.15	2.05	2.70	4.98	5.27	2.23	102.23	80.64

续表 3-8

行业分类	年份	总产值（亿元）	单位企业产值（亿元）	全员劳动生产率［万元/（人·年）］	成本费用利润率（%）	流动资产周转次数（次/年）	总资产贡献率（%）	资产利税率（%）	工业增加值率（%）	产品产销率（%）	资产负债率（%）
饲料加工	2008	50.81	0.89		3.83	4.10	12.60	10.03		101.42	62.97
	2007	31.94	0.73	81.64	1.48	3.10	8.25	6.62	10.93	95.71	63.97
植物油加工	2008	21.04	1.40		11.33	3.85	30.53	23.74		89.56	56.83
	2007	13.86	1.54	85.74	2.06	3.30	14.23	8.94	25.44	92.93	69.35
	1997	1.20	0.05	10.25	-5.09	1.50	-1.49	-3.14	-29.42	71.68	85.56
制糖	2008	68.84	1.25		0.34	1.47	8.17	5.45		94.57	68.22
	2007	63.58	1.22	22.94	10.34	1.50	19.35	14.14	35.31	96.24	68.57
	1997	40.17	0.45	9.80	-2.71	1.40	6.18	4.06	27.70	98.17	77.64
屠宰及肉类蛋类加工业	2008	11.54	0.43		2.29	2.45	7.74	4.46		99.15	58.78
	2007	8.95	0.53	50.32	1.94	3.70	12.17	8.81	12.98	103.95	50.64
	1997	1.73	0.08	7.49	-5.58	1.50	-5.56	-3.96	2.44	110.76	54.50
水产品加工	2008	0.71	0.18		0.21	0.88	6.57	1.13		99.81	89.52
	2007	0.30	0.15	48.71	-1.43	2.00	-3.20	-2.25	16.59	83.39	57.43
	1997	0.02	0.00	1.27	-13.47	0.50	-3.05	-1.88	26.47	86.12	48.30
蔬菜、水果和坚果加工	2008	13.02	0.33		6.16	2.95	8.69	5.92		94.96	54.45
	2007	9.50	0.43	29.21	4.34	2.90	12.58	9.10	22.28	94.49	59.86
其他农副食品加工	2008	11.14	0.28		9.84	1.69	14.49	11.22		87.35	56.55
	2007	6.90	0.31	23.54	5.90	1.80	12.27	9.33	31.66	88.10	61.79

资料来源：根据云南工业经济信息资料 1997、2007 计算整理；2008 年数据是初步测算数。

（2）食品制造业。按照世界食品制造业的发展趋势，随着人均 GDP 的增长，食品制造业总产值在制造业总产值的比重应该逐渐减少，中国也符合这个趋势。图 3-1 中显示出云南食品制造业占全部制造业的比重也有所下降，但下降幅度很小，在 2005 ~2007 年反而有所反弹。同时，食品制造业总产值逐年增加，说明食品制造业在云南工业中仍然有一定的发展空间。

表 3-9 中显示出各个主要食品制造业从 2001 ~2007 年工业总产值，数据显示出各类食品制造业总产值逐年稳步增长，其中占食品制造业比重较大的是焙烤食品制造和液体乳及乳制品制造，糖果、巧克力及蜜饯制造比重最小。在 2008 年金融危机环境下，云南食品制造产业总产值仍稳步提高，其中增值较快的有糖果巧克力及蜜饯制造、罐头制造和其他食品制造，产值增幅均在 100% 以上。

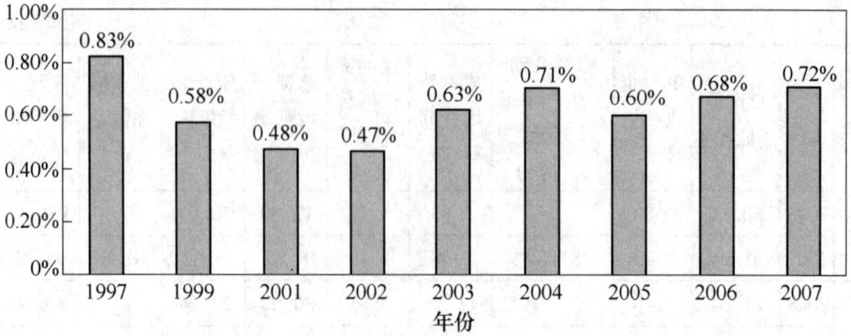

图 3-1 云南省食品制造业在制造业中的地位

表 3-9 食品制造业及内部细分行业总产值 （亿元）

年 份	2001	2002	2003	2004	2005	2006	2007	2008
食品制造业	4. 76	5. 39	8. 24	12. 38	12. 89	18. 65	25. 08	37. 84
焙烤食品制造	1. 07	0. 87	1. 36	2. 32	2. 5	3. 01	3. 64	5. 46
糖果、巧克力及蜜饯制造	0. 20	0. 14	0. 02	0. 31	0. 51	0. 16	0. 27	1. 23
方便食品制造	0. 33	0	1. 22	1. 83	1. 55	1. 68	3. 04	4. 34
液体乳及乳制品制造	1. 27	2. 51	3. 57	4. 88	4. 96	8. 07	11. 64	10. 85
罐头制造	0. 53	0. 68	0. 46	1. 36	1. 23	1. 22	1. 51	3. 26
调味品、发酵制品制造	0. 35	0. 58	0. 33	0. 46	0. 63	2. 15	2. 86	5. 23
其他食品制造	1. 08	0. 8	1. 29	1. 23	1. 06	2. 37	2. 11	7. 49

资料来源：根据云南工业经济信息资料 1997、2007 计算整理；2008 年数据是初步测算数。

从食品及各细分制造业企业规模判断指标看，企业规模较大的是液体乳及乳制品制造、方便食品制造；糖果、巧克力及蜜饯制造规模偏小。可以看出，在云南食品制造业中，液体乳及乳制品制造占有重要地位，规模大、产值高、增值多，是云南食品制造业中的支柱产业（表 3-10）。糖果、巧克力及蜜饯制造工业增加值率高，但是企业规模偏小，作为盈利好的产业建议加大投资规模，使之规模化。

表 3-10 食品制造业及内部细分行业单位企业规模 （亿元/户）

年 份	2001	2002	2003	2004	2005	2006	2007	2008
食品制造业	0. 08	0. 1	0. 19	0. 24	0. 34	0. 37	0. 47	0. 53
焙烤食品制造	0. 04	0. 46	0. 11	0. 14	0. 28	0. 3	0. 33	0. 39
糖果、巧克力及蜜饯制造	0. 03	0. 07	0	0. 16	0. 26	0. 08	0. 14	0. 31
方便食品制造	0. 33	0	0. 17	0. 46	0. 39	0. 34	0. 61	0. 43
液体乳及乳制品制造	0. 42	0. 5	0. 51	0. 54	0. 62	0. 81	0. 97	1. 08
罐头制造	0. 09	0. 17	0. 15	0. 19	0. 18	0. 17	0. 22	0. 41
调味品、发酵制品制造	0. 03	0. 04	0. 08	0. 15	0. 63	0. 27	0. 29	0. 35
其他食品制造	0. 11	0. 07	0. 14	0. 14	0. 26	0. 3	0. 35	0. 75

资料来源：根据云南工业经济信息资料 1997、2007 计算整理；2008 年数据是初步测算数。

金融危机前，食品制造业中各项指标和发展情况较好的产业主要集中在方便食品制造、和液体乳及乳制品制造上，但金融危机后，2008 年部分指标略有下滑；糖果、巧克力及蜜饯制造、调味品和发酵制品制造、罐头制造在2008年金融危机中仍发展良好。因此，建议利用国家应对金融危机的各项政策，优先发展在危机中表现良好的产业，如糖果、巧克力及蜜饯制造、调味品和发酵制品制造、罐头制造，扩大产业规模，提升产业层次，增加产业影响力（表3-11）。

表 3-11　云南食品制造业内部各行业经济效益对比

行业分类	年份	总产值（亿元）	单位企业产值（亿元）	全员劳动生产率［万元/（人·年）］	成本费用利润率（%）	流动资产周转次数（次/年）	总资产贡献率（%）	资产利税率（%）	工业增加值率（%）	产品产销率（%）	资产负债率（%）
食品制造业	2008	37.84	0.53		8.59	2.81	17.81	13.39		95.26	59.96
	2007	25.08	0.47	25.93	6.10	2.80	18.60	13.12	24.30	102.70	61.30
焙烤食品制造	2008	5.46	0.39		11.26	2.34	22.67	18.21		95.74	50.78
	2007	3.64	0.33	16.18	8.00	2.40	22.64	17.22	24.56	94.07	50.00
糖果、巧克力及蜜饯制造	2008	1.23	0.31		16.38	2.42	31.96	16.85		82.26	49.88
	2007	0.27	0.14	11.50	12.13	1.50	22.28	13.85	30.46	77.24	45.03
方便食品制造	2008	4.34	0.43		5.93	4.79	23.01	16.84		96.76	70.33
	2007	3.04	0.61	44.78	2.47	7.00	16.80	15.14	14.89	155.79	71.49
液体乳及乳制品制造	2008	10.85	1.08		3.02	3.21	8.58	6.83		97.67	68.77
	2007	11.64	0.97	32.31	9.52	3.20	24.19	16.44	29.40	97.32	60.76
	1997	0.91	0.30	21.47	3.15	2.30	13.99	10.22	30.46	90.70	56.58
罐头制造	2008	3.26	0.41		0.05	2.07	3.92	0.96		96.30	61.06
	2007	1.51	0.22	14.39	0.01	1.90	4.81	3.40	23.92	94.00	81.08
	1997	0.77	0.04	5.11	-1.70	1.20	3.60	3.02	18.59	93.65	64.05
调味品、发酵制品制造	2008	5.23	0.35		20.95	1.71	26.54	18.56		82.38	61.64
	2007	2.86	0.29	23.48	1.72	2.20	8.42	5.46	17.74	92.94	70.64
	1997	11.66	0.02	4.01	-10.70	1.30	-6.97	-4.09	28.40	95.43	68.69
其他食品制造	2008	7.49	0.75		13.12	3.12	27.46	18.06		101.23	48.37
	2007	2.11	0.35	33.33	2.71	1.50	8.95	6.64	17.65	94.20	50.31

资料来源：根据云南工业经济信息资料 1997、2007 计算整理；2008 年数据是初步测算数。

（3）饮料制造业。在饮料制造业中，工业产值排名靠前的主要是精制茶加工和酒的制造（表3-12）。精制茶加工的工业总产值、资产利税率、资产贡献率和工业增加值率都相对较高，但是产品销售率较其他生物资源加工与制造业相比过低，一方面说明产品的市场容量相对饱和，产品竞争力不强，销售前景不容乐观，另一方面说明在该行业的未来发展中应该着力于企业产品竞争力，强化产品销售环节；酒的制造产业在工业总产值排名第七，但是产销率、利税率和资产贡献率排名较靠后，表明酒制造业产业内部急需结构优化，否则产业发展前景不容乐观。

表3-12　云南饮料制造业内部各行业经济效益对比

行业分类	年份	总产值（亿元）	单位企业产值（亿元）	全员劳动生产率［万元/（人·年）］	成本费用利润率（%）	流动资产周转次数（次/年）	总资产贡献率（%）	资产利税率（%）	工业增加值率（%）	产品产销率（%）	资产负债率（%）
饮料制造业	2008	68.62	0.52		8.51	0.94	9.77	7.58		83.19	58.70
	2007	66.95	0.60	30.45	20.70	1.20	25.20	17.86	40.00	86.50	70.00
酒精制造	2008	2.46	0.49		1.99	1.58	8.54	3.89		84.91	78.56
	2007	1.52	0.38	31.90	−0.75	2.60	4.38	4.75	22.35	80.30	57.25
	1997	0.03	0.02	2.64	−32.88	0.30	−4.80	−3.36	15.98	46.52	86.99
酒的制造	2008	21.28	0.69		11.40	1.03	11.60	9.24		89.86	61.99
	2007	17.81	0.77	27.24	−0.87	0.90	6.18	6.14	46.01	89.53	79.33
	1997	5.55	0.04	5.86	0.45	1.10	10.40	8.89	41.10	92.59	72.09
软饮料制造	2008	16.39	0.59		9.86	3.27	23.31	18.89		112.29	60.68
	2007	8.96	0.33	18.39	3.13	2.80	11.02	9.32	33.11	97.32	73.40
	1997	2.37	0.03	6.11	−24.88	0.70	−9.00	−6.58	4.49	91.80	86.17
精制茶加工	2008	28.49	0.41		5.09	0.50	4.84	3.22		61.31	54.22
	2007	38.65	0.67	38.29	40.93	1.10	26.20	30.84	39.55	82.78	61.58
	1997	4.35	0.05	5.73	−4.50	1.40	2.63	1.19	27.45	93.36	81.04

资料来源：根据云南工业经济信息资料1997、2007计算整理；2008年数据是初步测算数。

从饮料制造业及其各分支制造业2002～2007年的数据分析图3-2中，可看出饮料业总产值整体上呈逐年增加的趋势，且增长速度近年来较快。其中，制茶业发展势头迅猛，已经成为云南饮料业的支柱产业，这不但是由于云南省拥有丰富的茶资源和优越的茶叶种植环境，更是近年来云南省重点打造茶产业的结果。软饮料制造业发展与制茶和酒业相比较为缓慢。2008年，饮料产业中酒和软饮料制造业都没有受到金融危机太大的影响，产值规模继续扩大，经济效益继续稳步提高，尤其是软饮料制造产值增长迅速，从2007年8.96亿元增长到2008年16.39亿元。但由于制茶业在2008年产业规模和经济效益各项指标都大幅度下滑，导致整体上饮料制造业的产值规模小幅增加，而效益指标下降幅度较大。

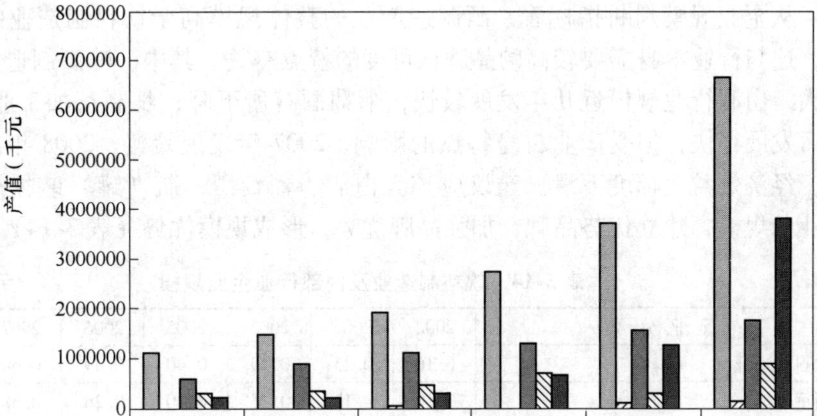

	2002年	2003年	2004年	2005年	2006年	2007年
饮料制造业	1130910	1494446	1957415	2751010	3730338	6695016
酒精制造	10120	11500	30058	19268	104881	152483
酒的制造	600769	908400	1153730	1324164	1600847	1780902
软饮料制造业	312426	363719	464209	715512	314775	896395
制茶业	207595	210827	309418	692066	1306428	3865236

图3-2　云南省饮料制造业及内部行业产值变化情况

饮料行业市场属于低集中度竞争型市场，行业市场空间相对较大。销售率能够反映出各饮料行业的市场容量，从表3-13中可以看出，啤酒、碳酸饮料、瓶（罐）装饮用水、固体饮料、含乳饮料和植物蛋白饮料的销售率较高，说明其市场还存在较大空间。若通过扩大生产和拓宽销售渠道等方式，应该存在较大获利空间。茶加工和果菜汁及果菜汁饮料制造近几年的工业销售率有所回落，显示出市场空间有所下降，该产业的发展应集中在加强品牌和提高管理水平方面。葡萄酒和白酒制造业的工业销售率波动较大，行业内各企业应注重建立合理有效的营销策略，以降低风险（表3-13）。

表3-13　饮料制造业及内部行业工业产品销售率　（%）

年　份	2001	2002	2003	2004	2005	2006	2007	2008
白酒制造	90.51	106.95	76.57	92.99	82.99	72.72	103.81	86.97
啤酒制造	95.66	87.33	95.44	94.88	94.45	91.91	85.33	89.01
葡萄酒制造	76.39	102.38	83.85	87.02	100.52	85.99	69.00	93.44
碳酸饮料制造	120.71	112.41	93.13	102.18	92.10	90.68	102.59	122.81
瓶（罐）装饮用水制造	96.22	100.58	95.24	95.13	96.80	104.31	99.87	100.53
果菜汁及果菜汁饮料制造	100.80	129.03	130.31	102.42	87.89	95.01	90.77	125.77
含乳饮料和植物蛋白饮料			89.46		98.29	79.28	98.18	100.66
固体饮料制造	100.36	97.94	90.00	95.65	102.60	103.90	100.24	101.09
精制茶加工	92.48	94.82	106.51	102.67	92.04	96.97	82.78	61.31

资料来源：根据云南工业经济信息资料1997～2007计算整理。

从企业规模判断指标看，酒制造产业的整体规模高于饮料制造业的整体水平，这与行业本身需要较高的品牌认可度的特点有关。其中，啤酒制造业的规模最大，白酒行业规模近几年发展较快，葡萄酒有所下降；精制茶加工业2004年以后发展很快，但受产业自身特点的影响，2007年发展缓慢，2008年出现了萎缩，经济效益大幅度下滑。建议应扩大白酒、葡萄酒、瓶（罐）装饮用水制造行业的规模，建立优势品牌，加强品牌优势，形成规模优势（表3-14）。

表3-14 饮料制造业及内部行业企业规模 （亿元/户）

行业分类	2002	2003	2004	2005	2006	2007	2008
饮料制造业	0.16	0.25	0.29	0.40	0.49	0.60	0.52
酒精制造	0.10	0.12	0.15	0.10	0.26	0.38	0.49
酒的制造	6.01	0.45	0.44	0.74	0.80	0.77	0.69
白酒制造	0.01	0.26	0.08	0.15	0.21	0.52	0.21
啤酒制造	0.68	0.70	0.67	0.86	1.05	1.14	1.08
葡萄酒制造	0.51	0.85	0.43	2.79	0.43	0.42	1.33
软饮料制造	0.18	0.21	0.23	0.31	2.66	0.33	0.59
碳酸饮料制造	0.51	0.55	0.46	0.93	0.34	2.53	4.16
瓶（罐）装饮用水制造	0.07	0.11	0.22	0.14	0.92	0.17	0.22
果菜汁及果菜汁饮料制造	0.05	0.13	0.17	0.32	0.19	0.36	0.50
含乳饮料和植物蛋白饮料制造	0.00	0.29	0.00	0.91	0.42	0.36	1.54
固体饮料制造	0.10	0.15	0.20	0.07	0.16	0.20	0.25
精制茶加工	0.08	0.10	0.16	0.27	0.42	0.67	0.41

资料来源：根据云南工业经济信息资料1997、2007计算整理。

近年来，云南饮料制造产业的发展迅速，但是云南本土饮料企业的发展仍然存在短板和瓶颈，主要表现在：一是大部分企业规模偏小，缺乏品牌营销意识。云南饮料企业未形成规模，以中小企业居多。饮料业属于品牌集中度非常高的行业，但是在云南除了云南山泉、蝶泉等部分大型企业外，大多数中小企业根本没有形成品牌营销的意识。企业规模小、分布散。大多数企业都是立足当地市场，忽视品牌形象和品牌文化的建设。云南有丰富的水果资源，以及闻名全国的普洱茶，在业内人士看来，这些都是生产特色饮料极佳的原料资源。围绕这些优势资源做饮料加工的企业不少，大大小小有几百家之多，可就是没有一家企业能在全国市场叫得上名。二是滞后交通阻塞产业链运转。饮料加工需要丰富的原材料供应，因此大部分加工厂都靠近原材料生产地。云南物产丰富，有丰富的亚热带水果资源，可以开发出品质非常好的饮料产品，但往往就因为当地地势交通原因的限制，使大部分云南饮料企业都安于据守一方市场。生产加工基地离公司较远，山路多，滞后的交通使得饮料行业的配送成本居高不下，无法形成低成本优势。

饮料制造业需要丰富的原材料、差异化的产品、良好的企业管理，同时饮料制造业还具有低门槛、低投入、低技术的特点。云南的生物多样性和良好的气候，使得云南具有提供饮料制造业丰富原材料的优越条件。建议未来发展应侧重于品牌建设和建立有效的营销策略。一是加强企业的品牌意识。这里的品牌意识包括品牌培养意识和品牌保护意识两层含义。饮料属于消费者对品质和安全高度关注的产品，消费者在使用之前无法感知产品的品质，即使在使用之后，除了口味、口感能感知外，产品中的营养成分等仍无法感知。而品牌具有品质安全、承诺等属性，消费者购买新产品时，品牌便成为首选因素，而价格等排在品牌之后，所以，企业必须要有品牌培养意识。在打造品牌的同时，还要有品牌保护意识，企业应及时注册商标，使自己的知识产权受到法律保护，使企业产品免于假冒伪劣商品的冲击。二是开创新产品，创立新品牌，开拓新市场。依托云南的生物多样性，原材料丰富，应鼓励企业开创其他饮料行业的新产品和新品牌。云南拥有较多独有的水果品种，若不发展甜品饮料便造成了一定程度的资源浪费，而且单靠水果创收，利润远远小于饮料的加工。发展甜品饮料制造业，不仅可充分利用当地的资源，为云南饮料制造业的经济创收贡献力量，对企业自身来说，也是一个良好的发展契机。三是扩大行业规模，形成规模经济并减少资源浪费。

（4）木材加工业。木材加工及木、竹、藤、棕、草制品业在云南生物资源加工与制造业中所占的工业总产值比重比较低（表3-15），单位企业产值也较低，说明云南木材加工行业的产业规模较小。但是由于本身的资源优势，其产品

表3-15 云南木材加工及木、竹、藤、棕、草制品业内部各行业经济效益对比

行业分类	年份	总产值（亿元）	单位企业产值（亿元）	全员劳动生产率［万元/（人·年）］	成本费用利润率（%）	流动资产周转次数（次/年）	总资产贡献率（%）	资产利税率（%）	工业增加值率（%）	产品产销率（%）	资产负债率（%）
木材加工及木竹藤棕草制品	2008	18.84	0.34		−1.35	0.99	3.52	1.98		87.86	58.48
	2007	15.19	0.35	13.19	0.60	1.10	5.70	5.01	23.60	97.80	55.90
锯材、木片加工	2008	1.43	0.24		17.94	2.08	26.52	19.72		86.78	38.86
	2007	0.94	0.19	9.84	9.73	2.40	28.60	23.53	41.29	97.29	73.55
	1997	1.62	0.03	2.89	−3.32	1.50	1.64	1.60	35.23	97.02	67.53
人造板制造	2008	13.40	0.36		−2.09	0.88	3.05	1.49		88.04	59.31
	2007	10.60	0.44	14.19	2.00	1.00	6.96	5.51	21.12	98.66	55.04
	1997	5.62	0.13	4.28	−5.32	1.40	1.30	1.27	33.10	96.44	71.04
木制品制造	2008	4.01	0.33		−3.85	1.35	1.31	0.29		87.63	59.34
	2007	3.66	0.26	11.79	−6.22	1.40	−1.50	0.44	26.37	95.41	56.29
	1997	2.42	0.04	4.56	−21.82	0.50	−7.97	−5.05	28.09	83.90	65.69

资料来源：根据云南工业经济信息资料1997、2007计算整理；2008年数据是初步测算数。

竞争力相对较好，各细分行业的产销率均在95%以上，具有较好的市场销售前景。另外，表3-15中的工业成本费用利润率、资本利税率、总资产贡献率除了锯材木片加工近年来增速较快，其他行业均比较低，说明木材加工的整体行业盈利能力不强。

2008年金融危机影响下，云南木材加工及木竹藤棕草制品业工业总产值仍保持较高的增长速度，而经济效益指标有所下降，但由于产业规模小，受金融危机的影响相对较小，其中，锯材、木片加工，人造板制造业的效益有所下滑，而木制品制造业则有所提高，盈利能力由负转正，表明该产业在市场已经具有一定的产品优势，因此云南木材产业的企业未来发展重点应为在重点扩大产业规模的同时，侧重产业结构升级，提升木材产业的企业经营能力。

（5）造纸业。造纸及纸制品业的产值和各项数据指标（表3-16）总体上排在云南生物资源加工与制造业的中间位置。尤其是造纸的总产值比重较大，盈利能力较好，企业的经营管理水平也较好，产品具有一定的竞争力。但是，造纸及纸制品业对环境的污染比较严重，云南省作为以环境优越为优势的省份，建议不应扩大造纸及纸制品行业的规模，重点应放在加大科技投入，提升产业层次，优化产业结构。

表3-16 云南造纸及纸制品业内部各行业经济效益对比

行业分类	年份	总产值（亿元）	单位企业产值（亿元）	全员劳动生产率［万元/（人·年）］	成本费用利润率(%)	流动资产周转次数（次/年）	总资产贡献率（%）	资产利税率（%）	工业增加值率（%）	产品产销率（%）	资产负债率（%）
造纸及纸制品业	2008	42.32	0.52		9.30	1.69	12.03	10.15		96.68	53.18
	2007	37.36	0.46	25.77	10.60	1.70	16.50	12.25	32.70	96.00	54.50
纸浆制造	2008	6.65	3.32		1.63	1.09	5.11	2.56		88.00	54.48
	2007	6.42	3.21	36.26	5.13	1.80	6.28	5.46	49.11	95.92	54.29
	1997	0.67	0.07	2.50	-53.31	0.50	-15.50	-10.60	24.02	86.71	75.55
造纸	2008	25.28	0.57		11.91	1.71	14.49	13.83		98.69	49.77
	2007	23.96	0.50	27.83	14.38	1.60	22.98	16.97	30.64	96.15	52.60
	1997	11.98	0.15	6.43	-0.35	1.10	5.72	3.16	29.48	91.59	76.42
纸制品制造	2008	10.39	0.30		6.88	2.21	16.35	11.36		97.33	61.69
	2007	6.97	0.22	16.94	2.38	2.10	10.19	7.17	24.62	95.62	63.75
	1997	3.79	0.06	8.16	0.54	1.60	7.16	4.80	28.08	93.53	72.76

资料来源：根据云南工业经济信息资料1997、2007计算整理；2008年数据是初步测算数。

2008年金融危机对云南造纸业影响较小，纸制品制造业产值规模继续扩大，经济效益指标稳步提高，原因是这个产业规模小，以满足省内市场需求为主，所以没有受外部市场的冲击，而纸浆制造业、造纸业则由于受原材料价格的影响，企业效益有所下降。云南省作为长江上游天然林保护的重点地区，纸浆制造和造纸业的发展受到资源的较大限制，而在滇南地区受天然林保护政策制约小，但桉树等造纸用材林的建设对这些区域的生物多样性影响较大，因此，造纸业在云南有较大的劣势，不适宜大规模发展。

(6) 医药制造业。在医药制造业中，中成药制造、化学药品制剂制造和中药饮片加工的工业产值较高（表3-17）。但是这三个细分行业的产品销售率均比较靠后，在生物资源加工与制造业中排在第26、27和33位。医药产业各细分行业的工业增加值均在26%以上，在生物资源加工与制造业工业增加值排名中分别处于第1、3、4、6、9、11和20位。云南依靠其多样化的气候环境和生物多样性，在医药制造上具有丰富的原材料供应，在医药产业上应具有良好的发展前景，但是在市场推广、产品销售、品牌创造和市场适应力方面发展不好，各项指标显示医药产品竞争力不强，企业内部经营管理能力欠缺，使得云南医药产业没能充分利用其优势资源，形成优势产业。

表3-17 云南医药制造业内部各行业经济效益对比

行业分类	年份	总产值（亿元）	单位企业产值（亿元）	全员劳动生产率［万元/（人·年）］	成本费用利润率（%）	流动资产周转次数（次/年）	总资产贡献率（%）	资产利税率（%）	工业增加值率（%）	产品产销率（%）	资产负债率（%）
医药制造业	2008	96.36	0.94		17.50	1.14	17.51	14.95		90.62	45.07
	2007	79.01	0.81	42.38	17.80	1.10	19.40	16.22	43.60	87.60	50.30
化学药品原药制造	2008	2.63	0.33		-8.47	0.92	0.60	-3.22		74.84	62.09
	2007	3.11	0.39	51.34	13.47	0.90	12.20	8.89	26.07	67.37	60.96
	1997	0.86	0.14	10.46	-19.68	0.50	-6.62	-8.00	9.84	82.24	94.05
化学药品制剂制造	2008	26.11	1.24		10.68	1.67	17.23	16.20		96.08	42.64
	2007	24.76	1.18	34.97	12.05	1.60	21.46	17.16	37.56	89.77	43.06
	1997	7.36	0.29	13.88	8.69	1.40	18.71	13.29	37.16	89.94	57.05
中药饮片加工	2008	12.64	1.81		33.01	1.44	34.45	30.25		66.48	61.24
	2007	9.07	1.13	56.95	9.58	1.30	13.09	10.68	46.50	78.63	55.04
兽用药品制造	2008	0.62	0.31		-5.05	0.65	2.93	0.65		93.72	63.18
	2007	0.25	0.25	14.13	-10.97	1.10	-6.34	-2.09	33.65	74.55	67.90
	1997	0.09	0.01	2.90	-11.71	0.70	-2.82	-2.54	-0.37	103.73	79.76
生物、生化制品的制造	2008	4.72	1.18		44.58	0.75	15.15	14.26		77.94	41.89
	2007	3.31	0.47	31.10	14.12	0.60	8.21	5.86	59.35	78.29	43.06
	1997	0.31	0.31	6.44	-3.30	1.90	7.77	6.86	63.12	95.91	80.08
卫生材料及医药用品制造	2008	0.26	0.13		9.58	0.55	4.55	6.31		100.94	14.73
	2007	0.27	0.14	26.99	18.00	0.60	17.42	10.86	45.91	94.11	16.40

资料来源：根据云南工业经济信息资料1997、2007计算整理；2008年数据是初步测算数。

2008 年的金融危机对云南省医药制造业整体的影响较小，但对内部各行业的影响存在较大差异，对化学药品原药制造业的影响较大，单位企业规模有所下降，成本费用利润率由正转负，资产利税率也变成负值，其他效益指标也大幅度下滑；金融危机对化学药品制剂的影响相对较小，产值规模和单位企业规模都有所提高，经济效益略有下降；金融危机对中药饮片加工业和生物、生化制品制造业没有影响，产业规模进一步扩大，经济效益进一步提高，因此，生物制药是云南省优势突出的产业，受外部冲击小，市场潜力大，资源优势明显，在全球经济发展不景气的环境下，应不失时机地发展好医药制造业，提升技术层次和产品质量，扩大产品市场，提升企业管理水平，做大生物医药制造业。

（7）橡胶制品业。云南农垦橡胶生产已建成在规模上仅次于海南省的中国第二大天然橡胶生产基地。但是，云南橡胶加工业的发展却一直没有发展起来，其产业规模偏小，企业多数产品为初级加工品，科技含量低。橡胶产业各细分行业的工业总产值在生物资源加工与制造业中排名十分靠后（表 3-18）。橡胶业中排名第一的橡胶靴鞋制造年工业产值 11008 万元，仅是制糖加工业年工业产值的 1.7%。而排名最后的橡胶板、管、带的制造其年产值仅有 1069 万元。但是从工业产品销售率排名情况看，整个橡胶业第二层次行业均排在生物资源加工与制造业的前十名，表明云南橡胶产业仍具有广阔的市场前景和一定经济效益，如果政府加大政策扶持力度，相信云南橡胶产业还是会有一定的发展前景的。

表 3-18 云南橡胶制品业内部各行业经济效益对比

行业分类	年份	总产值（亿元）	单位企业产值（亿元）	全员劳动生产率［万元/（人·年）］	成本费用利润率（%）	流动资产周转次数（次/年）	总资产贡献率（%）	资产利税率（%）	工业增加值率（%）	产品产销率（%）	资产负债率（%）
橡胶制品业	2008	3.37	0.37		-0.27	2.33	10.53	6.98		103.12	81.31
	2007	2.75	0.55	27.41	0.90	2.80	14.20	16.22	25.20	104.00	89.60
轮胎制造	2008	1.06	1.06		-0.14	5.76	27.04	29.94		99.04	80.56
	2007	1.08	1.08	37.36	1.12	6.60	35.93	38.75	20.14	106.11	83.02
	1997	3.97	0.99	11.22	-2.89	1.30	3.36	7.01	36.36	82.98	86.67
橡胶板、管、带的制造	2008	0.43	0.14		0.20	2.31	5.41	2.90		115.93	63.98
	2007	0.11	0.11	82.20	3.01	4.10	20.85	13.15	6.14	103.99	30.16
	1997	0.51	0.10	4.68	-2.47	0.90	2.24	1.60	23.25	97.55	68.38
再生橡胶制造	2008	0.38	0.19		4.67	2.44	22.58	14.16		111.16	64.33
	2007	0.33	0.33	20.78	1.43	3.00	18.23	13.98	30.34	109.58	67.97
	1997	0.02	0.01	0.754	1.22	0.20	2.32	1.85	45.80	140.60	77.30

续表 3-18

行业分类	年份	总产值（亿元）	单位企业产值（亿元）	全员劳动生产率［万元/（人·年）］	成本费用利润率(%)	流动资产周转次数（次/年）	总资产贡献率（%）	资产利税率（%）	工业增加值率（%）	产品产销率（%）	资产负债率（%）
橡胶靴鞋制造	2008	1.30	1.30		-2.50	1.59	5.17	2.62		93.70	100.00
	2007	1.10	1.10	22.06	0.10	1.70	7.19	6.65	31.29	100.66	99.87
	1997	3.11	0.39	4.74	1.16	1.70	8.32	7.26	28.11	94.65	77.98
其他橡胶制品制造	2008	0.12	0.12		0.16	2.42	0.85	0.58		171.73	92.05
	2007	0.13	0.13	30.23	0.83	3.40	8.88	6.03	18.72	100.00	84.42

资料来源：根据云南工业经济信息资料 1997、2007 计算整理；2008 年数据是初步测算数。

2008 年，金融危机对云南橡胶制品业有一定的影响，经济效益有所下滑，尤其是内部产值比重较高的轮胎制造业产业的企业规模有所萎缩，盈利能力下降幅度较大，其他橡胶制品也受到一定的冲击，但由于整个产业规模小，在生物资源加工与制造业中的地位小，所以影响程度低。

（8）纺织业。纺织业第二层次各行业在云南生物资源加工与制造业中产值比重低（表 3-19），行业优势弱。其中，前景较好的行业有丝绢纺织及精加工和针织品、编织品及其制品制造，丝绢纺织及精加工和针织品产业规模近年来发展迅速，劳动生产率较高，表明综合经济效率较好。但是云南纺织行业产品竞争力不强，企业盈利能力一般。编织品及其制品制造产业规模不高，但单位企业产值相对较高，行业盈利能力和企业经营管理能力相对较好，产品竞争力较强，属于纺织产业的发展前景较好的行业，应在稳步强化结构优化的同时，做大行业规模，扩大行业产值。

表 3-19　云南纺织业内部各行业经济效益对比

行业分类	年份	总产值（亿元）	单位企业产值（亿元）	全员劳动生产率［万元/（人·年）］	成本费用利润率(%)	流动资产周转次数（次/年）	总资产贡献率（%）	资产利税率（%）	工业增加值率（%）	产品产销率（%）	资产负债率（%）
纺织业	2008	12.32	0.51		3.82	1.16	3.17	2.38		82.18	73.27
	2007	9.82	0.52	7.50	0.60	1.40	1.80	12.83	25.30	90.40	67.20
棉、化纤纺织及印染精加工	2008	5.40	0.77		0.68	0.95	0.90	0.60		84.16	62.69
	2007	4.95	0.71	7.87	-0.12	1.50	0.80	1.08	17.86	97.48	55.13
毛纺织和染整精加工	2008	0.08	0.08		31.25	1.26	20.06	19.59		82.78	63.00
	2007	0.06	0.06	6.07	11.43	1.00	16.05	10.72	58.53	93.69	65.47
	1997	0.51	0.09	1.22	-34.20	0.50	-9.93	-10.50	6.64	88.75	82.03

续表 3-19

行业分类	年份	总产值（亿元）	单位企业产值（亿元）	全员劳动生产率［万元/（人·年）］	成本费用利润率（%）	流动资产周转次数（次/年）	总资产贡献率（%）	资产利税率（%）	工业增加值率（%）	产品产销率（%）	资产负债率（%）
麻纺织	2008	0.27	0.14		-9.51	1.06	-4.51	-4.11		98.42	77.18
	2007	0.19	0.19	5.43	-15.78	0.70	-8.85	-4.03	32.26	97.43	97.96
	1997	0.28	0.06	2.54	-0.15	1.30	4.85	1.86	16.45	110.14	880.93
丝绢纺织及精加工	2008	5.58	0.62		9.12	1.41	9.20	7.14		76.76	96.78
	2007	0.42	0.06	8.10	0.88	1.30	2.53	2.39	31.17	77.90	95.71
	1997	1.36	0.10	2.12	-5.52	1.10	-0.07	-0.68	27.12	95.42	89.01
纺织制成品	2008	0.36	0.12		-5.05	2.11	-1.36	-1.86		108.95	74.75
	2007	0.21	0.10	4.11	-6.50	2.00	-5.81	-0.97	39.21	109.44	67.88
针织、编织及其制品制造	2008	0.63	0.31		3.84	1.25	5.03	3.38		90.94	91.01
	2007	0.25	0.25	35.33	18.63	1.20	21.19	15.84	50.22	135.81	80.15

资料来源：根据云南工业经济信息资料 1997、2007 计算整理；2008 年数据是初步测算数。

2008 年，虽然全国纺织业受金融危机的影响大，但由于云南省的纺织业产业规模小，主要以具有自身特色的小产品为主，所以受金融危机影响相对较小，而内部行业中，受金融危机影响最大的是麻纺织业，企业进入亏损状态，而产值比重较高的棉、化纤纺织及印染精深加工业是以省内市场为主，不受国际市场影响，所以产值规模和经济效益都与 2007 年变化不大，保持了良好的发展势头。而丝绢纺织及精加工业由于产业规模小，属于人民生活质量改善型市场需求品种，所以不但没有受金融危机的影响，而且在 2008 年还获得了快速发展，产值规模提高了 10 倍，经济效益也大幅度提高，云南省具有良好的种桑养蚕条件，是值得做大的优势产业。

综上所述，在第二层次各细分行业中，工业总产值比重较大的有农副食品加工业中的制糖、饲料加工和植物油加工，饮料制造业中的精制茶加工、葡萄酒制造业、果蔬果汁制造、医药制造业中的中成药制造，生物、生化制品的制造和中药饮片加工，纺织业中的丝绢纺织及精加工等，这些产业符合人们生活水平提高、生活质量改善的需求。第二层次各细分行业受 2008 年经济危机影响各有不同，建议在稳步提高云南生物加工与制造业在云南省的工业地位的过程中，加强对精制茶加工、橡胶制品、液体乳及乳制品制造等产业的研究，解决产业发展中的困难和金融危机的影响等问题，提高企业管理水平，增强应对危机的能力；加快发展蔬菜、水果和坚果加工、方便食品制造等符合现代城市居民生活需求的产业。

3.2.3 生物资源加工与制造业内部第三层次行业结构特点与效益分析

云南生物资源加工与制造业第三层次各细分行业中，产值较靠前主要为造纸及纸制品加工中的机制纸及纸板制造、加工纸制造、纸和纸板容器的制造，饮料制造业中的啤酒制造、白酒制造、果菜汁及果菜汁饮料制造，农副食品制造业中的食用植物油加工、畜禽屠宰、淀粉及淀粉制品的制造。

（1）植物油加工业。食用植物油加工业发展较好，非食用植物油加工产值规模很小，随着生物能源的发展，非食用植物油加工规模将不断扩大（表3-20）。2008年经济危机对云南植物油加工业发展的影响较小，产业规模快速扩大，经济效益快速提高，除了单位企业产值略有下降外，其他数据指标均发展较好，企业盈利能力和经济效益受到经济危机的影响不大，随着国家对新能源开发的深入，非食用植物油加工业将会快速发展。

表3-20 云南植物油加工业内部行业细分的经济效益对比

行业分类	年份	总产值（亿元）	单位企业产值（亿元）	全员劳动生产率［万元/（人·年）］	成本费用利润率（%）	流动资产周转次数（次/年）	总资产贡献率（%）	资产利税率（%）	工业增加值率（%）	产品产销率（%）	资产负债率（%）
植物油加工	2008	21.04	1.40		11.33	3.85	30.53	23.74		89.56	56.83
	2007	13.86	1.54	85.74	2.06	3.30	14.23	8.94	25.44	92.93	69.35
食用植物油加工	2008	17.55	1.35		4.09	4.13	16.97	12.45		94.82	60.26
	2007	11.86	1.69	131.22	1.92	3.60	15.44	9.74	19.44	98.03	68.13
	1997	1.09	0.08	11.88	−5.19	1.50	−2.11	−3.72	−34.38	68.09	83.72
非食用植物油加工	2008	3.49	1.75		88.88	2.77	77.00	59.05		63.10	46.12
	2007	1.99	1.00	28.00	3.93	1.50	9.43	5.45	61.14	62.61	74.17
	1997	0.10	0.01	4.18	−4.34	1.20	3.23	0.74	22.94	109.61	99.27

资料来源：根据云南工业经济信息资料1997、2007计算整理；2008年数据是初步测算数。

（2）屠宰及肉类加工业。在农副食品加工业中的屠宰及肉类加工业中，发展较好的是畜禽屠宰，而肉类加工业规模小，发展慢（表3-21）。反映出云南省在肉制品加工方面的弱竞争能力，这类产业的发展应突出地缘优势和地方特色，以满足本地市场为主，不断寻求新产品的突破。

（3）焙烤食品、糖果、巧克力及蜜饯和方便食品制造。焙烤食品、糖果、巧克力及蜜饯和方便食品制造内部各行业中（表3-22），其工业总产值在云南生物资源加工与制造业中比重均比较低。其中发展最好的是饼干及其他焙烤食品制造和米面制品制造，其产业规模最大，综合经济效率、盈利能力和企业经营管理能力表现较好，产品的竞争力很强，拥有广阔的市场前景和发展优势。

表 3-21 云南屠宰及肉类加工业内部行业细分的经济效益对比

行业分类	年份	总产值（亿元）	单位企业产值（亿元）	全员劳动生产率［万元/（人·年）］	成本费用利润率（%）	流动资产周转次数（次/年）	总资产贡献率（%）	资产利税率（%）	工业增加值率（%）	产品产销率（%）	资产负债率（%）
屠宰及肉类加工	2008	11.54	0.43		2.29	2.45	7.74	4.46		99.15	58.78
	2007	8.95	0.53	50.33	1.94	3.70	12.17	8.81	12.98	103.95	50.64
畜禽屠宰	2008	8.67	0.72		1.51	3.97	6.25	3.20		99.48	54.84
	2007	7.44	0.83	65.57	1.35	4.30	12.74	8.25	9.55	101.08	52.59
	1997	1.23	0.15	8.24	-7.19	1.50	-9.11	-6.33	-1.41	109.61	53.58
肉制品及副产品加工	2008	2.87	0.19		4.82	1.10	9.17	5.44		98.15	61.83
	2007	1.51	0.19	23.43	4.83	2.30	11.32	9.87	29.93	118.11	47.71
	1997	0.50	0.04	6.10	-1.14	1.50	2.14	2.15	11.94	113.60	56.49

资料来源：根据云南工业经济信息资料 1997、2007 计算整理；2008 年数据是初步测算数。

表 3-22 云南焙烤食品、糖果、巧克力及蜜饯和方便食品制造细分的经济效益对比

行业分类	年份	总产值（亿元）	单位企业产值（亿元）	全员劳动生产率［万元/（人·年）］	成本费用利润率（%）	流动资产周转次数（次/年）	总资产贡献率（%）	资产利税率（%）	工业增加值率（%）	产品产销率（%）	资产负债率（%）
焙烤食品制造	2008	5.46	0.39		11.26	2.34	22.67	18.21		95.74	50.78
	2007	3.64	0.33	16.18	8.00	2.40	22.64	17.22	24.56	94.07	50.00
糕点、面包制造	2008	1.91	0.21		15.93	1.39	18.71	14.70		89.49	59.74
	2007	1.41	0.20	10.70	50.89	2.00	19.88	16.37	31.68	86.40	56.78
饼干及其他焙烤食品	2008	3.54	0.71		8.94	3.61	27.63	22.81		99.12	39.05
	2007	2.23	0.56	23.95	6.50	2.60	25.81	18.06	20.04	98.94	41.85
糖果、巧克力及蜜饯	2008	1.23	0.31		16.38	2.42	31.96	16.85		82.26	49.88
	2007	0.27	0.14	11.50	12.13	1.50	22.28	13.85	30.46	77.24	45.03
糖果、巧克力制造	2008	0.37	0.19		3.37	3.14	13.09	10.32		95.32	45.18
	2007	0.16	0.16	12.86	13.90	1.90	28.85	16.72	22.74	91.92	23.75
蜜饯制作	2008	0.85	0.43		22.28	2.20	38.87	18.46		76.54	51.04
	2007	0.11	0.11	9.93	5.55	1.00	12.14	8.02	41.90	55.48	77.89
	1997	0.05	0.01	1.77	0.50	1.00	6.43	4.03	44.49	103.12	57.02
方便食品制造	2008	4.34	0.43		5.93	4.79	23.01	16.84		96.76	70.33
	2007	3.04	0.61	44.78	2.47	7.00	16.80	15.14	14.89	155.79	71.49

续表 3-22

行业分类	年份	总产值（亿元）	单位企业产值（亿元）	全员劳动生产率［万元/（人·年）］	成本费用利润率(%)	流动资产周转次数(次/年)	总资产贡献率（%）	资产利税率（%）	工业增加值率（%）	产品产销率（%）	资产负债率（%）
米、面制品制造	2008	3.00	0.43		6.67	7.54	28.51	20.92		100.33	66.46
	2007	2.22	0.56	37.15	2.58	9.10	22.36	17.57	15.53	178.49	64.22
速冻食品制造	2008	1.06	0.53		1.21	1.32	5.06	2.86		86.19	83.33
	2007	0.81	0.81	101.81	1.84	3.10	4.24	4.59	13.12	93.87	87.93

资料来源：根据云南工业经济信息资料 1997、2007 计算整理；2008 年数据是初步测算数。

（4）罐头制造。罐头类细分行业的工业总产值在第三层次中比重也不高（表 3-23）。其中，蔬菜、水果罐头制造行业的发展潜力较好，近年来产值增幅快，部分数据指标迅速增长，而肉类罐头没有优势，还处于萎缩状态。云南拥有良好的生物资源优势，应依托优势资源进一步扩大优势产业，提高产业附加值。

表 3-23　云南罐头制造内部细分的经济效益对比

行业分类	年份	总产值（亿元）	单位企业产值（亿元）	全员劳动生产率［万元/（人·年）］	成本费用利润率(%)	流动资产周转次数(次/年)	总资产贡献率（%）	资产利税率（%）	工业增加值率（%）	产品产销率（%）	资产负债率（%）
罐头制造	2008	5.46	0.39		11.26	2.34	22.67	18.21		95.74	50.78
	2007	1.51	0.22	14.39	0.01	1.90	4.81	3.40	23.92	94.00	81.08
肉、禽类罐头制造	2008	0.26	0.13		0.61	1.22	5.05	5.30		114.39	66.55
	2007	0.45	0.15	12.67	1.12	1.60	6.88	7.13	24.94	98.41	59.29
	1997	0.52	0.09	6.58	−0.96	1.70	6.31	4.75	15.75	94.20	57.85
蔬菜、水果罐头制造	2007	1.07	0.27	15.27	−0.49	2.00	3.61	1.16	23.49	92.15	93.66
	1997	0.21	0.03	3.54	4.42	0.80	5.85	4.87	23.38	93.54	61.03

资料来源：根据云南工业经济信息资料 1997、2007 计算整理；2008 年数据是初步测算数。

（5）调味品、发酵制品制造。调味品、发酵制品制造第三层次各行业产品属于日常生活必需品。近年来数据显示（表 3-24），该产业细分行业稳步增长、协调发展。尽管总产值比重不高，单位企业产值较高，显示出单位企业具有较好的产业规模，产销率均在 90% 以上，企业经营管理能力较好。较其他生物资源加工与制造业而言，调味品、发酵制品制造及其他食品制造第三层次各行业的主要发展方向应为：在稳步提高产值的同时，重点优化产业结构，提升产业层次。

表 3-24 云南调味品、发酵制品制造内部细分的经济效益对比

行业分类	年份	总产值（亿元）	单位企业产值（亿元）	全员劳动生产率［万元/（人·年）］	成本费用利润率（%）	流动资产周转次数（次/年）	总资产贡献率（%）	资产利税率（%）	工业增加值率（%）	产品产销率（%）	资产负债率（%）
调味品、发酵制品制造	2008	5.23	0.35		20.95	1.71	26.54	18.56		82.38	61.64
	2007	2.86	0.29	23.48	1.72	2.20	8.42	5.46	17.74	92.94	70.64
味精制造	2008	1.02	1.02		35.20	7.13	81.33	83.26		87.18	16.28
	2007	0.75	0.75	60.21	1.06	4.60	18.93	16.49	34.63	93.41	54.61
	1997	0.10	0.10	2.64	-19.77	2.10	-2.14	-12.17	14.54	104.07	8.60
酱油、食醋及类似制品的制造	2008	0.56	0.14		8.93	1.47	19.18	12.81		87.91	59.03
	2007	0.41	0.14	15.11	3.29	1.60	16.03	12.25	38.94	97.49	60.98
	1997	0.68	0.01	3.07	-2.42	1.10	1.86	2.08	32.39	95.39	51.43
其他调味品、发酵制品制造	2008	3.64	0.36		19.30	1.41	21.85	14.51		80.18	65.53
	2007	1.70	0.28	20.65	9.74	1.90	4.34	1.82	5.18	91.65	76.34

资料来源：根据云南工业经济信息资料1997、2007计算整理；2008年数据是初步测算数。

（6）酒类制造。饮料制造业中第三层次主要分酒的制造和软饮料制造层次下各个细分行业（表3-25），白酒、啤酒和葡萄酒制造各有特点，各有优劣势，啤酒制造业产值规模增长快，但盈利能力下降大，企业盈利管理和抗风险能力越来越弱，在市场竞争中的地位不断下降；白酒制造业也发展较快，但效益提高不显著，而葡萄酒制造业虽然产值规模不大，但是云南综合经济效率较高，盈利能力比白酒和啤酒制造业强，是有较大发展潜力的产业。另外，啤酒的企业规模和工业产值均排在该层次的第三位，但是其他指标却过于靠后，尤其是产品销售率和资产利税率，仅为85.33%，6.07%。说明云南啤酒制造行业应进一步优化产业结构，提升产品质量和盈利能力。

表 3-25 云南酒的制造内部细分的经济效益对比

行业分类	年份	总产值（亿元）	单位企业产值（亿元）	全员劳动生产率［万元/（人·年）］	成本费用利润率（%）	流动资产周转次数（次/年）	总资产贡献率（%）	资产利税率（%）	工业增加值率（%）	产品产销率（%）	资产负债率（%）
酒的制造	2008	21.28	0.69		11.40	1.03	11.60	9.24		89.86	61.99
	2007	17.81	0.77	27.24	-0.87	0.90	6.18	6.14	46.01	89.53	79.33
白酒制造	2008	2.95	0.21		11.43	0.91	10.08	8.90		86.97	59.78
	2007	5.17	0.52	28.40	0.33	1.40	6.02	5.75	63.25	103.81	53.28
	1997	2.21	0.02	4.13	-3.68	1.00	5.20	4.21	35.57	90.87	75.55

续表 3-25

行业分类	年份	总产值（亿元）	单位企业产值（亿元）	全员劳动生产率［万元/（人·年）］	成本费用利润率（%）	流动资产周转次数（次/年）	总资产贡献率（%）	资产利税率（%）	工业增加值率（%）	产品产销率（%）	资产负债率（%）
啤酒制造	2008	12.94	1.08		11.23	1.06	11.57	9.32		89.01	65.17
	2007	11.38	1.14	25.93	-2.55	0.80	5.70	6.07	39.71	85.33	90.96
	1997	2.63	0.26	8.12	9.89	1.50	18.71	18.72	49.24	97.41	69.62
葡萄酒制造	2008	5.33	1.33		12.01	1.04	13.85	9.16		93.44	51.88
	2007	1.26	0.42	38.41	10.54	0.40	10.06	7.29	32.29	69.00	56.82

资料来源：根据云南工业经济信息资料 1997、2007 计算整理；2008 年数据是初步测算数。

（7）软饮料。饮料制造业的发展需要依靠丰富的原材料，云南拥有多样化的生物资源，这使得云南发展多样化的饮料行业具有得天独厚的优势。特别是果菜汁及果菜汁饮料制造，其工业总产值达到 32289.7 万元，工业增加值率为 36.69%，利税率为 8.82%，但是销售率相对较低，仅为 90.77%，因此，对于果菜汁及果菜汁饮料制造产业，应更加注重产品的推广和品牌的建立，提升产品竞争力，通过扩大其影响和销售以创造更高的行业产值和规模（表 3-26）。

表 3-26 云南饮料制造内部细分的经济效益对比

行业分类	年份	总产值（亿元）	单位企业产值（亿元）	全员劳动生产率［万元/（人·年）］	成本费用利润率（%）	流动资产周转次数（次/年）	总资产贡献率（%）	资产利税率（%）	工业增加值率（%）	产品产销率（%）	资产负债率（%）
软饮料制造	2008	16.39	0.59		9.86	3.27	23.31	18.89		112.29	60.68
	2007	8.96	0.33	18.39	3.13	2.80	11.02	9.32	33.11	97.32	73.40
碳酸饮料制造	2008	4.16	4.16		5.34	4.83	14.04	11.59		122.81	68.06
	2007	2.53	2.53	32.69	3.63	3.30	11.02	10.62	22.19	102.59	70.30
	1997	0.23	0.01	2.12	-13.17	0.80	-5.15	-3.48	25.42	99.47	81.95
瓶（罐）装饮用水制造	2008	2.44	0.22		1.91	2.29	11.66	8.97		100.53	101.09
	2007	2.06	0.17	7.64	2.19	3.10	10.47	9.29	42.46	99.87	99.80
	1997	0.29	0.02	5.55	-26.20	1.10	-15.29	-9.04	20.56	98.49	89.55
果菜汁及果菜汁饮料制造	2008	4.03	0.50		7.13	3.14	16.86	15.24		125.77	50.26
	2007	3.23	0.36	27.25	1.98	2.40	10.71	8.82	36.69	90.77	58.11
	1997	1.18	0.04	6.22	-52.14	0.40	-16.30	-11.10	-24.30	84.53	86.40
含乳饮料和植物蛋白饮料	2008	4.62	1.54		29.15	3.25	71.40	43.82		100.66	27.59
	2007	0.36	0.36	29.85	27.60	1.10	18.71	12.01	28.58	98.18	73.20
固体饮料制造	2008	1.02	0.25		-3.43	4.09	-5.71	-8.82		101.09	78.49
	2007	0.79	0.20	74.62	0.47	3.60	12.34	13.53	31.26	100.24	74.39

资料来源：根据云南工业经济信息资料 1997、2007 计算整理；2008 年数据是初步测算数。

（8）木材加工业。尽管木材加工业各细分行业的工业总产值不高，2008 年一定程度上还受到经济危机影响，但是其工业产品销售率和增加值率指标较高（表 3-27），在第三层次行业中排名也较靠前。表明木材加工业第三层次各细分行业还是有一定的发展前景的，需要进一步做大产业规模，进而提高产值和扩大盈利能力，进一步提升综合经济效率（表 3-27）。

表 3-27 云南木材加工业内部细分的经济效益对比

行业分类	年份	总产值（亿元）	单位企业产值（亿元）	全员劳动生产率［万元/（人·年）］	成本费用利润率（%）	流动资产周转次数（次/年）	总资产贡献率（%）	资产利税率（%）	工业增加值率（%）	产品产销率（%）	资产负债率（%）
木材加工及木、竹、藤、棕、草制品	2008	18.84	0.34		-1.35	0.99	3.52	1.98		87.86	58.48
	2007	15.19	0.35	13.19	0.60	1.10	5.70	5.01	23.60	97.80	55.90
锯材加工	2008	1.28	0.32		20.05	2.03	26.78	20.12		88.46	38.85
	2007	0.94	0.19	9.84	9.73	2.40	28.60	23.53	41.29	97.29	73.55
	1997	1.61	0.04	2.88	-3.37	1.50	1.54	1.55	35.09	97.03	67.60
胶合板制造	2008	2.64	0.17		-7.36	0.87	-0.17	-1.61		81.82	77.17
	2007	1.57	0.22	7.54	-12.96	1.10	-8.79	-3.84	27.25	100.71	69.89
	1997	3.81	0.18	4.48	-2.96	1.50	3.79	3.07	32.90	101.50	72.26
纤维板制造	2008	9.71	0.61		-1.48	0.83	3.48	1.89		88.94	53.19
	2007	8.25	0.59	17.37	4.47	0.90	9.49	7.13	18.97	98.30	49.71
	1997	0.89	0.08	4.39	-14.31	1.20	-3.13	-1.74	39.61	80.51	71.52
刨花板制造	2008	0.72	0.36		8.51	3.21	8.47	7.67		94.40	72.45
	2007	0.64	0.32	17.03	8.58	2.20	13.62	13.49	30.77	98.22	76.22
	1997	0.78	0.09	3.36	-6.69	1.20	0.13	0.31	26.54	92.37	69.27
其他人造板、材制造	2008	0.33	0.11		-4.02	1.00	-1.47	0.17		97.47	82.39
	2007	0.14	0.14	5.40	-5.66	0.60	-0.14	0.48	35.24	99.06	101.92
	1997	0.13	0.04	5.0	-19.23	0.70	-7.29	-3.48	33.82	82.29	57.33
建筑用木料及木材组件加工	2008	3.42	0.38		-2.25	1.27	2.47	1.37		83.31	70.59
	2007	3.24	0.29	11.54	-7.31	1.40	-2.10	0.01	27.02	94.13	58.24
木容器制造	2008	0.52	0.26		-17.52	1.67	-7.13	-4.94		106.82	26.40
	2007	0.36	0.18	16.80	-0.24	0.90	1.19	1.63	20.58	102.60	28.22
软木制品及其他木制品制造	2008	0.07	0.07		41.58	4.72	84.66	110.32		152.90	104.22
	2007	0.06	0.06	7.20	8.77	2.80	32.97	24.33	25.94	122.43	154.10

资料来源：根据云南工业经济信息资料 1997、2007 计算整理；2008 年数据是初步测算数。

(9) 造纸及制品业。在造纸及纸制品加工中，机制纸及纸板制造的工业总产值2007年为17.81亿元，2008年在全球经济危机的环境下仍增长到19.34亿元，远远高于其他第三层次的生物资源加工与制造业，其吸纳的就业人数在第三层次的生物资源加工与制造业中也是最多的。但是其单位企业产值和劳动生产率排名并不十分靠前，表明机制纸及纸板制造行业综合经济效率一般，产业内部需要进一步的优化结构，以提升产业层次。加工纸制造、纸和纸板容器的制造的工业总产值2007年也达到了5.76亿元、5.70亿元，分别排在第6、7位。其中，加工纸制造的各项指标显示其行业发展较为良好，2008年受金融危机影响不大，纸和纸板容器的制造行业的各项指标相对较为靠后，尤其是企业规模、资产利税率、产品销售率和劳动生产率仅排在第26、26、27、29位，发展潜力较小。建议在稳步提升造纸业产业层次，平衡产业内部结构同时，优先发展效益较好的纸制品业（表3-28）。

表3-28 云南造纸及纸制品业内部细分的经济效益对比

行业分类	年份	总产值（亿元）	单位企业产值（亿元）	全员劳动生产率［万元/（人·年）］	成本费用利润率（%）	流动资产周转次数（次/年）	总资产贡献率（%）	资产利税率（%）	工业增加值率（%）	产品产销率（%）	资产负债率（%）
造纸	2008	25.28	0.57		11.91	1.71	14.49	13.83		98.69	49.77
	2007	23.96	0.50	27.83	14.38	1.60	22.98	16.97	30.64	96.15	52.60
机制纸及纸板制造	2008	19.34	0.59		9.86	1.73	12.78	11.77		97.15	49.44
	2007	17.81	0.49	24.96	12.92	1.70	20.40	14.76	32.26	95.59	51.28
	1997	10.80	0.15	6.00	-0.74	1.00	5.55	3.07	30.78	90.98	77.33
手工纸制造	2008	0.47	0.47		11.00	2.91	28.20	20.54		99.32	62.50
	2007	0.39	0.39	15.97	3.37	4.50	19.67	18.75	30.14	99.10	91.11
	1997	0.01	0.01	0.31	-17.61	0.20	-6.91	-3.28	25.26	70.79	82.56
加工纸制造	2008	5.47	0.55		18.39	1.61	19.78	20.79		104.11	50.24
	2007	5.76	0.52	46.97	19.21	1.50	31.57	25.20	25.64	97.67	55.86
	1997	1.18	0.15	26.97	2.75	1.60	9.14	4.93	17.59	97.31	59.66
纸制品制造	2008	10.39	0.30		6.88	2.21	16.35	11.36		97.33	61.69
	2007	6.97	0.22	16.94	2.38	2.10	10.19	7.17	24.62	95.62	63.75
纸和纸板容器的制造	2008	7.72	0.29		3.61	2.12	11.22	7.81		96.01	65.86
	2007	5.70	0.24	16.46	2.75	2.10	11.10	7.81	25.85	95.22	62.84
其他纸制品制造	2008	2.67	0.33		16.62	2.49	32.06	20.98		101.14	50.38
	2007	1.27	0.18	19.45	0.90	2.20	6.81	4.64	19.11	97.43	67.13

资料来源：根据云南工业经济信息资料1997、2007计算整理；2008年数据是初步测算数。

（10）轮胎制造业。轮胎制造业中的力车胎制造发展迅速，不但总产值增长快，其他数据指标也增速较快，依托云南橡胶产业的发展，力车胎制造行业的发展前景较好，应该不失时机地扩大产业规模，做大企业，提升其在云南的产业比重。

（11）棉、化纤纺织及印染业。纺织行业在云南不具有发展优势，其三层次各细分行业总产值较低，且没有技术优势。在纺织产业三层次内部，发展相对较好的是棉、化纤印染精加工和麻制造品，棉、化纤印染精加工的已经形成一定的产业规模，综合经济效率较高，产品具有较强的竞争力（表3-29）；麻制造品业的各项经济指标都较优良，并且2008年受经济危机的影响较小，反映出其综合经济能力较好，但是工业总产值在三层次纺织行业中比重过低，属于规模较小、发展潜力大的行业，应促进其做大产业规模，提升对云南经济的贡献率。

表3-29 云南棉、化纤纺织及印染业内部细分的经济效益对比

行业分类	年份	总产值（亿元）	单位企业产值（亿元）	全员劳动生产率［万元/（人·年）］	成本费用利润率（%）	流动资产周转次数（次/年）	总资产贡献率（%）	资产利税率（%）	工业增加值率（%）	产品产销率（%）	资产负债率（%）
棉、化纤纺织及印染精加工	2008	5.40	0.77		0.68	0.95	0.90	0.60		84.16	62.69
	2007	4.95	0.71	7.87	-0.12	1.50	0.80	1.08	17.86	97.48	55.13
棉、化纤纺织加工	2008	2.74	0.46		-8.22	0.62	-0.91	-1.09		92.95	61.44
	2007	2.67	0.53	4.68	-3.01	1.00	-0.45	-0.20	14.03	92.23	53.78
棉、化纤印染精加工	2008	2.66	2.66		15.48	2.89	30.88	29.62		75.10	84.21
	2007	2.28	1.14	38.66	4.44	3.10	20.66	10.50	22.35	103.64	76.63

资料来源：根据云南工业经济信息资料2007计算整理；2008年数据是初步测算数。

综上所述，在生物资源加工与制造业第三层次行业中产值比重较大的是饮料制造业中的啤酒制造、白酒制造，农副食品制造业中的食用植物油加工、畜禽屠宰，造纸制造业中的机制纸及纸板制造、加工纸制造、纸和纸板容器的制造，以及木材加工业中的纤维板制造。发展前景较好的行业主要有葡萄酒制造、白酒制造、果蔬罐头、果菜汁及果菜汁饮料制造业、碳酸饮料制造业、非食用植物油加工业、纸制品业等，这些行业虽然产业规模小，但盈利能力较强，有较大的市场需求，经过扶持发展，能发展成为新兴优势产业。

3.3 云南生物资源加工与制造业的市场结构特征与资源特点

3.3.1 食品类的市场结构特征与资源特点

在市场化、国际化和工业化的共同推动下，中国食品类加工业正不断发展壮大，经济效益稳步上升。随着国民收入水平的提高，食品消费结构日益改善，摄入的蛋白质和热值水平不断升高，拉动食品类加工业加速增长，其工业总产值、增加值和销售收入、对外贸易加速增长。经济效益逐渐提升，利税率增长迅速，其中食品加工业增长最快；经济贡献率提高较快，增速总体上超过全国工业水平。随着消费数量日渐增多和质量要求日渐提高，食品市场的需求规模扩大、层次提升，拉动食品类加工业的投资逐步扩大。凭借高新技术的研发和推广应用，对传统食品类加工业改造升级，拓展新的市场发展空间，大大增强了食品类加工业的持续增长能力。但是，我国现阶段食品加工业的发展水平仍然不高，地区优势和专业化程度没有得到显著提高，地区差别不容忽视。尽管中部和西部地区食品加工业有一定的区位优势，但它们在产销组织和营销管理方面都与东部地区存在明显的差距，在市场竞争中东部地区占有明显优势。

食品类加工业属于竞争性领域，其市场处于完全竞争市场状态，面临着激烈的国际、国内竞争。受转轨阶段市场化力量的推动，国有企业改制步伐加快，民营经济迅速进入，一批龙头企业逐渐崛起。依托经济实力、品牌效益、科技支撑、现代管理、组织策划等优势资源，龙头企业的市场竞争力不断提升，促使行业优势企业快速发展，产业集中度开始上升，出现了一批生产规模大、经济实力强、科技含量高、市场信誉好的行业龙头企业。各食品行业龙头企业的基本格局逐渐形成：啤酒——青岛、燕京、华润；瓶装水——娃哈哈、农夫山泉、乐百氏；乳制品——蒙牛、伊利、光明、三元、完达山；食用油——金龙鱼、元宝、胡姬花、鲤鱼、福临门、鲁花；方便面——康师傅、统一、华龙；味精——莲花、红梅；火腿肠——双汇、雨润、金锣；豆奶——维维。这些名牌产品占据主要市场，云南食品类加工业要在激烈的市场竞争中生存和发展，不但要有超常规的发展战略，而且要有高素质的企业家队伍，难度较大。

云南地处亚热带高原区域，气候多样化，使得云南食品生物资源丰富且多样化，是食品类加工业发展难得的优良原材料供应地。云南农产品资源丰富，近年来，经济作物的种植基地建设和加工项目促成了特色产业带和优势产业区域的形成。例如：普洱茶，是云南特有的大叶茶品种，普洱茶产区气候要求特殊，气候温暖，雨量充沛，湿度较大，土层深厚，有机质含量丰富；小粒咖啡主要种植在普洱、保山、临沧、西双版纳等地区；酿酒葡萄全汁葡萄酒生产从无到有，从试生产发展到产业化，红河州弥勒县成为省内小有名气的酿酒葡萄县；引进试种澳洲坚果，主要种植在临沧、西双版纳、普洱、德宏、保山等；加工型马铃薯在加工企业的拉动下，形成以昆明、曲靖、昭通为主产区的马铃薯加工产业经济带；三七产业成为文山州经济社会发展和农民增收的重要产业；昭通市种植的天麻对贫困山区的农民脱贫增收起到积极作用；魔芋加工产品从当初的干片、芋角、粗粉发展到精粉、魔芋胶、仿生食品、膳食纤维素、减肥食品、石油钻井压裂剂等深加工产品。

同时，云南省通过政策引导多家企业进入食品类生物资源开发领域，在食品类产业中涌现了一批骨干企业，培育出了一批在全国具有一定知名度和影响力的品牌，如：云南红、子弟天然薯片、天使土豆片、润凯淀粉、泰华牛肉干、绿A螺旋藻、隆格兰百合花、龙生绿茶、滇红茶、云南普洱茶、下关沱茶等。

3.3.2 天然橡胶制品的市场结构特征与资源特点

天然橡胶用途广泛，主要用于轮胎制造业，天然橡胶的70%用于生产轮胎，尤其是全钢子午胎和斜交胎所消耗的天然橡胶比重较大，中国是天然橡胶世界第一大消费国和进口国，中国汽车产业的快速发展和生产轮胎的丰厚利润，推动中国轮胎制造业的飞速发展，中国已成为世界最大的轮胎生产国和出口国，中国轮胎市场规模占全球的18%。2007年中国生产轮胎3.3亿条，产值1567亿元。天然橡胶制品处于完全竞争市场状态，面临着激烈的国际竞争。国内轮胎生产企业360多家，其中具有较大规模的有200家，分布在不产天然橡胶的上海、山东、河南、江苏、贵州等地，上海轮胎橡胶集团公司、山东成山橡胶公司、山东轮胎厂、杭州中策有限公司、东风轮胎集团公司和桦林轮胎集团公司等轮胎企业是我国天然橡胶的主要消费者。中国汽车工业快速发展，也吸引了全球轮胎生产10强企业都来中国投资建厂，在中国投资生产轮胎的外资企业有19家，设有36个加工厂。由于中国的天然橡胶产能不能满足国内需求，2007年，我国天然橡胶产量59万吨，消费量却超过200万吨，占全球消费总量的23%，而轮胎是重要的出口产品，如河南风神轮胎股份有限公司2007年销售收入60.2亿元，出口创汇2.85亿美元。因此，轮胎制造业是典型的“两头在外”的产业，天然橡胶价格对轮胎产业具有重要影响。

天然橡胶因其具有很强的弹性和良好的绝缘性、可塑性、隔水隔气、抗拉和耐磨等特点，广泛地运用于工业、农业、国防、交通、运输、机械制造、医药卫生领域和日常生活等方面，因此，作为原材料的天然橡胶是关系国计民生的一种重要战略物资和经济安全保障的储备品种。天然橡胶在种植地域和产品性能上具有不可替代性，是一种典型的资源约束型产业。天然橡胶作为一种紧缺的工业原料，需求缺口越来越大的事实将长期存在。国务院办公厅于2007年印发了《关于促进我国天然橡胶产业发展的意见》（国办发［2007］10号），进一步明确了“天然橡胶是重要的战略物资和工业原料”的战略定位，明确提出到2015年，我国国内天然橡胶年生产能力要达到80万吨以上，境外生产加工能力达到60万吨以上的目标。

国外植胶权威人士认为橡胶树只适宜在南纬10度和北纬15度以内的热带地区种植，但云南的地形条件造就了适宜天然橡胶生长发育的良好环境，云南省天然橡胶生产具有栽培技术、光、热、水、气的较佳组合，以及适宜开垦更新的土地资源丰富等方面的优势，使云南成为中国第二大天然橡胶生产基地，也是我国唯一的大面积平均亩产干胶达100千克以上的天然橡胶生产基地，2004年云南省天然橡胶平均亩产就达到世界先进水平，并且还有进一步发展的潜力和空间。从国家开始对科研成果评奖以来，云南农垦在宜胶山地小气候研究、橡胶育种、栽培、植保、割胶、加工、综合利用等方面的科研成果获得多项国家及部、省级奖励，这些成果的推广应用，为云南橡胶高产基地建设和橡胶产业发展奠定了基础。而毗邻的缅甸、老挝、越南、泰国、柬埔寨等国家是云南“走出去”发展天然橡胶的最适宜种植地区。因此，天然橡胶被省委、省政府正式列入全省10个优势产业和重点行业整合重组范围，明确将天然橡胶产业列入生物创新工程和作为建设绿色经济强省的项目来抓。云南天然橡胶产业股份有限公司已被批准作为国家级农业产业化重点龙头企业进行扶持发展。

总体上看，以种植和粗加工为主的云南天然橡胶产业正在获得快速发展，而天然橡胶制品业则极为弱小，应进一步做大。

3.3.3 医药的市场结构特征与资源特点

近年来，医药行业发展迅速，规模逐年增大，医药产业已成为世界上发展最快的产业之一。而中国作为新兴医药市场，医药行业发展迅速，2008年我国医药行业不仅持续了2007年的高速增长趋势，甚至略有超过，可谓强劲，这一趋势在2009年仍将持续。由于医药行业自身技术、资本、法规特点，存在相当程度的进入壁垒，医药市场表现出相对垄断的市场结构，具有区域垄断和企业垄断的特点，竞争主要集中在几个优势区域之间以及大型制药企业集团之间。发达国家是全球制药市场的主体。北美、欧盟、日本占据了全球医药市场份额的近90%；而中国医药制造业工业企业主要集中在山东、江苏、浙江、四川、广东等几个省份，其他各省市场份额相对较小。世界前10位的制药企业占有世界市场的份额2005年为46.7%[1]，市场集中度较高，且集中度还在不断增强，我国的医药行业尽管也存在这样的趋势，但市场集中度远低于国际平均水平，随着我国医药行业的并购趋势，企业垄断力度将逐渐增大。云南要在这样的市场环境下，参与国内外医药市场的竞争就要另辟蹊径，发展具备自身特色，与其他企业产品具备差异性的特色产品，打破行业壁垒。

近年来，由于化学药品的毒副作用问题凸现，药源性疾病在世界范围内迅猛增长，生物制药和植物药受到各国普遍的关注。很多国家开始把生物药和植物药产业作为发展重点，如日本的汉方药和韩药等。中国的中药及民族药以其悠久的历史和以植物入药的特点成为世界各国的首要关注对象。中药及民族药等天然药物普遍具有价格低廉、治疗手段简便、效验、无毒副作用等特色，尤其具有“治未病”的独特医疗特点，对保健养生更是具有显著作用。随着人们保健养生意识的逐渐加强，老龄化社会的到来，以及癌症、心脏病等病种对人健康威胁的逐渐加剧，人们对中药及民族药的需求将越来越大。2007年3月5日，时任国务院总理温家宝在《政府工作报告》中更是指出要大力扶持中医药和民族医药发展，充分发挥祖国传统医药在防病治病中的重要作用。

云南独特的地理地貌及立体气候，具备了世界植物分布的主要生态环境，造就了云南许多地道名贵中药材，寒、温、热带药材兼而有之。滇东北、滇西北高寒地带盛产天麻、虫草、当归等；滇东南热带地区盛产砂仁、丁香、肉桂等南药，尤其是西双版纳有着丰富的南药资源；滇中温带地区盛产云黄连、云木香、云茯苓等。除了药用植物外，还有硫黄、琥珀、石膏等矿物药和鹿、黑蚂蚁、蛤蚧、蟑螂等药用动物。云南拥有中药材资源6559种，占全国药材种类的51.56%，其中药用植物6157种，药用动物372种，药用矿物30种，其中独有的药用资源就达1260种，文山三七、昭通天麻、西双版纳南药都是享誉已久的名贵药材，可以肯定地说云南具备发展中医药及民族药等天然药物的自然优势。

同时，云南省是一个少数民族大省，丰富多彩的民族药是云药文化体系中的一大特色，民族医药资源丰富，具有分布区域性强、生物活性强、组方不复杂、民间应用背景多样等特点。有傣族、藏族、彝族、壮族、纳西族、白族、拉祜族等多种民族医药。各民族医药特色明显，藏医、彝医专长于治疗心脑血管疾病、风湿病和跌打损伤，傣医擅长肠胃疾病和类风湿疾病和皮肤病，苗医擅长治疗外伤和瘫痪等。其中，傣族医药和藏族医药分别被国家列为“四大民族医药”——藏、蒙、维、傣医药之一。有关统计表明，云南的彝族药资源共有1189种，藏药资源共有598种，西双版纳有药用植物1214种，其中大多数属于

[1] 王维刚. 中国医药产业成长特征与机理研究［D］. 上海：同济大学，2007.

傣族药，苗族医药开发出的灯盏花也发展成云南一支重要产业，此外，拉祜族药有100种，佤族药有200种，哈尼族药有100种，德昂族药有105种，基诺族药有319种。已逐步形成以彝族医药为主干，傣、藏医药为分支，苗、壮、白、纳西等民族医药为补充的独具特色的云药体系。民族医药的丰富多样使云南在发展、改进民族药上具有很大的先天优势。

云南丰富的民族医药资源没有得到充分开发，全省药物资源开发利用率很低，自身的比较优势没有得到发挥。如云南三七资源占全国的80%以上，全国以三七为原料的中成药超过300种，而云南连1/3都不到。云南尽管已开始重视民族医药的生产开发，但民族医药产业整体规模仍然偏小，应在未来努力将民族医药产业做大、做优，从而打造具备竞争优势的云南特色民族医药产品。

3.4 云南生物资源加工与制造业的发展潜力与产业升级方向

3.4.1 未来国际、国内、省内市场需求分析

（1）食品类的国际、国内、省内市场需求分析。随着科学技术在食品类加工业中的应用，未来食品类加工业市场需求发展趋势集中表现为食品应朝着方便化、健康化、多样化的方向发展：随着人们对食品安全意识的逐步增强，有机食品、绿色食品、无公害食品将迎来一个新的发展高潮；随着人们生活水平和健康意识的日益提高，名优食品和营养、保健食品将得到较快发展并越来越受到消费者的欢迎；为了适应人们工作、生活快节奏、高效率的需要，自给型食品消费比重将会逐步下降，冷冻、调理食品、加工蔬菜、即食食品、旅游食品、方便主食等各种方便快捷的食品将成为食品类加工业发展的重点；由于不同习惯、不同年龄、不同职业、不同层次的消费群体对食品的营养成分、风味、规格、包装等方面的要求不同，食品消费呈现多样化、个性化的趋势更加明显。因此，决定了未来食品应朝着方便化、健康化、多样化的方向发展。

（2）未来天然橡胶制品的国际、国内、省内市场需求分析。近年在我国汽车工业迅速发展和高速公路日益扩大的推动下，我国轮胎产业发展举世瞩目。轮胎产业的发展也大大带动了我国原材料工业和橡胶机械工业的大发展。根据相关权威机构预测，2010年轮胎行业耗胶量将提高至420万吨，其中天然橡胶247万吨，合成橡胶173万吨，合成橡胶使用比例提高至41%。因此未来国际国内市场对天然橡胶的需求都将处于需求旺盛的状态。随着我国城乡居民收入的增加和消费质量的提高，对汽车的需求还会不断扩大，也将对轮胎的需求不断增加；随着我国国防现代化建设的推进和航空航天工业的快速发展，在尖端科技领域里的火箭、人造卫星、宇宙飞船、航天飞机等都需要大量的橡胶零部件，所以未来对橡胶制品的需求还将不断扩大。云南发展新型橡胶制品将有很大的市场空间。

（3）医药行业未来国际、国内、省内市场需求分析。医药行业是一个具有

刚性需求的独特产业，不断增长的市场需求，使得其市场容量得以不断扩大，整个产业呈现出持续高增长的发展态势。据美国权威医药咨询机构IMS发布的2009年全球医药市场发展预测称，2009年全球医药市场的增速将保持在4.5%~5.5%的水平，市场销售额将超过8200亿美元，并有望在近段时间内一直保持持续的增长态势。近些年中国医药市场规模扩大迅速，成为全球七大新兴医药市场之一，清华中国医药产业发展研究中心预测，2010年我国药品市场规模将达7000亿元，而据IMS预测，中国医药市场未来几年将继续保持两位数的增长速度，在2011年将有望跃居全球第6位。收入的增加、人口数量的增长、老龄化和婴儿潮的出现、人们自我保健意识的增强及社会保障体系的逐渐完善等因素，均对未来医药市场的需求增长起到正向的推动作用。我国实行的新医改也在很大程度上扩容了医药市场。医保覆盖人群，将在未来几年中迅速扩大，药品市场将跟随着医疗服务市场的扩大而增长。对虚高药价的规整，必将改善"百姓看病贵、看病难"的问题，大大扩大就医人数，从而带动整体医药消费，扩大药品市场规模。作为医药行业中最具潜力的生物制药行业，未来的市场需求将迅速扩大，国际著名的市场研究公司Frost & Sullivan公司的一份报告指出，2004年，全球生物制药市场的收入为450亿美元，到2011年有望达到982亿美元。我国生物生化制品制造尚处于初始发展阶段。未来国内外对医药行业的大量需求，将给予医药行业，尤其是生物医药产业，很大的发展空间。

3.4.2 轻工业、纺织业振兴计划对云南生物资源加工与制造提升竞争力的作用

为应对金融危机对我国轻工业、纺织业的影响，国家出台轻工业调整和振兴规划、纺织工业调整和振兴规划，为云南生物资源加工业的发展带来了良好的机遇。

生物资源加工与制造业的各行业大部分属于轻工业内部行业，国家的《轻工业调整和振兴规划》对云南生物资源加工与制造业未来发展具有重要影响。在国家《轻工业调整和振兴规划》中明确指出：轻工业"承担着繁荣市场、增加出口、扩大就业、服务'三农'的重要任务，是国民经济的重要产业，在经济和社会发展中起着举足轻重的作用。应确保轻工业稳定发展，加快结构调整，推进产业升级"。在这次调整和振兴规划中，既明确要"重点支持重点行业，培育骨干企业，将产业关联度高、吸纳就业能力强、拉动消费效果显著、结构调整带动作用大的行业作为调整和振兴的重点，支持产品质量好、市场竞争力强、具有自主品牌的骨干企业发展壮大"；又明确提出要"扶持中小企业，促进劳动就业。采取积极的金融信贷、信用担保等政策，支持业绩良好、具有发展潜质的中小企业发展，充分发挥中小企业吸纳劳动力就业的作用"。因此，虽然云南省的食品类工业在国家层面上的骨干企业少，但具有自身特色的中小企业和特色产品还是

能够力争获得国家的支持，在加快技术进步和保障产品质量、食品安全的前提下，重点打造一些具有自身特色和优势的产品品牌是可行的。尤其是利用云南的区位优势，以东南亚、南亚国家为目标市场的出口产品生产，会获得国家的支持，对云南生物资源加工与制造业提升竞争力有较大的作用。应积极迎接“东桑西移”，推广规模化、标准化种桑养蚕模式，延伸缫丝、织绸产业链，提高企业加工水平。

3.4.3 云南生物资源加工与制造业的产业升级方向

（1）食品类工业。现代食品类加工业是与人类营养科学、现代医学、食品安全与食品科学，以及生物技术、信息技术、新材料技术、现代制造技术和智能化控制技术密切关联的现代食品制造业，是与国计民生和国民的饮食安全与健康及身体素质密切关联的现代餐桌工程。现代食品类加工业体系的建立与发展，以及现代食品产业链与供应链的形成是现代社会保障食品安全和促进农民增收的重要基础和必要条件。云南食品类加工业与中国东部地区食品类加工业重点发展城市相比仍存在着巨大的差距，在整体上尚处于粗加工多、规模小、水平低、综合利用差、能耗高的发展阶段；同时，云南食品加工业的基础十分薄弱。

随着世界食品类加工业向高科技、新技术、多领域、多梯度、全利用、高效益和可持续的方向发展，食品类加工业的技术进步和产业升级已成为云南食品类加工业未来发展必须高度重视和长期支持的问题。国家已在“863 计划”、支撑计划等国家“十一五”科技计划中重点安排了食品加工、食品安全、功能食品、果蔬储藏保鲜、农产品现代物流和奶业专项等有关推进我国食品类加工业科技发展的多项科技项目。云南省应贯彻实施国家层面上的科技战略方针，确立以有效支撑产业快速发展和全面提升企业自主研发能力为目标，将重点放在解决食品类加工业科技发展问题上，从食品设计、食品开发、食品加工、食品包装、食品安全等层面系统思考。以技术创新与重点突破为主线，坚持重点突破、市场优先、集成创新、强化协调的设计思路，充分体现科学性、重要性、关键性、实效性、带动性、示范性和可操作性。在云南食品类加工业体系中的食品制造工业、食品加工工业、软饮料工业、食品装备制造、食品添加剂与食品包装材料开发、食品营养评价与质量安全控制等领域，重点对粮油食品、果蔬食品、畜禽食品等主要食品加工产业链进行系统设计。结合食品加工关键装备与产品质量安全控制技术开发，抓住严重制约云南食品类加工业发展的重点、难点问题，聚集优势资源，以具有全局性、前瞻性和急迫性的产业共性关键技术与重大产品产业化开发研究为突破口，以产业技术创新能力建设为重要手段，立足自主研发能力和自主创新能力的提高，强化产业技术的集成创新和产业化示范作用。此外，尽快建立起以企业为科技创新的主体，产学研紧密结合的，能够不断突破产业发展的核心技术与关键装备，实现技术成果的零距离转化的产业科技创新平台。这是直接服务于各产业快速发展中的自主创新能力与核心竞争力迅速提高的有效途径。

（2）天然橡胶加工与制造。2008 年我国橡胶行业发展开始步入转型期，以巨型工程子午线轮胎成套生产技术与装备开发获国家科技进步一等奖为标志，橡胶行业的科技创新、自主研发上了新台阶，表明行业正在从结构调整向产业升级转变，2008 年主导产品产量所占比重稳步提高，轿车子午线轮胎 60、65 系列超过 60%，无内胎全钢载重子午胎已成为主流产品，大规格、超大规格工程子午胎相继“问世”，跑气保用轮胎也在多厂研发成功；高强力输送带、难燃输送带、大倾角管状输送带渐成潮流；适应欧Ⅲ排放标准的车用胶管得到普及；国产安全气囊已经产业化。产业升级不只体现在产品上，我国的制造工艺、新型原材料应用、新装备使用均有大幅提升。核辐射技术在轮胎生产中的应用使轮胎的高速性能、动平衡和均匀性等性能得到显著改善，同时实现了轮胎的优质轻量化；轮胎激光散斑检验机的研发成功解决了轮胎无损检测技术主要依赖国外设备的问题；橡胶制品无模加工技术消除了生产橡胶件必开模具的做法，满足了工业企业对橡胶密封件以及对非标尺寸橡胶件的需求；橡胶制品的注射成型硫化广泛使用，一改以往模压硫化工艺的传统格局。

云南天然橡胶产业未来的重点应突出加工制造业，从轻型化向重型化转变，依靠科技提升橡胶产业发展水平，扩大产业经济总量，使资源优势转变为发展优势。在种植方面应稳定省内现有橡胶种植面积，强化品种选育，引进培育胶木两用品种，积极寻求与境外周边地区的国际合作与产业互补，利用缅甸北部、老挝北部丰富的土地资源和气候优势，拓宽天然橡胶原料来源，建设我国无台风影响的最理想天然橡胶原料基地。加工方面要调整天然橡胶加工产品结构，创造条件引进资金、技术、装备和人才，积极发展以子午胎、力车胎、胶鞋、胶管、带等产品的橡胶加工业，努力拓展工程塑料及橡塑加工的产业链，尤其是要高起点开发工程机械轮胎专用胶和航空轮胎专用胶、酶化胶乳和低蛋白浓缩胶乳等高附加值产品。引进国内外知名轮胎生产企业在云南生产新型轿车轮胎、航空轮胎及工程机械车辆专用轮胎等适销对路产品，充分利用天然橡胶资源优势，提高原料加工附加值。根据新一轮经济增长周期的产业重点和发展趋势，建立橡胶深加工产业园。加强天然橡胶资源的综合开发，利用橡胶树木开发新型木材制品，利用橡胶籽加工生产生物柴油，通过综合开发和延伸产业链，大幅度提升云南橡胶产业的经济总量。

（3）云南医药企业核心竞争力的提升与行业未来发展方向。新医改政策的出台为未来云南医药企业的发展指明了方向，2009 年 1 月 21 日国务院审议并原则通过修改后的《关于深化医药卫生体制改革的意见》更是强调了对药品的监管。随着相关配套措施的实施，绝大多数经营不规范或经营成本高效益低的中小企业必将退出市场，医药产业资源将向规模企业集中，实现整个医药产业的整合，规模化、品牌化、特色化将是医药企业的发展方向。

以民族药等天然药物为特色优势产品的云药产业还存在企业规模小、生产企业数量多、药品品种重复多、产品技术含量低、新药研发能力低、管理及市场开拓能力低的情况。各企业间呈一盘散沙状态，没有发展的全局观念。云南医药企业要在未来的市场竞争中胜出，就应通过合并、重组、收购等方式加快行业内企业整合，力图形成以数家大型医药企业为龙头的医药制造集团，淘汰不具备竞争力的部分中小企业，从而保障规模和实力的提升，形成规模经济，减小新药开发风险，提升医药企业的效益；重视技术投入，提高新药开发效率和资源开发利用率，注重对云南优势民族药等天然药物现代化的研究，提升产品科技含量和层次，从而提升企业核心竞争力；开发以三七、云南白药、灯盏花、天麻、甾体激素类为主体的系列药品，针对市场需求形成具有特色的“云药”产品；要注重企业之间的联合，把“云药”作为一个整体全方位、大范围推出，形成合力，由行业协会联合促销；做大云南民族药，抢占生物药物和天然药物市场份额，并积极开拓农村这一潜力巨大的医药市场，努力改变以往存在的产销率不高的问题，并走向省外、国外，扩大云药国内外知名度。

根据世界医药行业未来的发展方向，并结合云南省生物资源特点，未来云南仍应坚持重点发展特色民族药等天然药物产业和具备一定优势的疫苗等生物技术制药产业。通过引进技术和自主研发等手段提升技术水平和生产工艺，利用生物等高新技术生产、改良民族医药产品，提升民族药产品的附加值；加强对民族药的名药名方进行二次开发，将云南民族药行业现代化、科学化、标准化，根据云南不同民族药针对不同病种的独特疗效，开发出适应市场需求的优质、安全、稳定的民族新药；要注重从天然植物中探索，开发和创新药物，加强对云南丰富多样的生物资源的发现性医药研究，例如以前从天然药物中发现和研究成功的治疗疟疾的青蒿素，治疗癌症的紫杉醇等，尤其应加强对人类健康威胁较大的癌症、心血管疾病、艾滋病、病毒性肝炎、老年性痴呆症等重大疾病的天然防治药物研发；加快生物技术产业化进程，重点发展三七系列、云南白药系列、灯盏花系列、蒿甲醚系列以及民族药、特色植物药和昆虫药五大类药品。在药物资源种植上，选择三七、砂仁、天麻、丁香等地道药材和民族药药材进行规模化、规范化种植，按医药资源分布情况加强云南民族药资源种植基地的建设。在医药产品结构上，要从以往化学药品和中成药制造占主体的产品结构向以民族药等天然药物和生物技术药物为主体的产品结构转变。同时，还要按天然药物和生物药物资源分布建设医药工业园，培育以中药和民族药为主的生物制药企业集团，推进民族药材生产规范化、产业化和集约化进程，以适应未来国内外市场对天然药物和生物技术药物的巨大需求。

4 云南化学工业分析

化学工业是一个国家在工业化时期必不可少的基础工业，大部分学者认为，重化工业快速发展是工业化不可逾越的阶段，云南省由于具有丰富的磷矿、煤矿和盐矿等发展化学工业的资源优势，使得化学工业具有自身特点，近年来发展较快。

4.1 云南化学工业发展现状及在全国的地位

云南省化学矿物资源丰富，化学工业产值规模相对较大，经济效益相对较低，部分领域已具有技术优势，是云南省“大而不强”但发展潜力较大的产业。2008 年，全省规模以上化学工业企业有 288 户，占全省规模以上工业企业的 10.1%，从业人员有 7.4 万人，销售收入为 498 亿元；工业增加值为 126 亿元，占全省规模以上工业增加值的 7%，占全省生产总值的 2.2%。2008 年，全省化肥产量共计 338 万吨（折纯），其中氮肥为 143.5 万吨、磷肥为 194.7 万吨；磷矿石产量为 1883 万吨，黄磷为 35.2 万吨。磷肥、磷矿石、黄磷产量居全国第 1 位，化肥产量居全国第 4 位。

4.1.1 化学纤维制造业

从工业企业的综合经济效益看，近年来云南化学纤维制造业较高，在云南 25 个工业行业及全国同行业中都位居首位，2007 年化学纤维制造业的全员劳动生产率在云南 25 个工业行业中处于第 1 位，比 2002 年上升了 1 位，在全国 31 个省（自治区、直辖市）中处于第 1 位；盈利能力上，云南省化学纤维制造业在省内工业行业及全国同行业中处于前列，2007 年，资产利税率、总资产贡献率、成本费用利润率在云南省 25 个工业行业中排名分别是第 2 名、第 2 名、第 3 名，与 2002 年相比，有所下降，在全国 31 个省（自治区、直辖市）的排名分别是第 2 名、第 2 名、第 3 名，与 2002 年的变化依次是上升 1 位、上升 1 位、下降 1 位。从工业企业的经营管理看，企业经营管理能力在云南 25 个工业行业处于较高水平，在全国同行业中处于中上水平，且上升很快，流动资产周转次数从 2002 年的第 7 位上升到 2007 年的第 5 位，在全国 31 个省（自治区、直辖市）排名从 2002 年的第 21 位上升到 2007 年的第 12 位；从工业企业的经营风险看，企业经营的抗风险能力很强，一直位于前列，资产负债率在云南工业行业及全国的排名均位于前两位；从企业规模看，在云南25个工业行业中和全国同行业中都处于集中度较高水平，单位企业产值在云南工业行业及全国同行业中一直稳居第2位（表4-1）。

表4-1 云南化学纤维制造业经济效益指标及地位变化

化学纤维制造业	2002年	2007年	2008年	行业排名			全国排名	
				2002年	2007年	2008年	2002年	2007年
全员劳动生产率[万元/(人·年)]	131.33	353.33		2	1		1	1
资产利税率（%）	19.52	38.18	41.33	1	2	2	3	2
总资产贡献率（%）	18.55	34.94	42.38	2	2	2	3	2
成本费用利润率（%）	19.69	26.12	34.83	2	3	2	2	3
流动资产周转次数（次/年）	1.4	2.54	2.1	7	5	2	21	12
资产负债率（%）	4.69	8.05	11.74	1	1	1	1	2
单位企业产值（亿元）	3.94	10.60	11.11	2	2	2	2	2
工业增加值率（%）	40.61	37.55		6	8		3	2
产品销售率（%）	98.48	100.47	100.29	14	4	3	19	6

资料来源：根据云南工业经济信息资料2002、2007，中国工业经济统计年鉴2002、2007计算整理；2008年数据来自云南省统计局提供的内部数据，未经国家统计局审核。

2008年，虽然发生了金融危机，但化学纤维制造仍然保持良好的发展状态，各经济效益指标在云南省25个工业行业排名依然处于前茅的位置。

综合以上指标看，云南化学纤维制造业盈利能力、企业经营管理能力相对较强，提升快，在省内工业行业及国内同行业中都处于中上水平，企业抗风险能力强，在云南工业行业及全国同行业中都位居前列，集中度也一直保持在较高水平，综合经济效益在云南工业行业及国内同行业中都较好，位居前列。

4.1.2 化学原料及化学制品制造业

从工业企业的综合经济效益看，近年来云南化学原料及化学制品制造业在省内工业行业中处于较好水平，在全国工业行业中处于中下水平，但地位有所上升，2007年全员劳动生产率在云南25个工业行业中处于第9位，在全国31个省（自治区、直辖市）中处于第17位，均比2002年上升了1位；从工业企业的盈利能力看，盈利能力有所提升，但在省内工业行业和全国同行业中的地位仍处于中下水平，2007年资产利税率、总资产贡献率在云南25个工业行业中分别处于第16位、第15位，比2002年分别上升了2位、4位，成本费用利润率保持第16位，在全国31个省（自治区、直辖市）中处于第22位、第19位和第26位，资产利税率比2002年上升了5位，而总资产贡献率和成本费用利润率分别下降了15位和2位；从工业企业的经营管理看，企业经营管理能力在云南25个工业行业处于较高水平，且上升很快，在全国同行业中处于中下水平，流动资产周转次数从2002年的第16位上升到2007年的第7位，在全国31个省（自治区、直辖市）的排名从2002年的第25位下降到2007年的第26位；从工业企业的经营风险看，企业经营的抗风险能力明显降低，处于中下水平，资产负债率在云南工业行业中的地位从2002年的第12位转变为第17位，在全国的排名一直保持在第24位；从企业规模看，云南化学原料及化学制品制造业在云南25个工业行业中和全国同行业中都处于集中度相对较高的水平，但地位有所下降，单位企业产值在云南工业行业中处于第10位，比2002年下降了3位，在全国31个省（自治区、直辖市）排名较为靠前（表4-2）。

表4-2 云南化学原料及化学制品制造业经济效益指标及地位变化

化学原料及化学制品制造业	2002年	2007年	2008年	行业排名			全国排名	
				2002年	2007年	2008年	2002年	2007年
全员劳动生产率[万元/(人·年)]	15.16	50.29		10	9		18	17
资产利税率（%）	1.7	10.82	10.79	18	16	10	27	22
总资产贡献率（%）	2.98	9.16	14.02	19	15	9	4	19
成本费用利润率（%）	-0.33	7.02	8.6	16	16	9	24	26
流动资产周转次数（次/年）	1.17	1.91	2.01	16	7	9	25	26
资产负债率（%）	64.93	62.44	62.63	12	17	15	24	24
单位企业产值（亿元）	0.59	1.32	1.71	7	10	5	8	8
工业增加值率（%）	24.15	24.15		20	19		25	24
产品销售率（%）	98.44	99.55	95.08	16	8	17	9	3

资料来源：根据云南工业经济信息资料2002、2007，中国工业经济统计年鉴2002、2007计算整理；2008年数据来自云南省统计局提供的内部数据，未经国家统计局审核。

2008年，从各经济效益指标来看，化学原料及化学制品制造业受金融危机影响不大。工业企业盈利能力方面，在云南省25个行业的排名升至中上的水平，资产利税率、总资产贡献率、成本费用利润率的排名分别提升至第10位、第9

位、第9位，但是它们各自所对应的统计数值上并没有特别明显的提高。企业经营管理能力整体上有所提升，在云南省25个行业的排名中，成本费用利润率比2007年上升了7位，流动资产周转次数比2007年下降了2位，但是在统计数值上是增加的。企业经营风险方面，资产负债率在数值上是提高了，而从云南省25个行业比较来看，该行业的抗风险能力比2007年提高了2位，但是仍然是处于中下的水平。产品销售率受金融危机影响较大，排名由2007年第8名下降到第17名。

综合以上指标看，云南化学原料及化学制品制造业盈利能力相对较弱，在省内工业行业及国内同行业中均处于中等水平，但排位在近几年来有所提高；企业经营管理能力在省内工业行业中较强，提升快，但在国内同行业中相对较弱，位于后列，且有所下降；企业抗风险能力相对较弱，集中度相对较高，在省内工业行业及全国同行业中都位于前列。

4.1.3 石油加工、炼焦及核燃料加工业

从工业企业的综合经济效益看，近年来云南石油加工、炼焦及核燃料加工业在省内工业行业中处于较好水平，提升很快，在全国同行业中处于较低水平，地位有小幅上升，2007年全员劳动生产率在云南25个工业行业中处于第6位，比2002年上升了9位，在全国31个省（自治区、直辖市）中处于第26位，比2002年上升了2位；从工业企业的盈利能力看，盈利能力在省内工业行业中有所下降，在全国同行业中提升快，但仍处于较低水平，2007年的资产利税率和总资产贡献率在云南25个工业行业中处于第10位和第17位，比2002年分别下降了5位和11位，下降显著，在全国31个省（自治区、直辖市）中处于第13位和第20位，比2002年上升了14位和9位，上升较快，成本费用利润率在省内工业行业中也一直保持在中等水平，在全国的排名中地位上升快，由2002年的第10位上升到第1位；从工业企业的经营管理看，在云南25个工业行业处于中等水平，但在全国同行业中处于很低水平，流动资产周转次数从2002年的第10位下降到2007年的第16位，在全国31个省（自治区、直辖市）的排名一直保持在第29位；从工业企业的经营风险看，企业经营的抗风险能力明显提高，处于很好水平，资产负债率在云南工业行业中的地位从2002年的第19位转变为第4位，在全国的排名也从第26位转变为第6位；从企业规模看，在云南25个工业行业中处于集中度较高水平，上升很快，但在国内同行业中处于很低水平，单位企业产值在云南工业行业中处于第5位，比2002年上升了17位，在全国31个省（自治区、直辖市）的排名靠后，但近年来有所提升，从2002年的第28位上升到第26位（表4-3）。

表 4-3 云南省石油加工、炼焦及核燃料加工业经济效益指标及地位变化

石油加工、炼焦及核燃料加工业	2002 年	2007 年	2008 年	行业排名			全国排名	
				2002 年	2007 年	2008 年	2002 年	2007 年
全员劳动生产率[万元/(人·年)]	10.94	58.04		15	6		28	26
资产利税率（%）	7.17	16.58	13.21	5	10	6	27	13
总资产贡献率（%）	7.04	8.53	12.58	6	17	10	29	20
成本费用利润率（%）	3.09	9.52	6.39	11	11	15	10	1
流动资产周转次数（次/年）	1.29	1.50	2.96	10	16	2	29	29
资产负债率（%）	72.09	41.95	61.96	19	4	14	26	6
单位企业产值（亿元）	0.17	2.50	3.78	22	5	5	28	26
工业增加值率（%）	37.63	24.17		10	18		2	9
产品销售率（%）	103.76	99.84	95.82	2	6	14	1	10

资料来源：根据云南工业经济信息资料 2002、2007，中国工业经济统计年鉴 2002、2007 计算整理；2008 年数据来自云南省统计局提供的内部数据，未经国家统计局审核。

在金融危机的影响下，2008 年云南省石油加工、炼焦及核燃料加工业盈利能力在云南省 25 个工业行业中处于中等水平，部分经济效益指标有所下降，部分效益指标有所提高，排名有所上升，表明这个行业受金融危机的影响相对较小，资产利税率、总资产贡献率、成本费用利润率排名依次为第 6 名、第 10 名、第 15 名，变化依次为上升 4 位、上升 7 位、下降 4 位。产品销售率下降较大，跌至第 14 名。企业经营风险也发生了较大的变化，资产负债率由 2007 年第 4 名跌至 14 名。

综合以上指标看，云南石油加工、炼焦及核燃料加工业在省内工业行业中盈利能力处于中等水平，在国内同行业中盈利能力有所上升，也处于中等水平；企业经营管理能力从 2002 ~ 2007 年来看，有所下降，在省内工业行业及全国同行业中都处于中下水平，而 2008 年则与 2007 年较为相似；集中度在省内工业行业中较高，提升很快，但在国内同行业中处于较低水平；综合经济效益在省内工业行业中处于较高水平，位于前列，提升很快，但在国内同行业中处于很低水平。

4.2 云南化学工业的内部结构特点与效益分析

4.2.1 化学工业内部第一层次结构特点与效益分析

从产业规模看，化学原料及化学制品制造业、石油加工及炼焦、塑料制品业工业总产值较高，但是单位企业产值偏低，分别只有全省平均水平的 0.8 倍、1.6 倍、0.2 倍。相比之下，工业总产值较小的化学纤维制造业，有着很高的单位企业产值，是全国平均水平的 6.7 倍（表 4-4）。

表4-4　云南省化学工业内部行业经济效益对比

行业分类	年份	总产值（亿元）	单位企业产值（亿元）	全员劳动生产率［万元/（人·年）］	成本费用利润率（%）	流动资产周转次数（次/年）	总资产贡献率（%）	资产利税率（%）	工业增加值率（%）	产品产销率（%）	资产负债率（%）
全省工业	2007	4298.29	1.59	52.38	10.79	1.90	18.15	23.82	36.44	98.31	54.40
	2008	5144.58	1.55		7.30	1.79	16.93	13.97		95.18	58.01
化学原料及化学制品制造业	2007	360.61	1.32	50.30	6.6	1.9	9.2	10.8	24.1	99.6	62.4
	2008	520.39	1.71		8.60	2.01	14.02	10.79		95.08	62.63
化学纤维制造业	2007	10.60	10.60	315.43	26.2	2.5	34.9	38.1	37.5	100.5	8.1
	2008	11.11	11.11		34.83	2.10	42.38	41.33		100.29	11.74
石油加工及炼焦	2007	97.51	2.50	58.03	9.2	1.5	8.5	16.6	24.2	99.8	41.9
	2008	180.18	4.00		6.45	2.96	12.65	13.29		95.81	61.76
塑料制品业	2007	23.81	0.32	30.72	4.1	2.0	8.5	8.7	20.9	100.2	53.9
	2008	32.85	0.41		5.54	2.16	11.46	9.42		93.96	56.71

资料来源：根据云南工业经济信息资料2007计算整理；2008年数据是初步测算数。

从各行业的成本费用利润率、总资产贡献率、资产利税率来看，化学纤维制造业利润水平和税收水平都非常高，反映出具有很强的获利能力，并且高于全省平均水平。而其他三个行业的盈利能力相对较弱，不足全省平均水平。

从各行业的流动资产周转次数、成本费用率来看，化学纤维制造业有着很好的经营业绩，且成本费用控制较好，远远超出了全省的平均水平，表明该行业的经营管理水平比较出色。化学原料及化学制品制造业、塑料制品业的经营状况也比较好，但是成本费用控制较差，管理方面上存在一定的问题。石油加工及炼焦经营管理上稍有逊色，略低于全省平均水平。

从全员劳动生产率、工业增加值率来看，化学纤维制造业的综合经济效率在整个化工行业处于领先地位，同时，也大大超出全省平均水平，表明该行业有着优良的生产技术，以及较高的劳动者素质。化学原料及化学制品制造业、石油加工及炼焦的综合经济效率则与全省平均水平相接近。

从资产负债率来看，化学纤维制造业在4个行业中是最低的，且仅为全省平均水平的14.9%。而其他3个产业的资产负债率在全省平均水平附近，经营风险相对较大。

从产品销售率来看，各行业的产品都具有良好的竞争力，均高于全省平均产销水平，市场前景依旧良好，能够满足社会对此类产品的需求，特别是化学纤维制造业、塑料制品业的产品销售率超过了100%，表明该类产品的市场需求极其旺盛。

2008年，化学工业内部各行业总产值规模、单位企业产值规模继续扩大，化学原料及化学制品制造业、化学纤维制造业、石油加工及炼焦、塑料制品业总产值依次增加了44.31%、4.81%、84.78%、37.97%，内部各行业的盈利能力、经营管理能力也进一步增强，化学纤维制造业依然保持优势地位。因受到市场需求减小的影响，各行业产品销售率有所降低，其中化学纤维制造业仍在100%以上的水平，比2007年下降了0.21%，其他三个行业下降幅度较大。经营风险方面，与2007年相比，资产负债率仍在增高，也就是说，各行业面临的经营风险有所增加。其中石油加工及炼焦的上升最快，达到了61.76%。化学纤维制造业的抗风险能力仍然是最强的（表4-4）。

在化学工业中，企业单位产值规模最大的是化学纤维制造业，该行业还具备较强的盈利能力和较高的经营管理水平，产品的社会需求旺盛，市场竞争力强，同时负债低、经营风险小，总体来看，化学纤维制造业的综合经济效率远远领先其他化工行业，并且处于全省工业平均水平之上。与该行业1997年的水平相比，综合实力大大提高，但是产品竞争力略有不足，市场占有度有所降低，下降了约8.5%。总产值规模最大的是化学原料及化学制品制造业，但是由于行业内部企业单位数众多，其单位企业产值偏低，与1997年的水平相比，该行业依然保持化工工业的主导地位，综合实力小幅度提高，但在4个行业中不具备明显的优势，发展比较平稳。石油加工及炼焦的综合实力较一般，与1997年相比，某些方面有所增强，主要表现在：产值规模上升较快，盈利能力较大提高，资产负债水平降低了约54.8%。还需要进一步加强的是管理水平。塑料制品业综合实力是化学工业4个行业中最弱的，但是与1997年相比，该行业的经营管理水平得到了很大的改善，经营风险明显降低，产品的销售市场也进一步拓宽了，但是盈利能力上稍有逊色，整体来说，是一个具有较快发展潜力的行业（表4-5）。

表4-5 云南省1997年化学工业内部行业经济效益对比

行业分类	总产值（亿元）	企业单位产值（亿元）	全员劳动生产率［万元/（人·年）］	成本费用利润率（%）	流动资产周转次数（次/年）	总资产贡献率（%）	资产利税率（%）	工业增加值率（%）	产品产销率（%）	资产负债率（%）
全省工业	1003.62	0.18	9.04	11.4	1.4	19.2	22.8	48.9	97.6	58.4
化学原料及化学制品制造业	85.46	0.25	7.83	0.8	1.2	4.4	2.7	25.2	95.1	61.3
化学纤维制造业	5.70	1.42	27.08	14.8	2.0	17.3	17.7	35.5	109.0	36.9
石油加工及炼焦	0.71	0.05	5.45	−2.2	1.7	8.8	5.0	51.4	98.6	96.7
塑料制品业	9.66	0.07	7.91	0.4	1.3	4.2	2.4	25.2	93.6	66.2

资料来源：根据云南工业经济信息资料1997计算整理。

因此，从化学工业内部第一层次行业经济效益对比看，加快发展化学纤维制造业，推进化学原料及化学制品制造业的节能降耗，降低成本，培育塑料制品业大型企业集团，提高产业集中度，是提升云南化学工业竞争力的重要路径。

4.2.2 化学工业内部第二层次结构特点与效益分析

（1）化学原料及化学制品制造业。化学原料及化学制品制造业中，2007 年，产值规模相对较大的分行业是肥料制造，其工业总产值为 198.48 亿元，占该行业工业总产值的 55.04%，单位企业产值为 2.28 亿元，在该行业列居第二，是该行业平均水平 1.32 亿元的 1.73 倍。另一方面合成材料制造工业总产值虽然较低，仅占该行业的 5.16%，但是其单位企业规模很大，为 4.64 亿元，是该行业最高的水平，为行业平均水平的 3.53 倍。与 1997 年相比，除农药制造外，各分行业的产值规模都明显增长了，年均增长率在 10%~25% 之间（表 4-6）。

表 4-6 云南省化学原料及化学制品制造业内部行业经济效益对比

行业分类	年份	总产值（亿元）	单位企业产值（亿元）	全员劳动生产率［万元/（人·年）］	成本费用利润率（%）	流动资产周转次数（次/年）	总资产贡献率（%）	资产利税率（%）	工业增加值率（%）	产品产销率（%）	资产负债率（%）
化学原料及化学制品制造	2007	360.61	1.32	50.30	6.6	1.9	9.2	10.8	24.1	99.6	62.4
	2008	520.39	1.71		8.6	2.01	14.02	10.79		95.08	62.63
基础化学原料制造	1997	22.73	0.19	7.60	-8.7	1.2	0.1	-3.4	15.9	93.9	66.8
	2007	103.98	0.97	46.13	2.4	2.0	7.3	7.9	22.6	101.6	68.7
	2008	167.25	1.48		12.47	2.29	21.07	17.92		93.35	59.57
肥料制造	1997	46.87	0.59	8.11	4.1	1.3	5.0	3.8	26.4	94.8	61.6
	2007	198.48	2.28	57.29	6.8	1.9	9.9	11.6	24.8	98.4	63.5
	2008	269.88	2.90		6.76	1.88	10.74	7.47		95.59	66.95
农药制造	1997	1.35	0.17	14.54	60.9	0.9	20.4	30.2	49.3	98.0	57.6
	2007	0.76	0.38	26.46	2.6	0.7	2.7	3.0	17.8	101.5	73.8
	2008	0.91	0.30		1.9	0.77	2.46	2.16		95.58	75.01
涂料油墨颜料及类似产品	1997	1.73	0.08	6.21	-5.6	1.0	42.9	0.0	16.7	98.9	68.7
	2007	2.90	0.22	24.04	3.0	1.0	4.2	5.5	21.9	99.0	50.8
	2008	3.18	0.24		2.17	0.97	3.45	3.1		97.3	54.93
合成材料制造	1997	1.99	0.40	7.34	17.5	0.5	7.6	9.6	43.0	102.4	22.9
	2007	18.58	4.64	99.03	4.8	5.1	9.2	19.1	13.9	101	34.5
	2008	27.64	4.61		7.91	3.25	12.86	8.92		98.04	55.88

续表 4-6

行业分类	年份	总产值（亿元）	单位企业产值（亿元）	全员劳动生产率［万元/（人·年）］	成本费用利润率（%）	流动资产周转次数（次/年）	总资产贡献率（%）	资产利税率（%）	工业增加值率（%）	产品产销率（%）	资产负债率（%）
专用化学产品制造	1997	7.16	0.11	6.64	4.4	1.3	10.3	9.7	41.4	96.0	64.1
	2007	26.39	0.57	27.86	9.0	1.5	12.8	16.7	35.0	99.6	51.5
	2008	39.26	0.71		9.01	1.79	16.25	13.57		96.28	51.89
日用化学产品制造	1997	3.64	0.08	8.55	-2.7	1.6	3.2	1.4	20.8	97.0	46.4
	2007	9.52	0.63	57.49	4.1	1.4	6.5	6.7	19.3	97.8	50.9
	2008	12.26	0.58		3.84	1.74	8.87	7.23		96.38	50.77

资料来源：根据云南工业经济信息资料 1997、2007 计算整理；2008 年数据是初步测算数。

盈利能力相对较强的是专用化学产品制造，其次是肥料制造，这两个分行业的各项经济效益指标都在化学原料及化学制品制造业的平均水平之上。1997～2007 年，肥料制造、专用化学产品制造盈利水平分别以年增长 8.06%、5.09% 的速度在提高。

经营管理能力相对较强的是专用化学产品制造，其次是肥料制造。与 1997 年相比，经营管理水平均有所提升。而其他行业的经营管理水平都较为接近。

综合经济效率最强的是肥料制造，其次为合成材料制造。与 1997 年相比，员工整体素质、生产技术水平都有着很大的提高。同时，2007 年，企业经营风险最低的是合成材料制造，资产负债率仅为 34.5%，只有化学原料及化学制品制造业资产负债率的 55.2%。与 1997 年相比，合成材料制造的负债有所增加，即企业经营风险有所增大。

产品竞争力较强的是基础化学原料制造，达到了 101.6%，而在化学原料及化学制品制造业范围内，农药制造、合成材料的产品竞争力也很强，依次为 101.5%、101.0%。与 1997 年相比，基础化学原料制造的市场销售空间进一步扩大了，产品销售率上升了 7.7%。

根据 2008 年数据显示，化学原料及化学用品制造业内部各行业产值规模都有不同程度的扩张，总产值上以基础化学原料制造、肥料制造的增长速度较快。单位企业产值规模上各行业没有明显的剧烈变动，除农药制造、合成材料制造、日用化学产品制造有小幅度下降，其他行业均有所上升。盈利能力方面，受金融危机的影响，各行业表现有所不同。基础化学原料制造、合成材料制造、专用化学产品制造等三个行业较 2007 年有明显的增强，肥料制造、日用化学品制造的盈利能力没有太大的变化，而涂料油墨颜料及类似品制造、农药制造盈利能力有所减弱。经营管理能力方面，总体来看，除农药制造外，其他各行业的经营管理状况都得到了进一步改善。产品竞争力方面，很明显，受到金融危机的影响，市场需求萎靡，各行业的产品销售率都较 2007 年有不同程度地下降。企业经营风险方面，基础化学原料制造的资产负债率下降的幅度较大，为9.13%；合成材料资产负债率明显增加，上升幅度达21.38%，也就是说企业抗风险能力有所减弱。

综上所述，在化学原料及化学制品制造业中，综合实力最强、发展潜力较大的是肥料制造、基础化学原料制造、合成材料制造这3个分行业，另外专用化学品也有较大的提升空间（表4-6）。

（2）化学纤维制造业。云南省规模以上的化学纤维制造业只有1户企业，内部行业细分只有1个行业，即纤维素纤维原料及纤维制造，再往下细分也只有1个第三层行业，即人造纤维（纤维素纤维）制造业。所以，根据第一层次的结构特点分析可以知道，云南省纤维素纤维原料及纤维制造，即人造纤维（纤维素纤维）制造业具有产值规模大、盈利能力和经营管理能力强、综合经济效率高、产品销售前景良好、低经营风险的结构特点。

（3）石油加工及炼焦业。石油加工及炼焦行业中，产值规模最大的是炼焦业，工业总产值占该行业的99%，单位企业产值也远远高于精炼石油产品制造。同1997年相比，产值规模的扩张速度是非常快的。盈利能力、企业经营管理能力这两个方面，综合起来看较强的是炼焦，与石油加工及炼焦行业的平均水平相接近。与1997年相比，并没有明显的提高。而精炼石油产品制造业流动资产周转能力非常强，年均周转率为400.8%。综合经济效率方面，较高的是精炼石油产品制造，工业增加值率偏低，不足行业平均水平的二分之一。但是从1997～2007年，其增长趋势明显扩大。企业经营风险最低的是炼焦，约41.7%，风险控制能力进一步增强。产品竞争力上，精炼石油产品制造的产销率较高，为105.9%，比1997年有很大的提高。综上所述，在石油加工及炼焦业内部，炼焦业具有相对明显的优势（表4-7）。

表4-7 云南省石油加工及炼焦业内部行业经济效益对比

行业分类	年份	总产值（亿元）	单位企业产值（亿元）	全员劳动生产率[万元/(人·年)]	成本费用利润率（%）	流动资产周转次数（次/年）	总资产贡献率（%）	资产利税率（%）	工业增加值率（%）	产品产销率（%）	资产负债率（%）
石油加工及炼焦业	2007	97.51	2.50	58.03	9.2	1.5	8.5	16.6	24.2	99.8	41.9
	2008	181.22	3.78		6.39	2.96	12.58	13.21		95.82	61.96
精炼石油产品制造	1997	0.03	0.01	7.92	-13.0	1.9	-7.9	-17.7	1.5	100.0	73.0
	2007	1.13	0.38	61.57	0.3	4.0	1.6	2.6	11.9	105.9	92.2
	2008	1.03	0.34		-0.96	2.6	-0.03	-0.14		97.69	92.98
炼焦	1997	0.69	0.07	5.79	-1.7	1.7	9.3	5.6	53.4	98.5	97.4
	2007	96.38	2.68	57.99	9.3	1.5	8.6	16.7	24.3	99.8	41.7
	2008	180.18	4.00		6.45	2.96	12.65	13.29		95.81	61.76

资料来源：根据云南工业经济信息资料1997、2007计算整理；2008年数据是初步测算数。

2008年，由于云南石油加工及炼焦业内部产值占绝对比重的炼焦业受金融危机的影响相对较小，经济效益明显提高，导致整个石油加工及炼焦业产值规模迅速扩大。而精炼石油产品制造受金融危机影响突出，盈利水平大幅度下滑，出现利润负增长，炼焦业也有小幅度波动，与此同时两者的产品销售也呈现出减少的势头。企业经营风险方面，精炼石油产品制造业的资产负债率上升不明显，但依然居高不下，而炼焦业的风险提高了近20%，两者都应该对资产负债水平进行严格控制和调整，提高抗风险能力，否则，难于应对金融危机的冲击。

（4）塑料制品业。塑料制品业中，产值规模最大的是塑料薄膜制造业，工业总产值为10.65亿元，占塑料制品业总产值规模的44.7%，而单位企业产值大约是塑料制品业平均水平的2.1倍，1997~2007年，该行业产值规模迅速扩大。盈利能力最强的是其他塑料制品业，其综合盈利水平远高于塑料制品业中其他行业。其次是泡沫塑料制造业，1997~2007年，该行业逐渐实现扭亏为盈。

企业经营管理能力最佳的是泡沫塑料制造业，流动资产周转次数为2.9次/年，进一步说明了经营管理条件的改善，使得该行业盈利能力大大增强。综合经济效率最高的是塑料薄膜制造业，泡沫塑料制造业其次。塑料薄膜制造业的全员劳动生产率高达83.1%，是塑料制品业平均水平的2.7倍，比1997年的16.41提高近5.1倍。但是工业增加值有所降低。企业经营风险最小的是其他塑料制品业，其次是泡沫塑料制造业。泡沫塑料制造业的资产负债率为35.3%，比1997年降低了22.4%，该行业经营风险表现出减小的趋势。产品竞争力最强的是塑料薄膜制造业，为104.4%。综上所述，在塑料制品业中，相对而言，塑料薄膜制造业、泡沫塑料制造业优于其他5个分行业（表4-8）。

表4-8 云南省塑料制品业内部行业经济效益对比

行业分类	年份	总产值（亿元）	单位企业产值（亿元）	全员劳动生产率［万元/（人·年）］	成本费用利润率（%）	流动资产周转次数（次/年）	总资产贡献率（%）	资产利税率（%）	工业增加值率（%）	产品产销率（%）	资产负债率（%）
塑料制品业	2007	23.81	0.32	30.72	4.1	2.0	8.5	8.7	20.9	100.2	53.9
	2008	32.85	0.41		5.54	2.16	11.46	9.42		93.96	56.71
塑料薄膜制造业	1997	5.82	0.16	16.41	2.6	1.4	4.8	3.7	24.1	92.6	69.3
	2007	10.65	0.67	83.10	3.5	2.4	9.5	8.9	14.5	104.4	53.0
	2008	11.31	0.71		6.27	2	11.29	8.78		97.69	56.33
塑料板、管、棒材制造	1997	0.81	0.04	7.30	-0.8	1.4	3.9	2.4	23.3	89.4	52.0
	2007	2.95	0.21	25.35	-1.2	1.2	2.1	1.4	35.0	93.0	60.4
	2008	9.55	0.73		7.85	2.86	16.2	14.83		81.43	63.29

续表 4-8

行业分类	年份	总产值（亿元）	单位企业产值（亿元）	全员劳动生产率［万元/（人·年）］	成本费用利润率（%）	流动资产周转次数（次/年）	总资产贡献率（%）	资产利税率（%）	工业增加值率（%）	产品产销率（%）	资产负债率（%）
塑料丝、绳及编织品制造	1997	1.91	0.04	3.64	-4.6	1.1	2.2	-0.9	27.7	97.1	68.2
	2007	6.13	0.23	15.11	2.7	2.2	7.8	8.4	22.1	96.2	62.5
	2008	7.39	0.26		2.37	2.39	9.16	7.28		99.72	62.57
泡沫塑料制造	1997	0.00	0.00	0.92	-18.8	1.5	-6.3	-16.1	6.7	122.4	57.7
	2007	1.20	0.40	69.45	5.1	2.9	10.0	11.6	27.0	99.6	35.3
	2008	1.41	0.35		3.25	3.5	11.82	10.74		101.47	35.18
塑料包装箱及容器制造	1997	0.43	0.04	5.77	2.6	1.5	5.6	4.0	29.7	95.9	54.4
	2007	1.39	0.14	33.40	7.1	1.6	5.9	6.7	22.2	102.3	41.3
	2008	1.59	0.14		0.6	1.46	3.54	2.82		104.73	49.3
日用塑料制造	1997	0.33	0.02	4.67	-8.7	1.2	0.3	-3.0	16.3	95.2	65.6
	2007	0.46	0.23	19.34	2.2	2.5	9.3	8.9	26.6	98.6	42.6
	2008	0.52	0.17		4.32	2.07	10.19	6.92		95.11	14.79
其他塑料制品	1997	0.20	0.02	3.71	2.4	0.7	5.9	4.4	32.2	92.8	63.9
	2007	1.02	0.34	24.41	39.3	1.7	41.1	42.7	28.5	100.1	32.0
	2008	1.08	0.22		17.29	0.88	19.55	14.27		100.01	58.04

资料来源：根据云南工业经济信息资料 1997、2007 计算整理；2008 年数据是初步测算数。

2008 年，塑料制品业内部各行业总产值规模继续扩大，单位企业产值规模波动不大。其中塑料板、管、棒材制造业的产值规模上升最快。盈利能力和企业经营管理能力方面，塑料板、管、棒材制造业的提升速度最快，而其他塑料制品业受到金融危机的影响比较明显，出现大幅度下滑。其他行业在这两个方面没有明显变化，保持着稳定发展状态。产品销售率上，泡沫塑料制造业、塑料包装箱及容器制造的销售率上升到了100%以上的水平，而其他行业出现不同程度的下滑，这表明，尽管金融危机影响了整个塑料制品业销售，但是市场上对泡沫塑料、塑料包装箱及容器的需求还是有小范围的扩张。

因此，从化学工业内部第二层次结构和效益看，应在努力提升基础化学原料制造、肥料制造业竞争力的基础上，加快发展合成材料制造、日用化学产品制造、人造化学纤维制造、塑料薄膜制造、泡沫制造业和塑料板、管、棒材制造业，努力遏制农药制造盈利能力下降势头。

4.2.3 化学工业内部第三层次结构特点与效益分析

在第二层次分析中，化学原料及化学制品制造业中，肥料制造、合成材料制造综合实力较强，因此先对这两个分行业的第三层次子行业进行对比。

（1）肥料制造行业。肥料制造行业中，2007 年，产值规模方面，总产值最大的是磷肥制造，而单位企业产值最大的是氮肥制造。但是总体增长速度最快的是复混肥料制造，与 1997 年相比，其工业总产值、单位企业产值年均增长率分别为 42.83%、33.26%。盈利能力方面，2007 年，相对较强的是磷肥制造，复混肥料制造相比之下稍有逊色，但仍然在肥料制造业盈利能力的平均水平之上，与 1997 年相比，磷肥制造在 3 个行业中是较差的，经过 10 年的发展，磷肥制造获利能力得到了极大的提高。企业经营管理能力方面，无论是 1997 年还是 2007 年，复混肥料制造的情况是最好的，其次是磷肥制造，不但高于肥料制造行业平均水平，并且有了进一步的提高。综合经济效率方面，2007 年，复混肥料制造最好，磷肥制造其次。特别是复混肥料制造的全员劳动生产率，同 1997 年相比，有了一个飞跃，年均增长率达 22.90%，说明企业员工素质的提高、生产技术水平的改进能够为企业带来更好的经济效益。企业经营风险方面，氮肥制造面临的风险最小，行业内企业负债率仅为 59.0%，低于肥料制造平均水平 63.5%。与 1997 年相比，磷肥制造的风险有所降低，但仍高于肥料制造业的平均水平，因此，这些工业企业较高的资产负债率都使得整个肥料制造行业经营风险偏高。产品竞争能力方面，1997～2007 年，3 个行业都有着不错的销售前景，但是复混肥料制造的产品在竞争力上始终更胜一筹，2007 年达到了 101.2%，高出行业平均水平 2.8%。

2008 年，肥料制造业内部子行业中，磷肥制造、复混肥料制造业产值规模依然保持继续扩大趋势。另外，氮肥制造的总产值有所收缩，但单位企业产值仍有小幅度提高。盈利能力和经营管理能力方面，磷肥制造业继续提升，而氮肥制造、复混肥料制造有所减弱。产品销售率方面，在金融危机影响下，国内肥料市场需求减弱，而出口关税提高，导致产品销售量减少，所以各行业出现不同幅度的下滑。企业经营风险方面，整个肥料制造业仍然面临高经营风险，内部各行业资产负债率仍在上升，企业的抗风险能力有待提高。

综上所述，肥料制造业中，复混肥料制造业是近几年产值规模和集中度提高最快的产业，但 2008 年受金融危机影响效益下滑明显；根据表中数据显示，磷肥的经济效益较好，但受国家产业规制政策的影响，市场销售存在不确定性（表 4-9）。

（2）合成材料制造业。合成材料制造业中，2007 年，产值规模方面，总体规模最大的是合成纤维单（聚合）体的制造，1997～2007 年，年均增长率在 19.78%左右；可是合成橡胶的产值规模扩张趋势非常迅速，总产值、单位产值年均增长率分别为：57.21%、63.71%。盈利能力方面，总体水平相对较强的是初级形态的塑料及合成树脂制造，处于合成材料制造业的平均水平之上；合成橡

表 4-9 云南省肥料制造业内部行业经济效益对比

行业分类	年份	总产值（亿元）	单位企业产值（亿元）	全员劳动生产率［万元/（人·年）］	成本费用利润率（%）	流动资产周转次数（次/年）	总资产贡献率（%）	资产利税率（%）	工业增加值率（%）	产品产销率（%）	资产负债率（%）
肥料制造业	2007	198.48	2.28	57.29	6.8	1.9	9.9	11.6	24.8	98.4	63.5
	2008	269.88	2.90		6.76	1.88	10.74	7.47		95.59	66.95
氮肥制造	1997	27.08	1.29	8.96	7.3	1.1	4.9	4.8	31.1	94.4	56.3
	2007	62.12	3.45	40.39	9.7	1.4	7.5	9.4	28.4	98.5	59.0
	2008	58.71	3.91		8.32	1.33	6.99	4.89		97.83	60.36
磷肥制造	1997	17.15	0.49	6.67	-0.2	1.6	5.3	1.6	19.9	95.3	76.6
	2007	80.03	1.86	55.06	9.3	2.1	12.5	14.1	25.5	96.4	70.2
	2008	83.80	2.04		11.99	2.59	16.74	17.83		95.8	67.62
复混肥料制造	1997	1.59	0.12	15.16	6.5	1.7	7.0	6.3	22.6	96.5	46.8
	2007	56.33	2.17	119.12	8.1	2.4	12.0	12.3	19.8	101.2	64.1
	2008	123.95	3.65		2.97	1.93	11.71	5.1		94.57	74.52

资料来源：根据云南工业经济信息资料 1997、2007 计算整理；2008 年数据是初步测算数。

胶制造在利润和税收两个方面的获利能力表现不错，但是成本费用利润率过低，仅 0.2%，是合成材料平均水平的 0.04 倍。企业经营管理能力方面，合成橡胶制造相对较强，流动资产周转次数远远超过合成材料制造行业的平均水平，与 1997 年相比，年均增长率约 25.47%。综合经济效率方面，最好的是合成橡胶制造，其全员劳动生产率高达 872.89 万元，是合成材料制造行业的 8.8 倍，与 1997 年相比，提高了近 102 倍，但是工业增加值率有所下降。企业经营风险方面，负债水平最低的是合成纤维单（聚合）体的制造，但是比 1997 年上升了约 9.8%。产品竞争力方面，合成橡胶制造的产品销售率最高，为 102.0%，比 1997 年提高了约 2.2%，市场提升空间显得比较有限。其他 2 个子行业的产品销售情况也比较好，但明显增长幅度较小。现有的市场容量已经趋于饱和，需要进一步拓宽销售渠道（表 4-10）。

2008 年，合成材料制造业内部，合成橡胶制造业受金融危机影响较小，在产值规模、盈利能力、经营管理能力上都提升很快，特别是经营管理能力方面，超过了初级形态的塑料及合成树脂，成为该行业内最好的。但是，三个行业的产品销售率均有所下降，与 2007 年相比，合成橡胶制造业下滑幅度较小。另外，企业经营风险方面，除合成纤维单（聚合）体制造的资产负债率提高幅度很大，其余两个行业则明显减少。

表 4-10 云南省合成材料制造业内部行业经济效益对比

行业分类	年份	总产值（亿元）	单位企业产值（亿元）	全员劳动生产率［万元/（人·年）］	成本费用利润率（%）	流动资产周转次数（次/年）	总资产贡献率（%）	资产利税率（%）	工业增加值率（%）	产品产销率（%）	资产负债率（%）
合成材料制造业	2007	18.58	4.64	99.03	4.8	5.1	9.2	19.1	13.9	101.0	34.5
	2008	27.64	4.61		7.91	3.25	12.86	8.92		98.04	55.88
初级形态的塑料及合成树脂	2007	0.38	0.38	96.27	13.8	2.0	27.9	28.5	17.1	99.7	54.1
	2008	0.42	0.42		10.15	1.64	22.65	17.95		91.57	49.1
合成橡胶制造	1997	0.08	0.03	8.53	0.2	0.9	3.7	1.7	25.0	99.8	92.6
	2007	7.16	3.58	872.89	0.2	8.8	25.7	37.2	14.8	102.0	96.5
	2008	15.85	3.96		5.52	3.11	39.87	22.38		100.16	76.29
合成纤维单（聚合）体的制造	1997	1.82	1.82	7.02	19.1	0.5	7.8	10.0	43.9	102.7	20.6
	2007	11.04	11.04	62.93	0.9	4.2	8.0	17.0	13.2	100.4	30.4
	2008	11.37	11.37		11.31	3.64	8.35	5.67		95.31	51.15

资料来源：根据云南工业经济信息资料 1997、2007 计算整理；2008 年数据是初步测算数。

综上所述，合成材料制造业中，合成橡胶制造业的综合情况比较好，应重点扶持发展，而合成纤维单（聚合）体的制造业产值规模较大，但盈利能力和企业经营管理水平较低，应加强企业管理体制机制创新，提高经济效益（表 4-10）。

（3）基础化学原料制造。基础化学原料制造中，产值规模方面，1997 ~2007 年，各子行业的产值规模都呈扩张趋势。产值规模最大的是无机酸的制造，尽管其工业总产值低于其他化学原料制造，但是单位企业产值远高于其他 4 个子行业。盈利能力方面，1997 ~2007 年，全体子行业的获利能力明显增强了。盈利能力最强的是无机酸制造，特别是其总资产获利能力，是基础化学原料制造平均水平的 5.64 倍。企业经营管理能力上，无机酸制造的管理能力明显高于其他子行业，而成本费用利润率也从 1997 年的负值变为正值。综合经济效率上，最好的是无机酸制造，工业增加值率明显上升，中间消耗降低的经济效益得到控制，全员劳动生产率也有了极大的提高。企业经营风险方面，负债水平最低的是无机碱制造，为 55.1%，比 1997 年下降了 26.4%，不过还是存在较大的经营风险。产品竞争能力方面，其他基础化学原料制造最强，为 105.2%，高于基础化学原料制造平均水平 3.6%。无机碱制造、无机酸制造紧随其后，产品销售率超过了 100%，依次为：100.6%、100.3%，但是与各自 1997 年的水平相比，略有下降（表 4-11）。

2008 年，基础化学原料制造业内部，产值规模方面，其他基础化学原料制造、无机酸制造、无机碱制造总产值明显增加，但是单位企业产值变化幅度不大。盈利能力和经营管理能力方面，其他基础化学原料制造提升速度很快，无机碱制造较2007年也有所提升。但无机酸制造出现了较大幅度减弱。产品销售率上，各行业下滑幅度较大，市场需求收缩较大。企业经营风险上，无机酸制造、无机碱制造、其他化学基础原料制造资产负债水平降低，抗风险能力有所增强。

表4-11 云南省基础化学原料制造业内部行业经济效益对比

行业分类	年份	总产值（亿元）	单位企业产值（亿元）	全员劳动生产率［万元/（人·年）］	成本费用利润率（%）	流动资产周转次数（次/年）	总资产贡献率（%）	资产利税率（%）	工业增加值率（%）	产品产销率（%）	资产负债率（%）
基础化学原料制造业	2007	103.98	0.97	46.13	2.4	2.0	7.3	7.9	22.6	101.6	68.7
	2008	167.25	1.48		12.47	2.29	21.07	17.92		93.35	59.57
无机酸制造	1997	0.41	0.05	5.95	-19.0	1.1	1.5	-6.4	-0.9	101.3	70.3
	2007	33.13	2.21	80.17	8.8	2.9	41.2	18.6	27.9	100.3	64.4
	2008	46.18	2.72		10.46	2.48	22.13	16.14		104.7	40.97
无机碱制造	1997	1.70	0.28	4.51	-12.5	1.6	-0.7	-5.0	22.9	104.5	81.5
	2007	0.17	0.17	6.05	0.6	2.5	17.9	26.7	42.2	100.6	55.1
	2008	0.17	0.17		6.46	2.12	23.88	25.64		94.74	44.42
无机盐制造	1997	8.17	0.24	12.38	-11.4	1.2	-2.1	-6.0	6.5	93.2	57.4
	2007	25.77	0.95	35.99	0.01	2.6	3.6	0.9	13.8	98.0	65.6
	2008	38.39	1.42		4.11	2.3	9.05	6.62		89.52	71.79
有机化学原料制造	1997	0.45	0.11	4.71	-16.4	1.2	-1.3	-7.9	10.3	87.3	118.0
	2007	2.68	0.33	53.00	0.1	2.5	21.3	6.7	15.0	95.6	58.9
	2008	1.77	0.22		-0.53	2.97	3.67	3.02		99.05	65.67
其他基础化学原料制造	1997	12.01	0.18	6.71	-5.3	1.2	1.8	-0.8	22.1	92.8	69.4
	2007	42.24	0.75	40.35	-0.5	1.5	4.8	5.0	24.2	105.2	71.6
	2008	80.74	1.35		18.05	2.17	25.08	22.84		88.55	63.2

资料来源：根据云南工业经济信息资料1997、2007计算整理；2008年数据是初步测算数。

基础化学原料制造业中，从1997年到2007年的变化来看，无机酸制造业的综合实力较强，处于行业中的优势地位。而在2008年，受金融危机影响，无机酸制造业各经济效益指标相对不如2007年，而无机碱制造、其他化学基础原料制造业在产值规模、盈利能力方面出现较强的上升趋势。总的来看，无机酸制造业的发展仍然是基础化学原料制造业的主要产业，而无机碱制造业在未来可能会成为发展比较迅速的行业。

（4）农药制造业。农药制造业中，云南省仅有化学农药制造行业。从表4-12中可以看出，1997~2007年，产值规模明显缩小，盈利能力、企业经营管理能力出现倒退，综合经济效益方面，从全员劳动生产率来看，小幅度提高，但是从工业增加值率来看，大幅度下滑，所以总体呈现下降的趋势。企业经营风险也变大。除此之外，产品的竞争力略有提高，也就是说社会对化学农药产品有进一步的需求。但是随着生物化学农药及微生物农药制造行业的发展，传统的化学农药产品的竞争力可能会削弱。而从2008年数据来看，农药制造的产值规模有所扩大，但是盈利能力和经营管理能力下降势头依然明显，产品销售率受金融危机影响也出现了下滑，而企业抗风险能力仍然较差。

表4-12 云南省化学农药制造业经济效益对比

行业分类	年份	总产值（亿元）	单位企业产值（亿元）	全员劳动生产率［万元/(人·年)］	成本费用利润率（%）	流动资产周转次数（次/年）	总资产贡献率（%）	资产利税率（%）	工业增加值率（%）	产品产销率（%）	资产负债率（%）
农药制造	2007	0.76	0.38	26.46	2.6	0.72	2.7	3.0	17.8	101.5	73.8
	2008	0.91	0.30		1.9	0.77	2.46	2.16		95.58	75.01
化学农药制造	1997	1.35	1.69	14.54	60.9	0.86	20.4	30.2	49.3	98.0	57.6
	2007	0.76	0.38	26.46	2.6	0.72	2.7	3.0	17.8	101.5	73.8
	2008	0.91	0.30		1.9	0.77	2.46	2.16		95.58	75.01

资料来源：根据云南工业经济信息资料1997、2007计算整理；2008年数据是初步测算数。

（5）涂料、油墨、颜料及类似产品制造业。涂料、油墨、颜料及类似产品制造中，产值规模最大的是油墨及类似产品制造，总产值为15811.7万元，占涂料、油墨、颜料及类似产品制造分行业总产值比重的54.6%。盈利能力最强的是油墨及类似产品制造，与1997年相比，明显增强了。企业经营管理能力最好的是油墨及类似产品制造，流动资产周转次数、成本费用利润率分别是行业平均水平的1.94倍、1.4倍。与1997年相比，经营管理状况得到了明显的改善。综合经济效率最好的是颜料制造，其次是油墨及类似产品制造。与1997年相比，颜料制造的全员劳动生产率提高了近196.2倍，但是工业增加值率有明显下降。油墨及类似产品制造的增长不如颜料制造迅速。企业经营风险最小的是油墨及类似产品制造，负债水平仅37.6%，1997～2007年呈现出下降趋势。产品竞争力最强的是油墨及类似产品制造，为100.7%，并且在过去的10年中上升了10.7%（表4-13）。

2008年，涂料、油墨、颜料及类似产品制造业内部3个行业中，油墨及类似产品制造受金融危机影响相对较大，产值规模、盈利水平、产销率均有所下降。涂料制造、颜料制造受金融危机影响较小，产值规模、盈利水平都有小范围地提升，另外，颜料制造产品销售率增长速度很快，由2007年的75.5%上升至97.42%。综上所述，该分行业中，油墨及类似产品制造是3个子行业中综合实

表 4-13 云南省涂料、油墨、颜料及类似产品制造业经济效益对比

行业分类	年份	总产值（亿元）	单位企业产值（亿元）	全员劳动生产率［万元/（人·年）］	成本费用利润率（%）	流动资产周转次数（次/年）	总资产贡献率（%）	资产利税率（%）	工业增加值率（%）	产品产销率（%）	资产负债率（%）
涂料、油墨、颜料及类似产品制造	2007	2.90	0.22	24.04	3.0	1.0	4.2	5.5	21.9	99.0	50.8
	2008	3.18	0.24		2.17	0.97	3.45	3.1		97.3	54.93
涂料制造	1997	0.68	0.05	7.87	-3.2	1.2	4.9	1.1	12.6	101.5	56.4
	2007	1.15	0.19	13.77	1.8	0.6	2.4	3.5	18.9	100.2	56.2
	2008	1.23	0.25		3.63	0.94	3.03	3.47		95.68	73.28
油墨及类似产品制造	1997	0.39	0.20	11.19	-9.6	0.6	3.4	-2.1	22.7	90.0	66.3
	2007	1.58	0.26	45.70	4.2	2.0	7.8	8.7	23.1	100.7	37.5
	2008	1.49	0.25		0.7	1.74	4.67	4.37		98.59	38.81
颜料制造	1997	0.00	0.00	0.33	0.9	1.2	6.7	3.1	82.2	103.4	32.6
	2007	0.17	0.17	64.73	0.7	1.1	2.4	2.4	30.8	75.5	84.9
	2008	0.46	0.23		3.14	0.4	2.49	1.28		97.42	43.61

资料来源：根据云南工业经济信息资料 1997、2007 计算整理；2008 年数据是初步测算数。

力最好的。但是 2008 年，该行业受到金融危机的影响较大，特别是盈利水平方面，下滑程度很大。而涂料制造、颜料制造各经济效益指标相对 2007 年，有所提升。

（6）日用化学品制造业。日用化学品制造中，香料、香精制造的产值规模最大、盈利能力最强、企业经营管理最好，同时综合经济效益最好、企业经营风险最小。香料、香精制造的工业总产值为 87255.4 万元，占日用化学品制造行业总产值的 91.7%，而 1997 年的比重仅为 52.54%，产值规模扩大非常迅速，其盈利能力和企业经营管理能力比 1997 年明显好转。而肥皂及合成洗涤剂制造的产品竞争力最强，销售率达 100.4%。

2008 年，日用化学产品制造内部各行业产值规模继续保持增长的趋势，产品销售率有所下降。盈利能力方面，香料、香精制造有所提升，但是肥皂及合成洗涤剂制造的下降趋势进一步扩大。企业经营风险方面，香料、香精制造业的资产负债率虽然有小幅度提高，但还是保持在较低的水平（表 4-14）。

（7）专用化学产品制造业。专用化学产品制造业中，产值规模最大的是炸药及火工产品制造，无论是总产值规模还是单位产值规模，远远高于其他子行业的产值规模，同时其盈利能力也是最强的。1997～2007 年，产值规模迅速扩张，盈利能力极大增强。企业经营管理能力相对较好的有：专项化学用品制造、环境污染处理专用药剂材料。而像信息化学品制造、林产化学产品制造等，虽然流动资

表 4-14 云南省日用化学品制造业内部细分行业经济效益对比

行业分类	年份	总产值（亿元）	单位企业产值（亿元）	全员劳动生产率［万元/（人·年）］	成本费用利润率（%）	流动资产周转次数（次/年）	总资产贡献率（%）	资产利税率（%）	工业增加值率（%）	产品产销率（%）	资产负债率（%）
日用化学产品制造	2007	9.52	0.63	57.49	4.1	1.4	6.5	6.7	19.3	97.8	50.9
	2008	12.26	0.58		3.84	1.74	8.87	7.23		96.38	50.77
肥皂及合成洗涤剂制造	1997	1.55	0.12	12.25	0.5	2.0	6.5	6.9	22.1	98.0	61.7
	2007	0.79	0.20	8.32	-27.1	1.5	-10.8	-9.1	11.1	100.4	82.1
	2008	0.98	0.25		-26.2	1.77	-13.18	-14.34		99.21	81.75
香料、香精制造	1997	1.39	0.12	19.47	-5.2	1.4	0.4	-3.0	15.4	94.6	30.5
	2007	8.73	0.79	124.49	8.1	1.4	10.0	12.2	20.0	97.5	44.6
	2008	11.14	0.74		7.42	1.75	12.93	11.11		96.41	45.44

资料来源：根据云南工业经济信息资料 1997、2007 计算整理；2008 年数据是初步测算数。

产周转次数很高，但是成本费用利润率并不理想，甚至出现负值，因此不能判断它们企业经营能力强弱与否。经济综合效率相对较好的是信息化学品制造，其全员劳动生产率达到了 143.49，是 1997 年的 32.3 倍，此外化学试剂和助剂制造的综合经济效率也比较好。企业经营风险最小的是环境污染处理专用药剂材料。产品竞争力最强的是专项化学品制造，其产品销售为 103.1%（表 4-15）。

表 4-15 云南省专用化学品制造业内部细分行业经济效益对比

行业分类	年份	总产值（亿元）	单位企业产值（亿元）	全员劳动生产率［万元/（人·年）］	成本费用利润率（%）	流动资产周转次数（次/年）	总资产贡献率（%）	资产利税率（%）	工业增加值率（%）	产品产销率（%）	资产负债率（%）
专用化学产品制造业	2007	26.39	0.57	27.86	9.0	1.5	12.8	16.7	35.0	99.6	51.5
	2008	39.26	0.71		9.01	1.79	16.25	13.57		96.28	51.89
化学试剂和助剂制造	1997	0.27	0.03	9.12	-13.4	1.0	1.0	-5.7	27.7	97.7	87.4
	2007	3.10	0.52	76.11	2.5	1.6	6.1	5.9	25.6	99.4	44.4
	2008	5.88	0.49		-3.49	1.92	3.92	1.07		96.37	50.02
专项化学用品制造	1997	0.15	0.02	10.09	-9.8	1.7	5.1	1.0	55.6	93.2	81.2
	2007	0.92	0.18	51.47	4.2	2.7	13.8	18.7	13.5	103.1	48.8
	2008	5.80	0.83		7.38	1.9	18.59	9.5		81.56	45.45
林产化学产品制造	1997	2.84	0.11	8.43	8.6	1.5	14.6	15.5	43.5	99.6	68.6
	2007	7.09	0.39	37.52	-0.3	1.9	3.0	4.2	22.4	96.5	48.0
	2008	9.20	0.48		0.55	1.83	4.57	3.54		99.65	49.2

续表 4-15

行业分类	年份	总产值（亿元）	单位企业产值（亿元）	全员劳动生产率［万元/（人·年）］	成本费用利润率（%）	流动资产周转次数（次/年）	总资产贡献率（%）	资产利税率（%）	工业增加值率（%）	产品产销率（%）	资产负债率（%）
炸药及火工产品制造	1997	3.83	0.35	5.80	3.7	1.2	8.6	7.8	40.5	93.2	59.3
	2007	13.55	1.69	21.80	17.3	1.3	20.1	24.3	48.3	101.1	53.2
	2008	17.10	1.90		19.52	1.72	25.72	23.47		99.28	53.18
信息化学品制造	1997	0.02	0.01	4.44	-8.2	0.7	3.4	-3.9	24.1	83.9	81.3
	2007	0.30	0.30	143.49	0.6	7.5	3.4	3.5	15.0	100.5	78.2
	2008	0.31	0.31		-0.3	3.36	42.76	30.13		100.46	88.27
环境污染处理专用药剂材料	2007	0.07	0.07	36.74	4.6	1.9	20.8	23.7	39.5	100.0	24.6
	2008	0.06	0.06		2.72	1.73	16.23	16.43		100	21.08
动物胶制造	1997	0.16	0.03	3.27	-8.1	1.2	1.3	-3.3	27.5	98.4	68.1
	2007	0.26	0.13	9.83	1.1	1.1	4.8	4.9	33.3	87.6	49.6
	2008	0.21	0.10		3.9	0.89	4.73	4.3		89.28	69.74
其他专用化学产品制造	2007	1.10	0.22	23.07	-1.2	2.2	3.1	2.2	2.6	101.0	74.4
	2008	0.71	0.18		-4.23	1.67	2.45	-1.01		99.86	76.45

资料来源：根据云南工业经济信息资料 1997、2007 计算整理；2008 年数据是初步测算数。

2008 年，专用化学产品制造业内部行业中，受金融危机影响，产品销售率有所变动，仅林产化学品制造、动物胶制造的产销率有所提高，环境污染处理专用药剂材料仍然为 100%。其他方面，专项化学用品制造、炸药及火工产品制造这两个产业在产值规模、盈利能力、企业经营管理、企业经营风险方面，各效益指标都出现了较大的提升，成为 2008 年金融危机下专用化学产品制造业内部发展较快的行业，但是产品销售率下降幅度较大。另外，化学试剂和助剂制造、林产化学产品制造、信息化学品制造这三个行业也有所提高，但是增长速度较慢。而环境污染处理专用药剂材料、动物胶制造、其他专用化学产品制造则出现下滑的趋势。

综上所述，从 1997 ~ 2007 年的经济效益指标变动来看，专用化学产品制造业缺乏明显的优势。但是在 2008 年，专项化学用品、炸药及火工产品制造这两个行业发展速度比其他行业要快，凸显出一定的优势。

（8）精炼石油产品制造业。由于云南没有油田，石油产品制造产值规模很小。精炼石油产品制造业中，云南省主要是以原油加工及石油制品制造为主。从1997～2007年，该行业产值规模扩张，盈利水平、企业经营管理水平提高非常迅速。综合经济效率也有明显的进步，产品销量也上升了。但是经营风险还是居高不下，甚至有进一步上升的迹象。

4.2.4 基本评价

以上三个部分，对化学工业内部行业三个层次，从产值规模、盈利能力、经营管理能力、综合经济效率、企业经营风险、产品竞争能力这六个方面，进行了行业结构的对比分析。

第一，化学纤维制造业的单位企业产值规模最大，并且具备较强的盈利能力和较高的经营管理水平，产品的社会需求旺盛，市场竞争力强，同时负债低、经营风险小。总体来看，化学纤维制造业的综合经济效率远远领先于其他化工行业，高于全省平均水平。该行业的第二层次只有一个行业，即纤维素纤维原料及纤维制造，第三层次也只有一个行业，即人造纤维（纤维素纤维）制造。因此总体所反映出来的水平代表了各层次的结构特点和经济实力水平。与化工行业内部其他三个行业相比，化学纤维制造业是属于强而优的行业。2008年，该行业受到金融危机的影响较小，各经济效益指标保持稳定增长。

第二，总产值规模最大的是化学原料及化学制品制造业，但是由于行业内部企业单位数众多，其单位企业产值偏低，与1997年的水平相比，该行业依然保持化工工业的主导地位，综合实力小幅度提高，但在四个行业中不具备明显的优势，整体发展比较平稳。而其第二层次分行业中，肥料制造、合成材料制造业总体情况优于其他分行业。在第三层次的行业中，肥料制造以复混肥料制造为主，合成材料制造以合成橡胶为主，而基础化学原料制造业虽然在化学原料及化学制品制造业第二层次分行业中优势不明显，但是它的无机酸制造在六个方面表现出很强的上升趋势，是近10年来发展迅速的一个行业。

第三，石油加工及炼焦的综合实力较一般，与1997年相比，某些方面有所增强，主要表现在：产值规模上升较快，盈利能力较大提高，资产负债水平降低约54.8%。还需要进一步加强的是管理水平。

第四，塑料制品业综合实力是化学工业四个行业中最弱的，但是与1997年相比，该行业的经营管理水平得到了很大的改善，经营风险明显降低，产品的销售市场也进一步拓宽了，不过盈利能力仍有待提高，整体来说，是一个具有较快发展潜力的行业。第二层次的行业中，塑料薄膜制造业和泡沫塑料制造业平分秋色，但是从盈利能力和经营管理能力来看，泡沫塑料制造业优于塑料薄膜制造业，而经营管理水平的高低对一个行业有着重大的作用，所以，塑料薄膜制造业还有待加强。

4.3 云南化学工业的发展潜力与产业升级方向

4.3.1 未来国际、国内、省内市场需求分析

化学工业在国民经济中起着重要作用，不仅带动了一系列产业的发展，同时也受到相关产业的驱动，相关产业的发展为化学工业提供了广阔的市场前景。近几年包装行业的发展，如用于化肥、水泥、粮食蔬菜、饮料等的包装，对塑料的需求年均增长速度达11%以上，特别是中空容器和包装片材的需求增长速度达20%以上。随着新农村建设战略的提出，农业和农村经济将得到大力发展，化肥、农药、农用薄膜等相应将有较快的增长，我国加快对蔬菜等经济类作物、无公害农产品的种植生产，带动了氮肥、高浓度复合肥的需求增加。交通道路的大规模建设和民用汽车的迅速增长，使得汽油、柴油、煤油的需求量在未来也将大幅增长。建筑、电子电器、汽车行业的快速发展，对合成树脂、合成橡胶、合成纤维、塑料等化工产品的需求带动也很大，我国汽车工业的快速发展对汽柴油及三大合成材料的消费增长具有强劲拉动作用，据估计，未来几年汽车保有量每增长1%，将带动汽油和柴油消费0.19%和1.3%的增长，对合成树脂、合成橡胶及合成纤维消费的拉动分别为0.86%，0.89%和1.12%[1]。另一方面，可持续发展战略以及相关产业的不断发展进步和产业升级换代，对化工产品质量提出了更高的要求：包装薄膜要向薄型化、增韧化和提高阻渗透性能发展；汽车行业需要高性能的合成树脂以提高汽车的节能水平并实现轻型化，尤其是工程塑料的应用，如聚酰胺（尼龙）、聚甲醛和聚碳酸酯等；合成纤维正朝着能代替并超过天然纤维性能，特别是具有更好的透气性和抗静电性方向发展；国内子午胎使用比例的增加将对溶液丁苯橡胶和其他特种合成橡胶提出更严格的质量要求。国内外越来越多的发展趋势表明，随着国民经济的发展和人民生活水平的提高，化学工业在未来会面临更大的需求空间。

4.3.2 石化工业振兴计划对云南化学工业提升竞争力的作用

为应对金融危机对我国化学工业的影响，国家出台了《石化产业调整和振兴规划》（以下简称《规划》），明确指出：优化石化产业布局；加快结构调整和产业升级，不断增强产业竞争能力；采用洁净煤气化和能源梯级利用技术，对现有氮肥生产企业进行原料和动力结构调整；继续建设好云南等三大磷复肥基地；积

---

[1] 刘培哲，等．可持续发展理论与中国21世纪议程［M］．北京：气象出版社，2001.

极引导煤化工行业健康发展；结合中缅原油管线的进展情况，适时开展西南地区炼化项目的布局研究。

石化产业调整和振兴规划对云南省肥料制造业的进一步发展，有以下几个明显作用。一是采用洁净煤技术可提高企业利润。化肥行业最大的成本是原料和动力成本。无烟块煤和烟煤每吨差价在500元以上，采用洁净煤技术不但能扩大原料来源，更能节约成本，有助于提高企业的利润水平。二是保障化肥的供需平衡。云南省地处我国铁路运输线的末端，物流吞吐不平衡，距离海运港口较远，所以与地处中原、沿海地区的磷复肥企业相比，产品的物流成本较高。《规划》提出完善化肥储备机制，加强淡储化肥调运。通过这些举措，可增强市场调控能力，保障市场有效供应，有助于化学供需的平衡。三是加快淘汰落后产能。对化肥行业通过上大压小、产能置换，可淘汰技术落后、污染严重、资源利用不合理的产能。云南省作为国家级的磷肥基地，未来化肥行业向原料产地集约，对增强提高云南省磷复混肥的市场竞争力起着极大的作用，同时行业集中度的提高，也将使企业抗风险能力增强。四是出口关税的减免和降低，可进一步缓解市场压力，释放富裕的产能。

在《规划》中，可以看到煤化工将成为中国能源结构的重要组成部分。虽然受到金融危机影响，煤化工产业面临成本压力，产业发展趋缓，短期受困，但前景仍然很乐观。《规划》中指出，要坚持控制产能总量、淘汰落后工艺、保护生态环境、发展循环经济以及能源化工结合、全周期能效评价的方针，坚决遏制煤化工盲目发展势头，积极引导煤化工行业健康发展。2009 ~ 2011 年停止审批单纯扩大产能的焦炭、电石等煤化工项目，原则上不再安排新的煤化工试点项目，重点抓好现有煤制油、煤制烯烃、煤制二甲醚、煤制甲烷气、煤制乙二醇等五类示范工程，探索煤炭高效清洁转化和石化原料多元化发展的新途径。即，煤化工的发展要走绿色环保之路。对于云南省来说，煤化工虽然初具规模，但主要是以焦炭、电石以及一些初级煤化工产品为主，因此，为了进一步巩固煤化工的发展，云南省应该对产业结构进行调整，加快产业升级速度。

4.3.3 云南化学工业的产业升级方向

化学工业的结构升级演进趋势是高加工度化，即努力实现以不断提高技术含量进行深加工，促使产品链不断延长为主要内容的产品结构逐步优化升级。通过技术及产品升级相应带动企业结构、产业结构的不断优化，从而使产业高技术化、高附加值化以及集约化。化工产业结构升级演进是一个过程，关键是不断推进产业的科技进步和创新。

我国是石化产品生产和消费大国。进入 21 世纪以来，石化产业保持快速增长，产业规模不断扩大，综合实力逐步提高。工业增加值年均增长20%左右，拉动国民经济增长约1个百分点；化肥、农药、成品油、乙烯、合成树脂等产品产量位居世界前列；相继建成了14个千万吨级炼油、3个百万吨级乙烯生产基地，云南、贵州、湖北三大磷肥产区，青海、新疆百万吨钾肥工程。

云南化工已形成磷化工、煤化工、盐化工、精细化工和化肥生产的产业格局。由于无机化工及化肥产业链短、产品加工附加值有限，带动作用逐渐减小，弱化于有机化工，特别是精细化工的发展需要大量的有机原料，而云南缺乏石油资源，因此以煤为原料通过焦化、气化等方式发展有机原料、合成材料是云南省的一条重要发展途径，也是云南化学工业实现跨越式发展的增长点和潜力所在。

第一，云南省的磷化工产业得到了长足的发展，无论是以湿法工艺生产磷酸及高浓度磷复肥，还是以热法工艺生产黄磷及深加工，均处于全国先进行列。高浓度磷复肥、黄磷、磷酸产量居全国第1位，硫酸居全国第3位。国内黄磷市场已经进入成熟期，因此磷化工未来重点的产业升级方向一方面是发展以黄磷深加工和磷酸精细加工为主的产业，进一步促进电力部门与黄磷企业的整合，实现磷电结合；另一方面是继续增强高浓度磷复肥的优势，实现矿肥结合、装置大型化、生产区域集中化，限制发展低浓度磷复肥。总体来说，云南省可以依托其丰富的磷矿、盐矿、煤炭资源和电力优势，强化磷化工，大力发展煤化工，适度发展盐化工和有机化工，推进“矿肥结合”、“矿化结合”、“磷电结合”，提高云南化学工业的整体竞争力，以此来延伸产业链条。

第二，对于云南省的煤化工发展，要逐步淘汰工艺技术落后、产品质量差、安全隐患大、环境污染严重的落后产能，建立新型煤化工。新型煤化工是以生产洁净能源和可替代石油化工产品为主，它与能源、化工技术结合形成煤炭—能源化工一体化的新兴产业。因此未来的重点应该是发展以能源转化型为主的煤化工产业，以曲靖、昭通、红河、昆明等地为重点，依托大企业（集团）建设煤化工基地，发展大型煤制合成氨、焦化、甲醇、二甲醚等煤深加工产品，逐步形成煤-焦化、煤-气化、炭与燃料化工、合成材料、甲醇制烯烃五大煤化工产业链。

4.3.4　重点企业产业链延伸方向

云天化集团磷化工生产现已有湿法磷酸、氟硅酸、黄磷、重钙、磷酸一铵、磷酸二铵、工业磷酸盐、热法磷酸等产品。集团产业升级方向应主要集中在氟化工产品、石膏建材产品、磷酸氢钙、磷炉尾气化工产品、磷炉渣建材产品、黄磷磷化物、精细磷酸盐等方面（图4-1）。

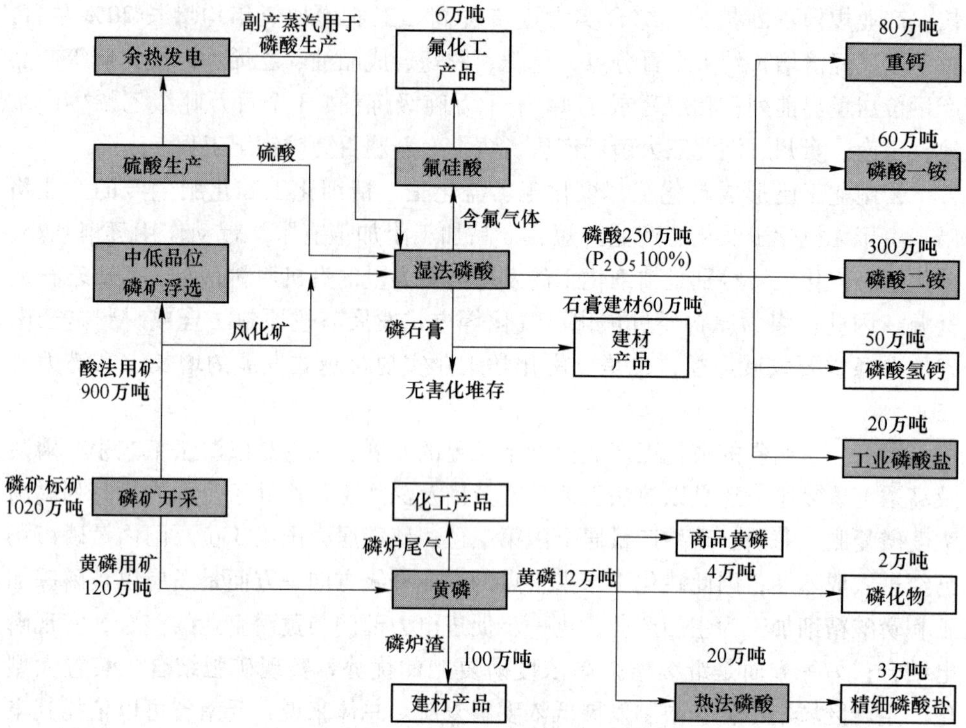

图 4-1 云天化集团磷化工产业链规划

5 云南装备制造业分析

1998 年中央经济工作会议明确提出“要大力发展装备制造业”[1]。装备制造业又称装备工业，主要是指资本品制造业，是为满足国民经济各部门发展和国家安全需要而制造各种技术装备的产业总称。按照国民经济行业分类，其产品范围包括机械、电子和兵器工业中的投资类制成品，分属于金属制品业、通用装备制造业、专用设备制造业、交通运输设备制造业、电器装备及器材制造业、电子及通信设备制造业、仪器仪表及文化办公用装备制造业 7 个大类 185 个小类。在改革开放初期，云南的装备制造业在部分领域具有产业优势，已经处于小而弱的状态；针对于产业升级的方向应大力发展振兴装备制造业。

5.1 云南装备制造业发展现状及在全国的地位

发展到 2008 年，云南省规模以上装备制造业有 314 户，占全省规模以上工业企业的 11%，从业人员约 6.9 万人，实现销售收入共计 304 亿元，工业增加值仅为 74 亿元，仅占全省工业增加值的 3.6%，占全省生产总值的 1.3%，是云南省工业行业中“小而不强”的产业。

5.1.1 通用设备制造业

从工业企业的综合经济效益看，近年来云南通用设备制造业相对较低，并且地位有所下降，2007 年的全员劳动生产率在云南 25 个工业行业中处于第 17 位，比 2002 年有所下降，在全国 31 个省（自治区、直辖市）中处于第 20 位，比 2002 年下降了 6 位；从工业企业的盈利能力看，盈利能力有所下降，在省内工业行业及全国同行业中的地位均处于中下水平，2007 年的资产利税率和成本费用利润率在云南 25 个工业行业中分别处于第 23 位和第 14 位，2002 年处于第 8 位和第 7 位，下降速度很快，在全国 31 个省（自治区、直辖市）中处于第 27 位和 13 位，比 2002 年下降了 15 位和 8 位，总资产贡献率在省内工业行业中由第 16 位上升到第 14 位，而在国内同行业中的地位由第 12 位下降到第 17 位；从工业企业的经营管理看，在云南 25 个工业行业及全国同行业中均处于中等水平，但上升很快，流动资产周转次数从 2002 年的第 21 位上升到

[1] 《经济日报》，1998 年 12 月 10 日，第 1 版。

2007 年的第 13 位，在全国 31 个省（自治区、直辖市）中的排名从 2002 年的第 21 位上升到 2007 年的第 15 位；从工业企业的经营风险看，企业经营的抗风险能力明显降低，处于中下水平，资产负债率在云南工业行业中的地位从 2002 年的第 6 位下降为第 14 位，在全国的排名也从第 1 位下降为第 17 位；从企业规模看，在云南 25 个工业行业中和全国同行业中都处于集中度较低水平，单位企业产值在云南工业行业中处于第 18 位，在全国 31 个省（自治区、直辖市）的排名也较靠后，且近年来有所下降，名次分别下降了 6 位和 4 位（表 5-1）。

2008 年，虽然受金融危机的影响，但云南通用设备制造业积极采取应对措施，经济效益变化不大，资产利税率上升了 4.27 个百分点，在工业行业中的排序提高了 11 位，处于第 12 位；总资产贡献率上升了不到 1 个百分点；成本费用利润率保持 2007 年的水平；流动资产周转率上升了 0.03 个百分点，排序上升到第 11 位；资产负债率上升了 2 个百分点，排序下降了 2 位；单位企业产值降低了 0.03 亿元/户，排序提高了 1 位；产品销售率降低了 1 个百分点，排序提高了 2 位（表 5-1）。综合各效益指标看，云南通用设备制造业受金融危机的影响不大，效益有所提高，产业地位有所提高。

表 5-1 云南省通用设备制造业经济效益指标及地位变化

通用设备制造业	2002 年	2007 年	2008 年	行业排名			全国排名	
				2002 年	2007 年	2008 年	2002 年	2007 年
全员劳动生产率[万元/(人·年)]	10.7	27.40		16	17		14	20
资产利税率（%）	6.22	5.00	9.27	8	23	12	12	27
总资产贡献率（%）	5.11	9.93	10.65	16	14	14	12	17
成本费用利润率（%）	5.39	7.45	7.44	7	14	14	5	13
流动资产周转次数（次/年）	0.8	1.70	1.73	21	13	11	21	15
资产负债率（%）	50.12	60.73	62.68	6	14	16	1	17
单位企业产值（亿元）	0.4	0.60	0.57	12	18	17	12	16
工业增加值率（%）	29.55	33.25		16	10		17	8
产品销售率（%）	97.22	93.27	92.90	17	22	20	29	28

资料来源：根据云南工业经济信息资料 2002、2007，中国工业经济统计年鉴 2002、2007 计算整理；2008 年数据来自云南省统计局提供的内部数据，未经国家统计局审核。

综合以上指标看，云南通用设备制造业盈利能力有所下降，在省内工业行业及国内同行业中均处于中下水平；企业经营管理能力显著下降，在云南工业行业及国内同行业中处于中等水平；企业抗风险能力明显下降，处于相对较低水平，集中度相对较低，且地位有所下降，在省内工业行业及国内同行业中处于中下水平；综合经济效益地位有所下降，在云南工业行业和国内同行业中都较差，处于中下水平。2008 年通用设备制造业盈利能力小幅提升，企业经营管理能力出现上升，在云南工业行业中处于中上游水平，金融危机对该行业影响不大。

5.1.2 专用设备制造业

从工业企业的综合经济效益看，近年来云南专用设备制造业处于很低的水平，地位有所上升，2007 年的全员劳动生产率在云南 25 个工业行业中处于第 20 位，在全国 31 个省（自治区、直辖市）中处于第 22 位，都比 2002 年下降了 1 位；从工业企业的盈利能力看，在省内工业行业中下降很快，处于各行业后列，在全国同行业中的地位变化不大，一直处于较低水平，2007 年专用设备制造业的资产利税率、总资产贡献率和成本费用利润率在云南 25 个工业行业中都处于第 24 位、第 24 位和第 22 位，分别比 2002 年下降了 5 位、3 位和 2 位，在全国 31 个省（自治区、直辖市）中处于第 26 位、第 25 位和第 28 位；从工业企业的经营管理看，在云南 25 个工业行业及国内同行业中都处于较低水平，地位有所上升，流动资产周转次数从 2002 年的第 24 位上升到 2007 年的第 22 位，在全国 31 个省（自治区、直辖市）的排名从 2002 年的第 26 位上升到 2007 年的第 25 位；从工业企业的经营风险看，企业经营的抗风险能力明显下降，处于较低水平，云南专用设备制造业的资产负债率在云南工业行业中的地位从 2002 年的第 18 位转变为第 25 位，在全国的排名也从第 25 位转变为第 28 位；从企业规模看，在云南 25 个工业行业中处于中下水平，在全国同行业中处于中上水平，地位均有所提升，单位企业产值在云南工业行业中处于第 14 位，在全国 31 个省（自治区、直辖市）的排名靠前，在省内工业行业及国内同行业排名中地位分别上升了 4 位和 7 位（表 5-2）。

表 5-2 云南省专用设备制造业经济效益指标及地位变化

专用设备制造业	2002 年	2007 年	2008 年	行业排名			全国排名	
				2002 年	2007 年	2008 年	2002 年	2007 年
全员劳动生产率[万元/(人·年)]	7.15	25.16		21	20		23	22
资产利税率（%）	0.72	4.43	5.68	19	24	19	26	26
总资产贡献率（%）	1.52	4.37	6.99	21	24	19	28	25
成本费用利润率（%）	-3.71	1.93	4.42	20	22	20	28	28
流动资产周转次数（次/年）	0.63	1.11	1.29	24	22	16	26	25
资产负债率（%）	71.83	79.39	75.14	18	25	22	25	28
单位企业产值（亿元）	0.24	0.89	0.86	19	15	15	20	13
工业增加值率（%）	29.66	27.28		15	14		10	10
产品销售率（%）	99.01	95.92	97.40	13	18	9	3	18

资料来源：根据云南工业经济信息资料 2002、2007，中国工业经济统计年鉴 2002、2007 计算整理；2008 年数据来自云南省统计局提供的内部数据，未经国家统计局审核。

2008 年，金融危机对云南专用设备制造业的影响不大，通过积极采取应对措施，经济效益不降反升。资产利税率上升了 1.25 个百分点，在工业行业中的排序提高了 5 位，处于第 19 位；总资产贡献率上升了 2.6 个百分点，排序提高了 5 位，处于第 19 位；成本费用利润率上升了 2.5 个百分点，在工业行业中的排序提高了 1 位，处于第 20 位；流动资产周转率上升了 0.18 个百分点，排序由第 22 位上升到第 16 位；资产负债率下降了 4 个百分点，排序上升到第 22 位；单位企业产值降低了 0.03 亿元/户，排序保持 2007 年水平；产品销售率上升了 2 个百分点，排序提高了 9 位。综合各效益指标看，云南专用设备制造业受金融危机的影响不大，效益有小幅度提高，产业地位有所上升（表 5-2）。

综合以上指标看，云南专用设备制造业盈利能力下降较快，在省内工业行业及国内同行业中都处于较低水平；企业经营管理能力近年来地位虽有所提升，但在省内工业行业及国内同行业中仍处于很低水平，位于后列；企业抗风险能力较弱，且有所下降，在省内工业行业及国内同行业中都处于较低水平，集中度在省内工业行业中相对较低，在国内同行业中相对较高，且地位均有所上升；综合经济效益在云南工业行业和国内同行业中都较差，处于后列。

5.1.3 交通运输设备制造业

从工业企业的综合经济效益看，近年来云南交通运输设备制造业在省内工业行业中相对较高，但在国内同行业中处于较低水平，2007 年全员劳动生产率在云南 25 个工业行业中处于第 10 位，比 2002 年下降了 1 位，在全国 31 个省（自治区、直辖市）中处于第 22 位，比 2002 年上升了 1 位；从工业企业的盈利能力看，在省内工业行业中有所下降，处于很低水平，在全国同行业中的地位有所上升，但仍处于较低水平，2007 年资产利税率、总资产贡献率和成本费用利润率在云南 25 个工业行业中分别处于第 17 位、第 20 位和第 25 位，比 2002 年有所下降，在全国 31 个省（自治区、直辖市）中处于第 19 位、第 25 位和第 26 位，比 2002 年分别上升了 7 位、4 位和 1 位；从工业企业的经营管理看，企业经营管理能力明显降低，在云南 25 个工业行业及全国同行业中处于中下水平，流动资产周转次数从 2002 年的第 5 位下降到 2007 年的第 14 位，在全国 31 个省（自治区、直辖市）中的排名从 2002 年的第 16 位下降到 2007 年的第 20 位；从工业企业的经营风险看，企业经营的抗风险能力明显提高，处于较高水平，且上升很快，资产负债率在云南工业行业中的地位从 2002 年的第 21 位转变为第 8 位，在全国的排名也从第 28 位转变为第 2 位；从企业规模看，在云南 25 个工业行业中和全国同行业中都处于集中度较高水平，单位企业产值在云南工业行业中处于第 6 位，比 2002 年上升了 4 位，在全国 31 个省（自治区、直辖市）中排名居中，从 2002 年的第 26 位上升到第 15 位（表 5-3）。

表 5-3 云南交通运输设备制造业经济效益指标及地位变化

交通运输设备制造业	2002 年	2007 年	2008 年	行业排名			全国排名	
				2002 年	2007 年	2008 年	2002 年	2007 年
全员劳动生产率[万元/(人·年)]	15.35	43.08		9	10		23	22
资产利税率（%）	2.27	10.12	6.96	17	17	17	26	19
总资产贡献率（%）	3.23	6.52	7.44	18	20	18	29	25
成本费用利润率（%）	-1.19	0.03	5.68	17	25	16	27	26
流动资产周转次数（次/年）	1.46	1.60	1.28	5	14	17	16	20
资产负债率（%）	74.06	51.78	51.17	21	8	8	28	2
单位企业产值（亿元）	0.48	1.95	2.26	10	6	6	26	15
工业增加值率（%）	21.64	23.01		23	21		26	23
产品销售率（%）	103.97	97.88	95.66	1	15	15	1	12

资料来源：根据云南工业经济信息资料 2002、2007，中国工业经济统计年鉴 2002、2007 计算整理；2008 年数据来自云南省统计局提供的内部数据，未经国家统计局审核。

2008 年，受金融危机的影响，云南交通运输设备制造业的经济效益有小幅下降。资产利税率下降了 3 个百分点；总资产贡献率上升了 1 个百分点，排序提高了 2 位，处于第 18 位；成本费用利润率上升了 5 个百分点，排序上升了 9 位；流动资产周转率下降了 0.3 个百分点，排序下降了 3 位，处于第 17 位；资产负债率下降了 0.6 个百分点，排序保持 2007 年水平；单位企业产值上升了 0.31 亿元/户，排序保持 2007 年不变；产品销售率降低 2 个百分点，排序保持 2007 年的水平不变。

综合以上指标看，云南交通运输设备制造业盈利能力相对较差，在省内工业行业及国内同行业中都处于后列；企业经营管理能力下降较快，在省内工业行业及国内同行业中都处于中下水平；企业抗风险能力显著提高，在云南工业行业及全国同行业中都处于较高水平，位于前列，集中度在省内工业行业中较高，位于前列，但在国内同行业中处于中等水平；综合经济效益在省内工业行业中相对较强，而在全国同行业中相对较差，位于后列。

5.1.4 电气装备及器材制造业

从工业企业的综合经济效益看，近年来云南电气装备及器材制造业在省内工业行业中相对较高，提升较快，在全国的地位也有所提高，但仍处于中下水平。2007 年全员劳动生产率在云南 25 个工业行业中处于第 7 位，比 2002 年上升了 4 位，在全国 31 个省（自治区、直辖市）中处于第 17 位，比 2002 年上升了 7 位；从工业企业的盈利能力看，盈利能力下降快，在省内工业行业及全国同行业中的地位都处于中下水平，2007年电气装备及器材制造业的资产利税率、总资产贡献率和成本费用利润率在云南25个工业行业中分别处于第18位、第16位和第19位，分别比2002年下降了4位、5位和5位，下降速度很快，在全国31个省（自治区、直辖市）中处于第23位、第24位和第17位，比2002年下降了4位、6位和5位；从工业企业的经营管理看，经营管理能力有所下降，在云南25个工业行业及全国同行业中都处于中下水平，流动资产周转次数从2002年的第12位下降到2007年的第15位，在全国31个省（自治区、直辖市）的排名从2002年的第15位下降到2007年的第24位；从工业企业的经营风险看，企业经营的抗风险能力明显降低，处于较低水平，资产负债率在云南工业行业中的地位从2002年的第15位下降为第21位，在全国的排名也从第23位下降为第26位；从企业规模看，在云南25个工业行业中和全国同行业中都处于集中度较低水平，单位企业产值在云南工业行业中处于第13位，在全国31个省（自治区、直辖市）中排名靠后，但近年来有所上升，从2002年的第22位下降到第20位（表5-4）。

表5-4 云南电气装备及器材制造业经济效益指标及地位变化

电气装备及器材制造业	2002年	2007年	2008年	行业排名			全国排名	
				2002年	2007年	2008年	2002年	2007年
全员劳动生产率[万元/(人·年)]	13.73	54.20		11	7		24	17
资产利税率（%）	5.33	9.97	6.91	14	18	18	19	23
总资产贡献率（%）	6.18	8.97	9.08	11	16	17	18	24
成本费用利润率（%）	1.96	5.86	4.60	14	19	19	22	17
流动资产周转次数（次/年）	1.22	1.51	1.56	12	15	14	15	24
资产负债率（%）	69.1	69.23	68.72	15	21	21	23	26
单位企业产值（亿元）	0.39	0.97	1.01	13	13	12	22	20
工业增加值率（%）	23.09	19.61		21	24		25	10
产品销售率（%）	95.11	95.70	100.25	20	20	4	25	23

资料来源：根据云南工业经济信息资料2002、2007，中国工业经济统计年鉴2002、2007计算整理；2008年数据来自云南省统计局提供的内部数据，未经国家统计局审核。

2008年，虽然受金融危机的影响，但云南电气装备及器材制造业积极利用国家政策，积极应对金融危机，经济效益变化不大。资产利税率降低了3个百分点，在工业行业中的排序不变；总资产贡献率上升了0.1个百分点，排序下降了1位，处于第17位；成本费用利润率上升了0.1个百分点，排序不变；流动资产周转率上升了0.05个百分点，排序上升到第14位；资产负债率下降了不到1个百分点，排序保持2007年不变；单位企业产值上升了0.1亿元/户，排序提高了1位；产品销售率上升了5个百分点，排序提高了16位。

综合以上指标看，云南电气装备及器材制造业盈利能力相对较差，且下降较快，在省内工业行业及国内同行业中均处于中下水平；企业经营管理能力有所增强，但在省内工业行业及全国同行业中仍处于较低水平；企业抗风险能力明显降低，在云南工业行业及全国同行业中均处于较低水平，位于后列，集中度较低，在国内同行业中地位有所提高；综合经济效益在省内工业行业中较好，但在全国同行业中相对较差，位于后列。

5.1.5 电子及通信设备制造业

光电子产业是对经济增长贡献大、增长快的产业，云南的光电子产业还处于规模小、经济效益处于中下水平的地位。2008 年，全省共有 11 户光电子骨干企业，占全省规模以上工业企业的 0.4%；工业增加值约 12 亿元，占全省规模以上工业增加值的 0.7%，占全省生产总值的 0.2%。从工业企业的综合经济效益看，近年来云南电子及通信设备制造业在省内工业行业中相对较高，但地位有所降低，在国内同行业中处于中上水平，且地位有所提高，2007 年全员劳动生产率在云南 25 个工业行业中处于第 8 位，比 2002 年下降了 5 位，在全国 31 个省（自治区、直辖市）中处于第 12 位，比 2002 年上升了 3 位；从工业企业的盈利能力看，盈利能力下降快，在省内工业行业及全国同行业中的地位均处于中下水平，2007 年的资产利税率、总资产贡献率和成本费用利润率在云南 25 个工业行业中分别处于第 19 位、第 19 位和第 13 位，比 2002 年下降了 13 位、11 位和 9 位，下降速度很快；在全国 31 个省（自治区、直辖市）中处于第 17 位、第 18 位和第 6 位；从工业企业的经营管理看，企业经营管理能力在云南 25 个工业行业和全国同行业中处于较低水平，流动资产周转次数一直位于第 23 位，在全国 31 个省（自治区、直辖市）的排名从 2002 年的第 24 位下降到 2007 年的第 27 位；从工业企业的经营风险看，企业经营的抗风险能力在省内工业行业中较强，但在全国同行业中处于中下水平，下降较快，资产负债率在云南工业行业中的地位从 2002 年的第 3 位下降到第 5 位，在全国的排名也从第 2 位下降到第 17 位；从企业规模看，在云南 25 个工业行业中和全国同行业中都处于集中度较低水平，单位企业产值在云南工业行业中处于第 14 位，在全国 31 个省（自治区、直辖市）中排名靠后，且地位近年来下降较快，分别从 2002 年的第 5 位和第 15 位下降到第 14 位和第 23 位（表 5-5）。

2008 年，受金融危机的影响，云南电子及通信设备制造业的经济效益小幅下滑。资产利税率降低了 4 个百分点，在工业行业中的排序下降了 1 位，处于第 20 位；总资产贡献率下降了 0.5 个百分点，排序下滑了 2 位，处于第 21 位；成本费用利润率下降了 0.27 个百分点，排序不变，流动资产周转率保持 2007 年水平，排序上升到第 21 位；资产负债率下降了 6 个百分点，排序下降了 1 位；单位企业产值上升了0.02亿元/户，排序提高了1位；产品销售率下降了5个百分点，排序下降了7位。

表5-5 云南电子及通信设备制造业经济效益指标及地位变化

电子及通信设备制造业	2002年	2007年	2008年	行业排名			全国排名	
				2002年	2007年	2008年	2002年	2007年
全员劳动生产率[万元/(人·年)]	29.04	52.14		3	8		15	12
资产利税率（%）	6.66	8.29	4.82	6	19	20	14	17
总资产贡献率（%）	6.57	6.86	6.36	8	19	21	30	18
成本费用利润率（%）	11.2	7.78	7.51	4	13	13	2	6
流动资产周转次数（次/年）	0.75	1.06	1.06	23	23	21	24	27
资产负债率（%）	37.41	48.40	42.43	3	5	6	2	17
单位企业产值（亿元）	0.87	0.96	0.98	5	14	13	15	23
工业增加值率（%）	28.41	28.33		17	13		14	18
产品销售率（%）	89.96	98.43	93.84	23	11	18	28	5

资料来源：根据云南工业经济信息资料2002、2007，中国工业经济统计年鉴2002、2007计算整理；2008年数据来自云南省统计局提供的内部数据，未经国家统计局审核。

综合以上指标看，云南电子及通信设备制造业盈利能力显著下降，在省内工业行业及国内同行业中都处于中下水平；企业经营管理能力较弱，且有所下降，在省内工业行业及国内同行业中都处于后列；企业抗风险能力在省内工业行业中较强，位于前列，在国内同行业中相对较弱，处于中下水平，下降显著，集中度相对较低，地位下降明显；综合经济效益在省内工业行业中较好，位于前列，但地位有所下降，在国内同行业中处于中上水平，且地位有所上升。

5.1.6 金属制品业

从工业企业的综合经济效益看，近年来云南金属制品业相对较低，并且地位有所下降。2007年的全员劳动生产率在云南25个工业行业中处于第14位，比2002年有所下降，在全国31个省（自治区、直辖市）中处于第22位，比2002年下降了6位；从工业企业的盈利能力看，盈利能力下降显著，在省内工业行业及全国同行业中均处于很低水平，位于后列，2007年的资产利税率、总资产贡献率和成本费用利润率在云南25个工业行业中都处于第20位之后，比2002年分别下降了12位、10位和11位，下降速度很快；在全国31个省（自治区、直辖市）中处于第25位、第25位和第24位，比2002年有所下降；从工业企业的经营管理看，企业经营管理能力在云南25个工业行业处于较高水平，但地位有所下降，在全国同行业中处于中下水平，流动资产周转次数从2002年的第6位下降到2007年的第8位，在全国31个省（自治区、直辖市）的排名从2002年的第16位下降到2007年的第23位；从工业企业的经营风险看，企业经营的抗风险能力明显降低，处于很低水平，资产负债率在云南工业行业中的地位从2002年的第9位下降到第23位，在全国的排名也从第6位下降到第28位；从企业规模看，在云南25个工业行业中和全国同行业中都处于集中度较低水平，且地位有所下降，单位企业产值在云南工业行业中处于第25位，在全国31个省（自治区、直辖市）中排名中位于第28位，比2002年分别下降了4位和3位（表5-6）。

表5-6 云南金属制品业经济效益指标及地位变化

金属制品业	2002年	2007年	2008年	行业排名			全国排名	
				2002年	2007年	2008年	2002年	2007年
全员劳动生产率[万元/(人·年)]	11.97	31.30		13	14		16	22
资产利税率（%）	6.21	6.94	7.79	9	21	14	17	25
总资产贡献率（%）	5.91	6.02	10.27	13	23	14	24	25
成本费用利润率（%）	3.27	2.86	5.01	10	21	17	16	24
流动资产周转次数（次/年）	1.4	1.80	1.81	6	8	10	16	23
资产负债率（%）	57.57	71.87	66.06	9	23	20	6	28
单位企业产值（亿元）	0.19	0.34	0.39	21	25	23	25	28
工业增加值率（%）	27.84	19.73		18	23		15	29
产品销售率（%）	102.78	104.43	97.96	4	1	8	2	2

资料来源：根据云南工业经济信息资料2002、2007，中国工业经济统计年鉴2002、2007计算整理；2008年数据来自云南省统计局提供的内部数据，未经国家统计局审核。

2008年，虽然受金融危机的影响，但云南金属制品业积极采取应对措施，经济效益有所提高。资产利税率上升了1个百分点，在工业行业中的排序提高了7位，处于第14位；总资产贡献率上升约4个百分点，排序提高了9位，处于第14位；成本费用利润率上升了2个百分点，排序由第21位上升到第17位；流动资产周转率上升了0.01个百分点，排序下降到第10位；资产负债率下降了5个百分点，排序上升了3位；单位企业产值上升了0.05亿元/户，排序上升了2位；产品销售率降低了7个百分点，排序下降了7位，处于第8位（表5-6）。

综合以上指标看，云南金属制品业盈利能力显著下降，在省内工业行业及国内同行业中都处于较低水平；企业经营管理能力在省内工业行业中较强，位于前列，但地位有所下降，在国内同行业中相对较弱，位于后列；企业抗风险能力下降很快，在省内工业行业及国内同行业中都处于较低水平，集中度相对较低，地位有所下降；综合经济效益在云南工业行业和国内同行业中都较差，处于中下水平。

5.1.7 仪器仪表及文化办公用装备制造业

从工业企业的综合经济效益看，近年来云南仪器仪表及文化办公用装备制造业相对较低，并且地位有所下降，2007 年的全员劳动生产率在云南 25 个工业行业中处于第 21 位，比 2002 年有所下降，在全国 31 个省（自治区、直辖市）中处于第 23 位，比 2002 年下降了 3 位；从工业企业的盈利能力看，盈利能力相对较强，在省内工业行业及全国同行业中均处于较高水平，2007 年的资产利税率和成本费用利润率在云南 25 个工业行业中分别处于第 6 位和第 5 位，比 2002 年分别上升了 7 位和 1 位，上升速度很快，在全国 31 个省（自治区、直辖市）中处于第 7 位和第 2 位，比 2002 年上升了 9 位和 11 位，但总资产贡献率较低，且下降显著，在省内工业行业及国内同行业中分别位于第 22 位和第 18 位，比 2002 年下降了 8 位和 12 位；从工业企业的经营管理看，在云南 25 个工业行业及全国同行业中都处于较低水平，且有所降低，流动资产周转次数从 2002 年的第 20 位下降到 2007 年的第 25 位，在全国 31 个省（自治区、直辖市）的排名从 2002 年的第 22 位下降到 2007 年的第 28 位；从工业企业的经营风险看，企业经营的抗风险能力明显降低，处于中下水平，资产负债率在云南工业行业中的地位从 2002 年的第 5 位下降到第 12 位，在全国的排名也从第 6 位下降到第 18 位；从企业规模看，在云南 25 个工业行业中和全国同行业中都处于集中度较低水平，且地位下降显著，单位企业产值在云南工业行业中处于第 24 位，在全国 31 个省（自治区、直辖市）中位于第 25 位，比 2002 年分别下降了 8 位和 6 位（表 5-7）。

2008 年，云南仪器仪表及文化办公用装备制造业积极采取措施应对金融危机。资产利税率下降了 16 个百分点，在工业行业中的排序下降了 15 位，处于第 21 位；总资产贡献率下降了 2 个百分点，排序保持 2007 年水平；成本费用利润率下降了 17 个百分点，排序由第 5 位下降到第 12 位；流动资产周转率上升了 0.25 个百分点，排序上升到第 22 位；资产负债率下降了 24 个百分点，排序上升了 9 位；单位企业产值上升了 0.05 亿元/户，排序提高了 2 位，产品销售率降低了 0.17 个百分点，排序上升了 1 位，处于第 2 位。

表 5-7 云南仪器仪表及文化办公用装备制造业经济效益指标及地位变化

仪器仪表及文化办公用装备制造业	2002 年	2007 年	2008 年	行业排名			全国排名	
				2002 年	2007 年	2008 年	2002 年	2007 年
全员劳动生产率[万元/(人·年)]	8	22.07		19	21		20	23
资产利税率（%）	5.71	20.52	4.43	13	6	21	16	7
总资产贡献率（%）	5.3	6.16	4.11	14	22	22	6	18
成本费用利润率（%）	6.2	24.24	7.58	6	5	12	13	2
流动资产周转次数（次/年）	0.84	0.75	1.00	20	25	22	22	28
资产负债率（%）	49.44	56.10	32.38	5	12	3	6	18
单位企业产值（亿元）	0.26	0.36	0.41	16	24	22	19	25
工业增加值率（%）	37.33	23.25		11	20		4	28
产品销售率（%）	90.80	101.87	101.70	22	3	2	24	3

资料来源：根据云南工业经济信息资料 2002、2007，中国工业经济统计年鉴 2002、2007 计算整理；2008 年数据来自云南省统计局提供的内部数据，未经国家统计局审核。

综合以上指标看，云南仪器仪表及文化办公用装备制造业整体上盈利能力较强，提升快，在省内工业行业及国内同行业中处于较好水平，位于前列，但其运用全部资产获利的能力相对较差；企业经营管理能力有所下降，在省内工业行业及国内同行业中都处于很低水平；企业抗风险能力显著降低，在省内工业行业及国内同行业中都处于中下水平，集中度较低，且地位有所下降；综合经济效益在云南工业行业和国内同行业中都较差，处于后列。

5.2 云南装备制造业的内部结构特点与经济效益分析

5.2.1 装备制造业内部第一层次结构特点与效益分析

装备制造业在工业化进程中具有战略地位，是国民经济增长和技术升级的支撑条件。

就产业规模而言，云南装备制造业中的交通运输设备制造业的在产值规模上占据绝对优势地位，占全省工业总产值的 1.86%，单位企业产值是全省的 1.23 倍，已经形成了规模经济效益；电气机械及器材制造、通用设备制造业与专用设备制造业也呈现扩张趋势，但企业数较多，竞争激烈；而金属制品业与仪器仪表及文化办公用机械制造业的产值规模明显偏小（表 5-8）。

就盈利能力而言，通用设备制造业、交通运输设备制造业的总资产贡献率和资产利税率位居行业一二位，但成本费用利润率处于倒数，企业盈利能力较强；仪器仪表及文化、办公用机械制造的总资产贡献率和资产利税率都较差，但成本

表 5-8 云南省装备制造业各行业经济效益对比

行业分类	年份	总产值（亿元）	单位企业产值（亿元）	全员劳动生产率［万元/（人·年）］	成本费用利润率（%）	流动资产周转次数（次/年）	总资产贡献率（%）	资产利税率（%）	工业增加值率（%）	产品产销率（%）	资产负债率（%）
全省工业	2007	4298.29	1.59	52.38	10.79	1.90	18.15	23.82	36.44	98.31	54.40
	2008	5144.58	1.55		7.3	1.79	16.93	13.97		95.18	58.01
金属制品业	2007	17.84	0.34	31.32	2.75	1.8	5.98	6.87	19.72	104.40	71.86
	2008	24.78	0.39		5.01	1.81	10.27	7.79		97.96	66.06
通用设备制造业	2007	47.67	0.60	27.37	0.23	1.7	15.83	13.16	4.15	93.26	60.73
	2008	56.25	0.57		7.44	1.73	10.65	9.27		92.9	62.68
专用设备制造业	2007	37.24	0.89	25.16	0.18	1.1	5.65	4.43	2.04	95.93	79.39
	2008	45.44	0.86		4.42	1.29	6.99	5.68		97.4	75.14
交通运输设备制造业	2007	80.13	1.95	43.05	0.14	1.6	9.74	10.12	3.78	97.87	51.78
	2008	101.89	2.26		5.68	1.28	7.44	6.96		95.66	51.17
电气机械及器材制造业	2007	54.20	0.97	54.42	5.58	1.5	8.99	9.99	19.62	95.71	69.24
	2008	67.84	1.01		4.6	1.56	9.08	6.91		100.25	68.72
通信设备、计算机及其他电子设备	2007	11.47	0.96	51.55	7.44	1.1	6.86	8.29	28.37	98.40	48.39
	2008	14.73	0.98		7.51	1.06	6.36	4.82		93.84	42.43
仪器仪表及文化、办公用机械制造	2007	10.15	0.36	22.24	9.03	0.8	3.91	4.42	23.26	101.85	56.10
	2008	10.15	0.36	22.24	9.03	0.8	3.91	4.42	23.26	101.85	56.1

资料来源：根据云南工业经济信息资料 1997、2007 计算整理；2008 年数据是初步测算数。

费用利润率最高；金属制品业、专用设备制造业的三项指标都较差，企业盈利能力较差。

就企业经营管理能力而言，流动资产周转速度位居前三的行业为金属制品业、通用设备制造业、交通运输设备制造业，而仪器仪表及文化、办公用机械制造的流动资产周转速度仅为75.36%。结合成本费用利润率，可以看到，通用设备制造业、交通运输设备制造业企业的经营管理能力较强；而仪器仪表及文化、办公用机械制造业企业较差的经营管理能力导致其较高的生产成本和较低的流动资产周转率，电气机械及器材制造业与通信设备计算机及其他电子设备的较高成本费用利润率和流动资产周转率反映了该行业企业较大的固定成本及相应管理的不足。

就综合经济效率而言，电气机械及器材制造业、通信设备、计算机及其他电子设备与交通运输设备制造业的全员劳动生产率较高，其中，电气机械及器材制造业高于全省平均水平，综合经济效率较高，企业单位员工的产量大；仪器仪表及文化、办公用机械制造的劳动生产率最低，与电气机械及器材制造业的全员劳动生产率差距很大。

就企业经营风险而言，仅有交通运输设备制造业与通信设备、计算机及其他电子设备的资产负债率低于全省工业平均水平，企业经营风险相对较小；金属制品业与专用设备制造业的资产负债率较高。

就产品竞争力而言，工业产品产销率高于100%的行业是金属制品业与仪器仪表及文化、办公用机械制造，产品竞争力较强；通用设备制造业的销售率最低，为93.26%。

综合来说，2007年装备制造业在全省工业总产值中比重仅为6.02%，产值规模偏小，远远低于国内平均水平。其中，交通运输设备制造业各项指标良好，行业实力相对较强；通用设备制造业发展潜力较大，但全员劳动生产率和产销率迫切需要提高；电气机械及器材制造也呈现扩张趋势，但须克服企业管理能力较弱的问题；通信设备、计算机及其他电子设备虽然有较高的劳动生产率，但由于企业经营管理能力较差，使得总产值较低，行业偏小，但综合各指标看该行业有由小做大的潜力；金属制品业产值规模偏小，销售率最高，其余指标处于中游水平，可以考虑由小做大；仪器仪表及文化、办公用机械制造业行业整体实力较弱，规模也偏小，属小而弱衰退行业。

2008年，金融危机对云南装备制造业内部各行业经济效益的影响相对较小，内部各行业总产值快速增加，单位企业规模有所扩大，盈利能力和企业经营管理能力继续增强，受市场需求萎缩的影响，产品销售率有所下降，受银行信贷收缩的影响，资产负债率下降明显。其中，金属制品业和交通运输设备制造业的产值规模和效益提高较快；仪器仪表及文化办公用装备制造业虽然行业弱小，但该时期企业经营管理能力明显提升，产值和效益也有小幅提高，可以考虑在金融危机时期重点发展；通用设备制造业和专用设备制造业产值规模提升较少，盈利能力有所下滑；电气机械及器材制造业和通信设备计算机及其他电子设备制造业产值规模有小幅提高，但盈利能力和企业经营管理能力明显下滑（表5-8）。

因此，从云南装备制造业内部第一层次结构与行业效益对比看，通用设备制造业和交通运输设备制造业是值得重点扶持、由小做大的行业。

5.2.2 装备制造业内部第二层次结构特点与效益分析

（1）金属制品业。如表5-9所示，2007年金属制品业的下一层次行业中，产业规模相对较大的是结构性金属制品制造业、其他金属制品制造业，总产值分别占金属制品业总产值的55.16%、13.91%，较1997年总产值依次增长了

189.86%、92.90%，两行业的单位企业产值分别是金属制品业平均企业规模的1.43倍、1.81倍，较1997年分别增长了1146.39%、1877.19%；金属丝绳及其制品的制造具有很好的发展潜力。盈利能力强的是其他金属制品制造业，其总资产贡献率与成本费用利润率较1997年有一定下滑，但资产利税率有一定上升，且三项指标均高于金属制品业平均水平；结构性金属制品制造业，三项指标较1997年均有所提高，盈利潜力较大。企业经营管理能力强的是其他金属制品制造业，流动资产周转次数和成本费用利润率都较高。综合经济效率好的是其他金属制品制造业，全员劳动生产率最高，是全省金属制品业平均水平的2.61倍，较1997年增长1399.84%。企业经营风险小的是金属工具制造，且十年降幅最大，达29.8%。产品竞争力强的是结构性金属制品制造业、金属丝绳及其制品的制造，其工业产品产销率大于100%且十年增幅较大，分别为18.36%、17.79%（表5-9）。

表5-9 云南省金属制品业内部各行业经济效益对比

行业分类	年份	总产值（亿元）	单位企业产值（亿元）	全员劳动生产率［万元/（人·年）］	成本费用利润率（%）	流动资产周转次数（次/年）	总资产贡献率（%）	资产利税率（%）	工业增加值率（%）	产品产销率（%）	资产负债率（%）
金属制品业	2007	17.84	0.34	31.32	2.75	1.8	5.98	6.87	19.72	104.40	71.86
	2008	24.78	0.39		5.01	1.81	10.27	7.79		97.96	66.06
结构性金属制品制造业	1997	3.40	0.04	4.86	0.11	1.0	4.22	3.23	23.16	89.85	62.39
	2007	9.84	0.49	34.91	3.05	1.8	5.66	6.87	20.92	106.35	74.25
	2008	15.63	0.52		6.28	1.74	12.01	9.05		96.10	69.42
金属工具制造	1997	0.29	0.04	2.09	-2.77	0.7	5.47	2.82	48.95	99.68	62.70
	2007	0.10	0.10	14.58	2.53	1.3	7.79	8.12	33.06	100.11	33.42
	2008	0.11	0.11		1.45	1.17	8.80	8.63		100.80	37.08
集装箱及金属包装容器制造	1997	0.80	0.03	5.56	-0.38	1.7	7.59	5.15	23.41	98.26	71.59
	2007	1.35	0.13	15.22	2.99	1.4	4.65	5.57	30.89	98.15	76.81
	2008	1.41	0.13		-0.17	1.45	1.76	1.26		104.41	78.39
金属丝绳及其制品的制造	1997	0.51	0.03	4.86	-5.07	2.5	-1.28	-4.45	22.40	91.93	65.05
	2007	1.80	0.22	24.67	-0.05	1.8	3.06	3.44	9.78	108.28	75.56
	2008	3.08	0.51		3.32	2.66	10.94	8.68		92.06	64.22
建筑、安全用金属制品制造	1997	0.48	0.03	6.86	-12.23	0.0	-2.53	-0.25	27.48	100.47	82.24
	2007	1.25	0.25	22.37	1.29	2.2	9.89	8.15	14.77	104.45	64.00
	2008	1.28	0.18		-0.81	1.61	3.05	0.80		105.63	52.51

续表 5-9

行业分类	年份	总产值（亿元）	单位企业产值（亿元）	全员劳动生产率［万元/（人·年）］	成本费用利润率（%）	流动资产周转次数（次/年）	总资产贡献率（%）	资产利税率（%）	工业增加值率（%）	产品产销率（%）	资产负债率（%）
金属表面处理及热处理加工	1997	4.84	0.35	8.67	-18.24	0.6	-5.43	-9.11	1.21	94.65	77.46
	2007	1.02	0.25	30.82	3.84	1.2	7.06	6.00	13.16	99.66	65.42
	2008	0.82	0.27		6.31	1.46	7.66	6.23		136.14	71.68
其他金属制品制造	1997	1.29	0.03	5.460	6.98	1.5	10.46	9.34	31.67	96.38	47.46
	2007	2.48	0.62	81.89	3.59	2.9	9.59	13.33	20.77	99.31	57.27
	2008	2.36	0.59		5.33	2.33	14.89	12.42		96.60	38.72

资料来源：根据云南工业经济信息资料 1997、2007 计算整理；2008 年数据是初步测算数。

2008 年，金融危机对云南金属制品业内部各行业经济效益的影响相对较小，内部各行业总产值快速增加，单位企业规模有所扩大，盈利能力继续增强，受市场需求萎缩的影响，产品消费率有所下降，受银行信贷收缩的影响，资产负债率下降明显。其中，结构性金属制品制造业和金属丝生产及制品制造业产业规模和效益提高最快；金属表面处理及热处理加工的总产值下滑，企业数减少使得单位企业产值上升，盈利能力、企业经营管理能力和产品销售率明显上升。

（2）通用设备制造业。如表 5-10 所示，通用设备制造业的下一层次中，产业规模大的是金属加工机械制造业，总产值在全省通用设备制造业总产值的比重达到 64.28%，与 1997 年相比，增长了 439.12%；单位企业产值是金属制品业平均企业规模的 2.54 倍，较 1997 年增长了 277.38%，属于绝对优势产业。通用零部件制造及机械修理与泵、阀门、压缩机及类似机械的制造的总产值和单位企业产值增幅最大，发展前景看好。盈利能力强的是金属加工机械制造，其总资产贡献率和资产利税率绝对值及十年增幅都较高，但成本费用利润率低于全省平均水平，且十年间出现小幅下滑。企业经营管理能力强的是金属铸锻加工，流动资产周转速度和成本费用利润率都高于全省通用设备制造业平均水平，前者较 1997 小幅提高，后者出现下滑。综合经济效率好的是金属加工机械制造，全员劳动生产率是全省通用设备制造业平均水平的 1.57 倍，较 1997 年增长了 440.22%。企业经营风险小的是通用零部件制造及机械修理，资产负债率最低，且十年降幅最大，达 86.84%。产品竞争力强的是起重运输设备制造，其产品产销率大于 100%，十年增幅 40.39%。

2008 年，金融危机对云南通用设备制造业内部各行业经济效益的影响相对较小，内部各行业总产值快速增加，单位企业规模有所下降，盈利能力和企业经营管理能力继续增强，受市场需求萎缩的影响，产品消费率有所下降，但资产负

表 5-10 云南省通用设备制造内部各行业经济效益对比

行业分类	年份	总产值（亿元）	单位企业产值（亿元）	全员劳动生产率[万元/(人·年)]	成本费用利润率（%）	流动资产周转次数(次/年)	总资产贡献率（%）	资产利税率（%）	工业增加值率（%）	产品产销率（%）	资产负债率（%）
通用设备制造业	2007	47.67	0.60	27.37	0.23	1.7	15.83	13.16	4.15	93.26	60.73
	2008	56.25	0.57		7.44	1.73	10.65	9.27		92.9	62.68
锅炉及原动机制造	2003	1.33	0.22	4.98	0.68	0.7	0.16	−0.04	1.57	99.83	72.86
	2007	2.46	0.49	14.16	0.40	1.2	18.39	12.12	3.45	97.87	49.65
	2008	2.08	0.52		12.14	1.17	9.75	9.86		98.42	40.67
金属加工机械制造	2003	5.68	0.41	7.97	0.48	0.5	0.73	0.96	2.54	98.10	55.64
	2007	30.64	1.53	43.04	0.15	1.8	19.45	17.07	4.96	93.32	57.69
	2008	37.00	1.68		11.32	1.85	13.94	12.05		90.53	61.18
起重运输设备制造	1997	0.39	0.04	2.34	1.83	0.6	2.02	3.45	2.63	98.23	20.15
	2007	0.29	0.10	15.42	0.21	1.1	2.12	1.93	1.30	137.91	87.17
	2008	0.69	0.10		−0.45	0.92	1.66	0.94		95.1	63.37
泵、阀门、压缩机及类似机械的制造	1997	0.19	0.03	2.46	1.88	1.0	7.14	4.86	4.10	100.28	54.80
	2007	1.95	0.33	16.97	0.28	0.9	16.26	11.10	2.33	92.68	59.94
	2008	1.28	0.32		5.39	0.7	3.57	3.62		83.52	60.84
轴承、齿轮、传动和驱动部件的制造	1997	1.44	0.16	3.02	1.25	0.7	−0.15	−0.80	1.54	87.10	69.12
	2007	0.78	0.16	7.41	0.48	0.6	−0.40	0.79	1.94	91.49	53.72
	2008	0.85	0.17		−3.99	0.54	−0.07	−0.22		97.12	
风机、衡器、包装设备等通用设备	1997	1.01	0.34	10.58	1.94	1.1	1.17	0.66	2.19	19.92	68.74
	2007	0.63	0.13	7.08	0.61	0.9	−5.05	−1.81	1.54	94.31	91.12
	2008	1.71	0.16		−0.41	1.31	3.41	2.36		97.56	78.64
通用零部件制造及机械修理	1997	0.38	0.02	2.24	1.70	1.0	−7.19	−5.24	1.22	97.13	58.65
	2007	5.24	0.33	25.80	0.20	2.0	0.51	4.69	2.11	85.24	7.72
金属铸、锻加工	1997	0.93	0.04	3.71	1.54	1.5	1.56	0.60	1.97	91.02	72.09
	2007	5.67	0.30	17.48	0.42	2.9	17.78	14.24	6.44	96.39	66.98
	2008	7.26	0.27		−0.42	2.63	9.81	6.1		99.26	75.6

资料来源：根据云南工业经济信息资料 1997、2007 计算整理；2008 年数据是初步测算数。

债率出现小幅上升。其中，金属加工机械制造产业规模和效益提高较快；起重运输设备制造和金属铸锻加工的产业规模出现扩大，但盈利能力下滑较快；风机、衡器、包装设备等通用设备的产业规模和盈利能力明显上升，且产品销售率增长显著。

(3) 专用设备制造业。如表5-11所示，专用设备制造业下一层次行业中，产业规模大的是食品、饮料、烟草及饲料生产专用设备制造，农、林、牧、渔专用机械制造，总产值占专用设备制造业总产值的32.68%、35.32%，较1997年总产值依次增长了82.88%、167.9%；其平均企业规模也大于全省专用设备制造业平均企业规模，较1997年分别增长了645.6%、1703.21%。盈利能力强的是食品、饮料、烟草及饲料生产专用设备制造与环保、社会公共安全及其他专用设备制造，总资产贡献率、资产利税率和成本费用利润率都高于全省专用设备制造业平均水平，较1997年都呈现上升趋势。企业经营管理能力强的是环保、社会公共安全及其他专用设备制造，流动资产周转速度和成本费用利润率都有所提高。综合经济效率好的是化工、木材、非金属加工专用设备，印刷、制药、日化生产专用设备制造与农、林、牧、渔专用机械制造，全员劳动生产率和十年增幅都位居行业前列。企业经营风险小的是印刷、制药、日化生产专用设备制造，资产负债率最低，但与1997年相比仍有所增加。产品竞争力强的是印刷、制药、日化生产专用设备制造与环保、社会公共安全及其他专用设备制造，工业产品产销率大于100%，且十年间有一定提高。

表5-11 云南省专用设备制造内部各行业经济效益对比

行业分类	年份	总产值（亿元）	单位企业产值（亿元）	全员劳动生产率［万元/(人·年)］	成本费用利润率（%）	流动资产周转次数（次/年）	总资产贡献率（%）	资产利税率（%）	工业增加值率（%）	产品产销率（%）	资产负债率（%）
专用设备制造业	2007	37.24	0.89	25.16	0.18	1.1	5.65	4.43	2.04	95.93	79.39
	2008	45.44	0.86		4.42	1.29	6.99	5.68		97.40	75.14
矿山、冶金、建筑专用设备制造	2003	2.59	0.26	4.01	0.75	0.6	4.34	1.96	1.38	103.82	81.74
	2007	7.68	0.77	17.83	0.19	1.2	-6.18	-2.55	2.60	96.40	76.22
	2008	10.34	0.80		3.17	1.47	5.25	4.72		98.98	83.24
化工、木材、非金属加工专用设备	2003	1.16	0.08	2.81	0.94	0.6	0.00	-0.74	1.65	99.45	74.91
	2007	3.21	0.64	30.96	0.10	0.9	9.03	5.50	1.05	97.42	119.76
	2008	3.52	0.50		4.98	0.87	8.43	6.44		95.88	80.61
食品、饮料、烟草及饲料生产专用设备制造	1997	6.65	0.13	3.85	0.89	0.6	3.42	2.28	1.68	87.50	61.88
	2007	12.17	0.94	20.55	0.20	0.9	7.16	5.53	2.64	99.10	73.09
	2008	13.75	0.92		2.51	0.92	5.90	4.07		95.99	69.49
印刷、制药、日化专用设备制造	2007	0.19	0.19	31.68	0.18	1.0	-1.36	0.88	6.12	103.16	69.01

续表 5-11

行业分类	年份	总产值（亿元）	单位企业产值（亿元）	全员劳动生产率［万元/（人·年）］	成本费用利润率（%）	流动资产周转次数（次/年）	总资产贡献率（%）	资产利税率（%）	工业增加值率（%）	产品产销率（%）	资产负债率（%）
农、林、牧、渔专用机械制造	1997	5.11	0.10	5.95	0.94	1.4	1.91	0.53	1.39	95.63	65.22
	2007	13.15	1.88	43.22	0.16	1.6	18.00	10.64	0.34	91.80	74.33
	2008	14.89	1.86		6.31	2.20	10.41	11.20		99.65	67.04
环保、社会公共安全及其他专用设备制造	1997	0.22	0.02	2.57	1.73	1.1	-0.88	0.01	2.35	96.58	65.68
	2007	0.58	0.12	23.58	0.21	1.2	9.18	8.69	5.77	103.40	78.91
	2008	1.64	0.20		9.58	0.78	11.93	6.73		89.22	71.30

资料来源：根据云南工业经济信息资料 1997、2007 计算整理；2008 年数据是初步测算数。

2008 年，金融危机对云南专用设备制造业内部各行业经济效益的影响相对较小，内部各行业总产值快速增加，单位企业规模有所下降，盈利能力和企业经营管理能力继续增强，受银行信贷收缩的影响，资产负债率有所下降，虽然金融危机导致多数产业市场需求萎缩，但云南专用设备制造业的产品消费率明显上升。其中，矿山冶金建筑专用设备制造和农林牧渔专用机械制造的产业规模和效益提高较快，产销率也出现大幅增长；食品饮料烟草及饲料生产专用设备制造的企业规模和经营管理能力有所提高，但盈利能力有所下降；化工木材非金属加工专用设备制造和环保社会公共安全及其他专用设备制造的产值规模和盈利能力均出现小幅提升，但产销率下滑较快（表 5-11）。

（4）交通运输设备制造业。如表 5-12 所示，交通运输设备制造业下一层次行业中，产业规模大的是汽车制造，其总产值是第 2 位铁路运输设备制造总产值的近 6 倍，十年增幅最大；但企业单位数明显偏多，单位企业产值相对偏小。铁路运输设备制造的总产值和单位企业产值较 1997 年均呈现增长，发展潜力较大。盈利能力强的是铁路运输设备制造业，总资产贡献率、资产利税率较 1997 大幅增长，但成本费用利润率出现下滑。企业经营管理能力强的是汽车制造，流动资产周转速度较 1997 年增长了 112.83%。综合经济效率好的是铁路运输设备制造，其全员劳动生产率是全省交通运输设备制造业平均水平的 2.03 倍，较 1997 年增长 354.73%。企业经营风险小的是汽车制造，且十年降幅最大，达 28.72%。产品竞争力强的是铁路运输设备制造，产品产销率大于 100%，但十年间下降了 11.64%。

表 5-12 云南省交通运输设备制造内部各行业经济效益对比

行业分类	年份	总产值（亿元）	单位企业产值（亿元）	全员劳动生产率［万元/（人·年）］	成本费用利润率（%）	流动资产周转次数（次/年）	总资产贡献率（%）	资产利税率（%）	工业增加值率（%）	产品产销率（%）	资产负债率（%）
交通运输设备制造业	2007	80.13	1.95	43.05	0.14	1.6	9.74	10.12	3.78	97.87	51.78
	2008	101.89	2.26		5.68	1.28	7.44	6.96		95.66	51.17
铁路运输设备制造	1997	2.15	2.15	19.26	0.27	1.0	5.68	5.53	4.12	134.33	75.19
	2007	10.74	3.58	87.58	0.05	0.9	16.23	14.09	7.30	118.69	66.75
	2008	20.34	4.07		11.10	0.91	11.72	9.42		102.36	73.23
汽车制造	1997	11.05	0.19	5.66	0.59	0.9	−1.72	−1.81	1.04	95.05	68.10
	2007	69.30	1.87	40.03	0.16	1.8	8.37	9.02	2.96	94.65	48.54
	2008	81.38	2.09		4.38	1.42	6.29	6.17		93.98	44.38
交通器材及其他交通运输设备制造	2001	0.07	0.07	28.33	0.22	1.7	48.07	23.05	0.00	100.00	25.26
	2007	0.10	0.10	13.41	0.22	0.9	11.27	7.98	1.42	100.00	74.40
	2008	0.17	0.17		44.36	1.08	19.71	17.32		100.00	73.80

资料来源：根据云南工业经济信息资料 1997、2007 计算整理；2008 年数据是初步测算数。

2008 年，金融危机对云南交通运输设备制造业内部各行业经济效益的影响相对较小，内部各行业总产值快速增加，单位企业规模明显扩大，盈利能力出现下滑，受市场需求萎缩的影响，产品消费率有所下降，受银行信贷收缩的影响，资产负债率小幅下降。其中，铁路运输设备制造产业规模快速提高，但盈利能力有所减弱；交通器材及其他交通运输设备制造的产业规模有所提高，盈利能力增幅较大；相比之下，汽车制造的产值规模虽出现增长，但盈利能力和产销率双双下滑（表 5-12）。

（5）电气机械及器材制造业。如表 5-13 所示，电气机械及器材制造业下一层次行业中，产业规模大的是输配电及控制设备制造，电线、电缆、光缆及电工器材制造，总产值和单位企业产值高于全省电气机械及器材制造业平均水平，较 1997 年大幅增长。盈利能力强的是输配电及控制设备制造，三项指标都较好，与 1997 年相比大幅提升。企业经营管理能力强的是其他电气机械及器材制造，流动资产周转速度和成本费用利润率高于电气机械及器材制造业平均水平，较 1997 年均提高。综合经济效率好的是输配电及控制设备制造与电线、电缆、光缆及电工器材制造，全员劳动生产率较 1997 年增长了 758.14%、683.26%。企业经营风险小的是其他电气机械及器材制造，较 1997 年明显下降。产品竞争力强的是电线、电缆、光缆及电工器材制造与其他电气机械及器材制造，产品产销率大于 100%，且较 1997 年都有所上升。

2008 年，金融危机对云南电气机械及器材制造业内部各行业经济效益的影响相对较小，内部各行业总产值快速增加，单位企业规模明显扩大，盈利能力出现下滑，受银行信贷收缩的影响，资产负债率小幅下降，但产品销售率出现大幅上升。其中，电机制造的产业规模和盈利能力出现下滑，但产销率提高最快；输配电及控制设备制造业产业规模和盈利能力有所提升，产销率近百；电线、电缆、光缆及电工器材制造和电池制造虽然产业规模有所扩大，但盈利能力大幅下滑；非电力家用器具制造的产业规模和盈利能力上升明显，但产销率大幅下降(表 5-13)。

表 5-13 云南省电气机械及器材制造业内部各行业经济效益对比

行业分类	年份	总产值（亿元）	单位企业产值（亿元）	全员劳动生产率［万元/（人·年）］	成本费用利润率（%）	流动资产周转次数（次/年）	总资产贡献率（%）	资产利税率（%）	工业增加值率（%）	产品产销率（%）	资产负债率（%）
电气机械及器材制造业	2007	54.20	0.97	54.42	5.58	1.5	8.99	9.99	19.62	95.71	69.24
	2008	67.84	1.01		4.60	1.56	9.08	6.91		100.25	68.72
电机制造	1997	2.10	0.42	5.54	1.73	1.0	7.08	3.60	39.55	99.26	80.55
	2007	7.26	1.21	36.24	6.09	1.2	8.15	8.79	30.66	86.72	75.22
	2008	6.10	1.02		3.62	1.14	6.77	5.95		105.18	74.52
输配电及控制设备制造	1997	4.43	0.11	6.06	2.17	1.0	5.28	4.11	28.51	90.74	69.67
	2007	21.62	1.03	52.03	8.17	1.2	10.00	11.72	23.49	92.64	67.30
	2008	27.00	1.04		8.27	1.22	11.71	9.23		99.05	70.62
电线、电缆、光缆及电工器材制造	1997	13.98	0.30	12.16	0.28	1.9	6.23	3.86	18.57	95.25	64.38
	2007	20.37	1.27	95.23	3.13	2.5	10.33	10.91	8.71	102.38	69.09
	2008	25.88	1.29		2.23	2.61	9.78	6.47		99.88	68.83
电池制造	1997	2.29	0.16	5.62	-9.64	2.1	-2.40	-6.67	21.74	98.53	70.81
	2007	3.16	0.79	36.97	-0.60	0.9	1.22	-0.10	27.08	93.98	78.92
	2008	5.49	1.37		-0.15	1.21	-2.66	-3.02		113.11	61.18
非电力家用器具制造	2003	0.24	0.12	4.36	-0.71	1.3	2.91	2.01	21.39	94.50	46.68
	2007	1.00	0.17	16.52	5.07	0.8	2.71	2.87	34.94	93.15	61.05
	2008	2.75	0.31		3.44	1.57	5.58	4.49		83.06	57.54
其他电气机械及器材制造	1997	0.50	0.05	3.27	-1.72	0.9	4.40	2.19	31.30	79.81	39.52
	2007	0.79	0.26	39.17	40.37	2.3	46.57	58.63	44.54	100.70	24.03
	2008	0.62	0.31		36.54	1.89	33.22	34.79		81.77	21.64

资料来源：根据云南工业经济信息资料 1997、2007 计算整理；2008 年数据是初步测算数。

（6）通信设备、计算机及其他电子设备制造业。如表 5-14 所示，通信设备、计算机及其他电子设备业下一层次行业中，产业规模大的是电子计算机制造、电子器件制造，较1997年大幅增长。盈利能力强的是电子器件制造与电子元件制造，总资产贡献率、资产利税率、成本费用利润率位居前列，且与1997年相比出现显著上升。企业经营管理能力强的是电子元件制造。流动资产周转速度最大，十年增幅最大，为351.266%。综合经济效率好的是电子计算机制造、电子器件制造，全员劳动生产率较高，与1997年相比有所增长。企业经营风险小的是电子元件制造，资产负债率最低且降幅最大。产品竞争力强的是通信设备制造、其他电子设备制造，前者较1997年产品产销率出现小幅下降，后者有一定增加。

表5-14 云南省通信设备、计算机及其他电子设备业内部各行业经济效益对比

行业分类	年份	总产值（亿元）	单位企业产值（亿元）	全员劳动生产率［万元/（人·年）］	成本费用利润率（%）	流动资产周转次数（次/年）	总资产贡献率（%）	资产利税率（%）	工业增加值率（%）	产品产销率（%）	资产负债率（%）
通信设备、计算机及其他电子设备	2007	11.47	0.96	51.55	7.44	1.1	6.86	8.29	28.37	98.40	48.39
	2008	14.73	0.98		7.51	1.06	6.36	4.82		93.84	42.43
通信设备制造	1997	1.05	0.13	7.87	-6.69	0.6	1.15	-1.40	23.68	111.09	71.11
	2007	1.76	0.44	25.06	-2.47	0.8	2.32	2.55	17.90	101.43	69.97
	2008	1.51	0.30		-1.59	1.51	0.80	0.73		102.72	59.49
电子计算机制造	1997	2.20	1.10	25.46	2.07	1.4	7.37	3.14	7.50	105.13	82.33
	2007	6.17	3.08	120.93	5.25	1.4	7.05	9.50	26.41	99.74	42.90
	2008	8.55	2.85		5.76	1.05	5.94	3.70		92.29	35.77
电子器件制造	1997	0.29	0.14	3.06	-6.90	0.6	2.19	0.23	31.88	104.06	70.94
	2007	2.54	1.27	53.84	23.77	0.7	7.93	8.62	34.03	93.14	49.31
	2008	3.07	1.02		19.94	0.80	8.62	7.56		93.50	50.27
电子元件制造	1997	0.10	0.03	1.61	-18.66	0.5	-0.12	-2.88	39.01	83.98	95.44
	2007	0.76	0.38	15.85	19.38	2.1	23.33	24.87	38.20	95.98	29.64
	2008	1.60	0.40		7.49	1.79	17.14	12.85		94.37	52.08
其他电子设备制造	1997	0.07	0.01	7.29	-2.25	0.9	1.96	2.07	21.30	86.69	78.04
	2007	0.25	0.13	38.70	4.46	0.3	2.10	2.28	63.11	104.67	39.42
	2008	0	0	0	0	0	0	0	0	0	0

资料来源：根据云南工业经济信息资料1997、2007计算整理；2008年数据是初步测算数。

2008年，金融危机对云南通信设备、计算机及其他电子设备业内部各行业经济效益的影响在装备制造业中相对较大，内部各行业总产值快速增加，单位企业规模略有扩大，但盈利能力出现下滑，受市场需求萎缩的影响，产品销售率有所下降，受银行信贷收缩的影响，资产负债率下降明显。其中，电子器件制造业产业规模、盈利能力和产销率均有所提高，是现阶段值得重点发展的行业；通信设备制造的产值规模和盈利能力双双下滑，但产销率有小幅上升；电子元件制造的产值规模增幅最大，但盈利能力下滑明显；电子计算机制造和电子器件制造的产业规模和企业数增大，单位企业规模和盈利能力下降（表5-14）。

（7）仪器仪表及文化、办公用机械制造业。如表5-15所示，仪器仪表及文化、办公用机械制造业下一层次行业中，产业规模大的是光学仪器及眼镜制造，总产值在全省仪器仪表及文化、办公用机械制造业的比重达到89.84%，与1997年相比增长了62.04%；单位企业产值较1997年增长了46.61%，属于绝对优势产业。盈利能力强的是通用仪器仪表制造，总资产贡献率、资产利税率和成本费用利润率较1997年有一定上升。企业经营管理能力强的是专用仪器仪表制造，流动资产周转速度最高，成本费用利润率较低。综合经济效率好的是专用仪器仪表制造，全员劳动生产率最高，较1997年涨幅最大。企业经营风险小的是专用仪器仪表制造，资产负债率最低，但十年增幅最大，达63.57%。产品竞争力强的是通用仪器仪表制造、专用仪器仪表制造与光学仪器及眼镜制造，产品产销率均大于100%，较1997年均出现增长。

表5-15 云南省仪器仪表及文化、办公用机械制造业内部各行业经济效益对比

行业分类	年份	总产值（亿元）	单位企业产值（亿元）	全员劳动生产率［万元/（人·年）］	成本费用利润率（%）	流动资产周转次数（次/年）	总资产贡献率（%）	资产利税率（%）	工业增加值率（%）	产品产销率（%）	资产负债率（%）
仪器仪表及文化、办公用机械制造	2007	10.15	0.36	22.24	9.03	0.8	3.91	4.42	23.26	101.85	56.10
	2008	13.60	0.41		7.58	1.00	4.11	4.43		101.70	32.38
通用仪器仪表制造	1997	6.11	0.29	5.7	1.70	1.2	7.29	3.39	29.56	97.60	62.51
	2007	0.81	0.13	36.29	4.78	1.5	7.48	11.68	25.94	102.78	64.35
	2008	2.01	0.22		6.80	1.44	13.04	10.75		102.86	60.77
专用仪器仪表制造	1997	0.08	0.02	2.97	-5.16	1.1	3.17	1.86	38.54	104.51	26.87
	2007	0.22	0.22	52.99	1.05	4.5	2.09	4.47	16.12	121.32	43.95
	2008	0.45	0.22		3.43	2.78	18.81	15.53		99.75	
光学仪器及眼镜制造	2003	5.63	0.30	9.14	5.78	1.0	5.27	6.04	34.19	98.37	64.25
	2007	9.12	0.43	21.21	9.59	0.7	6.45	4.22	23.20	101.30	55.86
	2008	9.00	0.47		8.97	0.87	3.16	3.61		104.15	26.95

资料来源：根据云南工业经济信息资料1997、2007计算整理；2008年数据是初步测算数。

2008年，金融危机对云南仪器仪表及文化办公用机械制造业内部各行业经济效益的影响较小，内部各行业总产值快速增加，单位企业规模明显扩大，盈利能力有所提高，受银行信贷收缩的影响，资产负债率小幅下降，受市场需求萎缩的影响，产品销售率有所下降但仍然过百。其中，通用仪器仪表制造和专用仪器仪表制造的产业规模和效益明显提高；光学仪器及眼镜制造的产业规模和盈利能力均有所下滑，但产销率增长最快（表5-15）。

因此，从云南装备制造业内部第二层次结构与行业效益对比看，铁路运输设备制造、锅炉及原动机制造、金属加工机械制造、泵阀门压缩机及类似机械的制造、金属铸锻加工、农林牧渔专用机械制造、交通器材及其他交通运输设备制造、输配电及控制设备制造、电线电缆光缆及电工器材制造、电子元件制造、通用仪器仪表制造等可重点扶持发展。

5.2.3 装备制造业内部第三层次结构特点与经济效益分析

（1）结构性金属制品制造业。如表5-16所示，金属制造业下结构性金属制品制造业中，金属结构制造的产值规模大、企业经营管理能力强、综合经济效率好，与1997年相比都有提高；金属门窗制造的盈利能力强、企业经营风险小，前者较1997年提高，后者较1997年下滑；两行业的产品竞争力都强，较1997年有小幅提高。

表5-16 云南省结构性金属制品制造业内部行业经济效益对比

行业分类	年份	总产值（亿元）	单位企业产值（亿元）	全员劳动生产率［万元/（人·年）］	成本费用利润率（%）	流动资产周转次数（次/年）	总资产贡献率（%）	资产利税率（%）	工业增加值率（%）	产品产销率（%）	资产负债率（%）
结构性金属制品制造业	2007	9.84	0.49	34.91	3.05	1.8	5.66	6.87	20.92	106.35	74.25
	2008	15.63	0.52		6.28	1.74	12.01	9.05		96.10	69.42
金属结构制造	1997	1.58	0.08	6.25	0.84	1.3	4.71	3.81	22.66	90.34	56.89
	2007	9.29	0.62	37.05	3.14	1.8	5.47	6.68	20.62	106.65	75.40
	2008	14.46	0.60		7.17	1.74	12.83	9.93		95.23	71.74
金属门窗制造	1997	1.81	0.03	4.07	-0.58	0.8	3.89	2.87	23.59	89.42	66.00
	2007	0.55	0.11	17.74	4.00	1.3	7.82	8.78	25.86	101.34	61.23
	2008	1.16	0.19		-3.06	1.70	4.38	1.83		106.93	50.49

资料来源：根据云南工业经济信息资料1997、2007计算整理；2008年数据是初步测算数。

2008年，金融危机对云南结构性金属制品制造业内部各行业经济效益的影响不大，内部各行业总产值大幅增加，单位企业规模明显扩大，盈利能力显著提高，受市场需求萎缩的影响，产品销售率有所下降，受银行信贷收缩的影响，资产负债率小幅下降。其中，金属结构制造的产业规模和效益明显提高，盈利能力增长显著；金属门窗制造的产业规模和产销率增幅较大，但盈利能力有所下滑（表5-16）。

（2）金属加工机械制造业。如表5-17所示，通用设备制造业下金属加工机械制造业中，金属切削机床制造的产值规模大、盈利能力强、企业经营风险小，除成本费用利润率出现下滑，其余指标均提高；企业经营管理能力强的是金属成型加床制造，较2003年有所提高；综合经济效率好的是金属切削机床制造、其他金属加工机械制造，除成本费用利润率出现下滑，相应指标较2003年显著提高；产品竞争力强的是铸造机械制造，产销率较1997年有小幅提高。

表5-17　云南省金属加工机械制造业内部各行业经济效益对比

行业分类	年份	总产值（亿元）	单位企业产值（亿元）	全员劳动生产率［万元/（人·年）］	成本费用利润率（%）	流动资产周转次数（次/年）	总资产贡献率（%）	资产利税率（%）	工业增加值率（%）	产品产销率（%）	资产负债率（%）
金属加工机械制造	2007	30.64	1.53	43.04	0.15	1.8	19.45	17.07	4.96	93.32	57.69
	2008	37.00	1.68		11.32	1.85	13.94	12.05		90.53	61.18
金属切削机床制造	2003	5.07	0.56	8.03	0.47	0.4	1.14	1.44	2.56	94.50	53.65
	2007	29.26	2.09	45.20	0.15	1.8	20.07	17.66	4.88	92.25	57.00
	2008	35.31	2.21		11.94	1.86	14.22	12.31		90.43	60.91
金属成形机床制造	2003	0.03	0.03	1.81	0.41	0.4	−57.73	−51.31	0.38	101.22	243.74
	2007	0.09	0.09	12.40	0.48	5.1	7.17	12.24	3.84	100.00	88.84
铸造机械制造	2003	0.29	0.29	16.86	0.44	2.3	15.77	14.00	5.21	81.08	70.04
	2007	0.86	0.43	22.18	0.25	1.8	2.89	4.46	8.87	121.65	59.33
机床附件制造	2003	0.01	0.01	1.06	1.55	0.9	−62.04	−18.33	4.48	226.86	96.90
	2007	0.13	0.13	11.48	0.28	1.1	13.80	10.61	4.13	129.15	131.42
其他金属加工机械制造	2003	0.28	0.14	7.29	0.71	7.0	3.00	2.47	1.27	177.19	36.19
	2007	0.30	0.15	43.49	0.18	8.0	−22.01	−16.85	3.78	98.15	105.08
	2008	0.28	0.14		−2.29	6.51	−1.54	−1.33		100.00	117.44

资料来源：根据云南工业经济信息资料1997、2007计算整理；2008年数据是初步测算数。

2008年，金融危机对云南金属加工机械制造业内部各行业经济效益有一定的影响，内部各行业总产值有所增加，单位企业规模略有扩大，盈利能力有所下滑，受市场需求萎缩的影响，产品销售率有所下降，但资产负债率出现上升。其中，占主体地位的金属切削机床制造的产业规模和效益明显提高；其他金属加工机械制造的产值规模出现下滑，盈利能力和产销率虽然有所提高，但与其他装备制造业相比，仍然偏低（表5-17）。

（3）铁路运输设备制造业。如表5-18所示，交通运输设备制造下铁路运输设备制造中，铁路专用设备及器材、配件制造的产值规模大、盈利能力强、综合经济效率好、产品竞争力强，除成本费用利润率与销售率有所下滑，其余与1997年相比都有提高；铁路机车车辆配件制造的企业经营管理能力强、企业经营风险小。

表5-18 云南省铁路运输设备制造内部各行业经济效益对比

行业分类	年份	总产值（亿元）	单位企业产值（亿元）	全员劳动生产率［万元/（人·年）］	成本费用利润率（%）	流动资产周转次数（次/年）	总资产贡献率（%）	资产利税率（%）	工业增加值率（%）	产品产销率（%）	资产负债率（%）
铁路运输设备制造	2007	10.74	3.58	87.58	0.05	0.9	16.23	14.09	7.30	118.69	66.75
	2008	20.34	4.07		11.10	0.91	11.72	9.42		102.36	73.23
铁路机车车辆配件制造	2002	0.07	0.07	9.43	1.14	3.4	48.76	49.72	123.62	100.00	28.46
	2007	0.49	0.49	22.99	0.39	2.5	9.82	10.72	9.27	97.55	48.67
	2008	0.56	0.56		5.42	2.65	20.79	19.27		111.15	27.54
铁路专用设备及器材、配件制造	1997	2.15	2.15	19.26	0.27	1.0	5.69	5.53	4.12	134.33	75.19
	2007	10.25	5.12	101.16	0.04	0.9	16.33	14.15	7.27	119.70	67.04
	2008	19.34	9.67		11.52	0.93	11.21	9.15		101.91	73.28

资料来源：根据云南工业经济信息资料1997、2007计算整理；2008年数据是初步测算数。

2008年，金融危机对云南铁路运输设备制造业内部各行业经济效益有一定的影响，内部各行业总产值快速增加，单位企业规模明显上升，盈利能力出现下降，企业经营管理能力继续增强，受市场需求萎缩的影响，产品消费率有所下降但仍然过百，资产负债率出现明显上升。其中，铁路机车车辆配件制造产业规模、盈利能力和产销率均出现上升，铁路专用设备及器材配件制造产业规模快速提高，但盈利能力明显减弱（表5-18）。

（4）电子器件制造业。如表5-19所示，通信设备计算机及其他电子设备制造下电子器件制造中，电子真空器件制造的产值规模大、综合经济效率好，与1997年相比都有提高；光电子器件及其他电子器件制造的盈利能力强、企业经营管理能力强、企业经营风险小、产品竞争力强，除资产负债率和销售率下降，其余较1997年有一定提高。

2008年，金融危机对云南电子器件制造业内部各行业经济效益的影响相对较小，内部各行业总产值快速增加，单位企业规模小幅下降，盈利能力继续上升，企业经营管理能力出现下降，资产负债率和产品消费率均有所上升。其中，光电子器件及其他电子器件制造产业规模和效益提高较快，产销率达100%；电子真空器件制造产业规模、盈利能力和产销率均出现小幅上升。

表 5-19 云南省电子器件制造业内部各行业经济效益对比

行业分类	年份	总产值（亿元）	单位企业产值（亿元）	全员劳动生产率［万元/（人·年）］	成本费用利润率（%）	流动资产周转次数（次/年）	总资产贡献率（%）	资产利税率（%）	工业增加值率（%）	产品产销率（%）	资产负债率（%）
电子器件制造	2007	2.54	1.27	53.84	23.77	0.7	7.93	8.62	34.03	93.14	49.31
	2008	3.07	1.02		19.94	0.80	8.62	7.56		93.50	50.27
电子真空器件制造	1997	0.05	0.05	0.84	-37.96	0.6	-4.24	-8.23	37.08	114.75	73.23
	2007	2.40	2.40	54.90	23.91	0.7	7.49	8.13	33.20	92.76	49.64
	2008	2.77	2.77		22.80	0.82	8.98	8.80		92.81	46.71
光电子器件及其他电子器件制造	1997	0.23	0.23	7.66	5.42	0.6	4.99	4.85	30.69	101.63	69.94
	2007	0.14	0.14	40.12	21.64	1.1	25.60	27.09	48.68	100.00	36.30
	2008	0.29	0.15		-0.90	0.71	5.29	0.94		100.00	69.28

资料来源：根据云南工业经济信息资料 1997、2007 计算整理；2008 年数据是初步测算数。

（5）通用仪器仪表制造业。如表 5-20 所示，仪器仪表及文化、办公用机械制造业下通用仪器仪表制造中，工业自动控制系统装置制造的产值规模大、综合经济效率好，与 1997 年相比，产值规模和劳动生产率明显提高；供应用仪表及其他通用仪器制造的盈利能力强、企业经营管理能力强，与 1997 年相比呈大幅上升趋势，但其流动资产的周转较慢；电工仪器仪表制造的企业经营风险小、产品竞争力强，与 1997 年相比，前者资产负债率小幅下滑，后者产销率有一定提高。

表 5-20 云南省通用仪器仪表制造业内部各行业经济效益对比

行业分类	年份	总产值（亿元）	单位企业产值（亿元）	全员劳动生产率［万元/（人·年）］	成本费用利润率（%）	流动资产周转次数（次/年）	总资产贡献率（%）	资产利税率（%）	工业增加值率（%）	产品产销率（%）	资产负债率（%）
通用仪器仪表制造	2007	0.81	0.13	36.29	4.78	1.5	7.48	11.68	25.94	102.78	64.35
	2008	2.01	0.22		6.80	1.44	13.04	10.75		102.86	60.77
工业自动控制系统装置制造	1997	0.20	0.05	2.15	-26.47	0.8	0.36	-11.22	-8.63	94.39	85.01
	2007	0.38	0.19	114.16	1.17	1.5	5.32	5.55	25.91	100.00	58.27
	2008	1.11	0.28		8.21	1.98	25.14	18.06		97.64	42.21
电工仪器、仪表制造	1997	0.23	0.08	3.74	-2.57	2.6	4.61	1.83	22.58	98.92	66.98
	2007	0.27	0.13	24.02	2.55	2.4	8.08	9.90	8.17	106.61	47.27
	2008	0.57	0.28		2.78	1.36	7.55	6.48		111.90	57.95
供应用仪表及其他通用仪器制造	2003	0.04	0.04	1.77	-1.49	0.3	2.60	1.24	-22.22	293.05	58.39
	2007	0.17	0.08	20.99	20.87	0.7	8.20	19.59	54.57	102.96	74.96
	2008	0.33	0.11		8.51	0.80	7.29	6.48		104.93	78.48

资料来源：根据云南工业经济信息资料 1997、2007 计算整理；2008 年数据是初步测算数。

2008年，金融危机对云南通用仪器仪表制造业内部各行业经济效益的影响很小，内部各行业总产值明显增加，单位企业规模显著上升，盈利能力和企业经营管理能力继续增强，产品消费率有所上升且过百，受银行信贷收缩的影响，资产负债率小幅下降。其中，工业自动控制系统装置制造的产业规模和盈利能力提高较快；电工仪器仪表制造和供应用仪表及其他通用仪器制造的产业规模和产销率均出现上升，且产销率过百，但盈利能力明显下降（表5-20）。

综合以上分析，铁路机车车辆配件制造、铁路专用设备及器材配件制造、光电子器件及其他电子器件制造、金属切削机床制造、机床附件制造、金属门窗制造、供应用仪表及其他通用仪器制造等几个细分行业经济效益相对较好，盈利能力强，有望成为新的经济增长点，可在振兴装备制造业中支持率先发展。

5.2.4 基本评价

云南省装备制造业规模还小，在云南工业经济中所占比重也不大，实力较弱，整体小而弱的特点突出，但企业经济效益近年来快速提高。其中，交通运输设备制造业整体实力突出，属相对大而强的行业；通用设备制造业、电气机械及器材制造发展潜力较大，可以考虑由大做强；通信设备、计算机及其他电子设备与金属制品业产值规模应考虑由小做大；而仪器仪表及文化、办公用机械制造业行业整体实力较弱，属小而弱、衰退行业，可适当扶持发展。

金属制品业可以重点发展结构性金属制品制造业，特别是其下的金属结构制造；通用设备制造业应重点发展金属加工机械制造业，其中，金属切削机床制造具有很好的发展潜力；专用设备制造业适于大力发展的行业是农、林、牧、渔专用机械制造，其中，拖拉机制造具有很好的发展前景；交通运输设备制造业应努力将汽车制造、铁路运输设备制造业由大做强，其中，铁路专用设备及器材、配件制造是发展重点；电气机械及器材制造业的输配电及控制设备制造与电线、电缆、光缆及电工器材制造发展前景看好，尤其是电线电缆制造；通信设备、计算机及其他电子设备业可以考虑电子器件制造、电子元件制造，其中，光电子器件及其他电子器件制造、电子元件及组件制造有较大发展潜力；仪器仪表及文化、办公用机械制造业中的专用仪器仪表制造、光学仪器及眼镜制造、通用仪器仪表制造业，其下的光学仪器及眼镜制造、工业自动控制系统装置制造、供应用仪表及其他通用仪器制造应加快发展。

5.3 云南装备制造业的发展潜力与产业升级方向

5.3.1 未来国际、国内、省内市场需求分析

装备制造业为新技术、新产品的开发和生产提供重要的物质技术，是经济高级化不可或缺的战略性产业。作为国民经济增长和技术升级的支撑条件，装备制

造业将伴随高新技术和新兴产业的发展而共同进步。我国已经成为装备制造业大国，近几年受国内和国际市场的拉动，年增长速度一直保持在30%左右，但从2008年三季度开始，受国际金融危机冲击，产品销售增幅明显回落，2008年增长率增幅比上一年下降15个百分点，国内外市场装备需求急剧萎缩，我国装备制造业持续多年的高速增长势头明显趋缓，企业生产经营困难、经济效益下滑，可持续发展面临挑战。

随着国家扩大内需各项政策逐步落实到位，2009年上半年，装备工业（含汽车、船舶）增加值同比增长9.2%，重点监测的80余种机械产品中，上半年生产增速比一季度加快的占2/3。在固定资产投资快速增长拉动下，1~4月，装备工业（含汽车、船舶）增加值同比增长7.3%，其中通用设备、专用设备、交通运输设备、电气机械及器材制造行业分别增长6.4%、11.8%、4.9%和9.8%；5月同比增长11.7%，比上月加快2个百分点；6月增长13%。

随着国家振兴装备制造业的政策逐步推进，装备制造业发展得到了重点支持，而国内外市场的复苏将给装备制造业带来较为宽裕的发展空间。但由于我国装备制造业高技术产品短缺、低水平产品重复的状况没有彻底改变，一些重大建设项目装备仍要依靠国外进口，"结构性过剩"的供求关系将在较长时期存在，加快装备制造业技术创新与结构升级的要求极为迫切。未来一段时期，国际、国内市场需求总的态势是：一般性传统设备虽有一定需求增长，但竞争十分激烈；技术含量高、附加值高的重大技术装备需求将快速增长。

结合云南地处西南，毗邻东南亚的区位优势，云南未来的需求市场主要集中于西南省份及东南亚、南亚地区，有利于该地区产业发展的装备，特别是针对山区高原特点的装备制造将得到快速提升。

5.3.2 装备制造业振兴规划对云南装备制造业提升竞争力的作用

为应对金融危机对我国装备制造业的影响，国家出台了《装备制造业调整和振兴规划》，振兴装备制造业已成为国务院加快发展的主要产业之一，为云南振兴装备制造业带来良好机遇。

装备制造业作为典型的技术密集型行业，技术上要保持领先，就必须坚持不断地进行技术创新，保持技术创新的资金投入。长期以来，投入不足是制约云南装备制造业发展的重要因素，然而，振兴规划"加大技术进步和技术改造投资力度"的政策，从支持使用国产首台（套）重大技术装备，支持目录内装备的自主化、节能节材减排改造、企业兼并重组后内部资源整合、区域性四大基础工艺中心建设、发展现代制造服务业等几个角度，保障了装备制造业的技术投入与创新，有利于实现节能降耗的发展目标，提升云南装备制造业的发展潜力。

振兴规划"支持装备产品出口"的政策，有助于云南拓展东南亚市场，从而释放部分结构性过剩的产品，完善出口退税政策，适当提高部分高技术、高附加值装备产品的出口退税率。鼓励金融机构增加出口信贷资金投放，支持国内企业承揽国外重大工程，带动成套设备和施工机械出口，从根本上支持了云南省装备制造业走出去。

另外，振兴规划有利于云南针对自身特点形成独特的产业结构。应将振兴规划“有色金属产业”的重点项目与云南的矿产采掘设备发展相结合，旨在实现相应采掘、提升、洗选设备的国内制造与技术改进，提高矿产产量，从而使改进设备与提高产量互为跳板。云南还可以利用自身地理优势，把握住高效、节能、环保的发展大方向，加大力度发展山区高原特色产品，开拓东南亚市场，提升装备制造业整体竞争力。

5.3.3　云南装备制造业可重点发展的领域

云南应优化工业结构和工业技术创新，加快装备制造业产业基地建设，实现装备制造业关键领域的重大突破。

第一，建立一个以山区高原装备为特色的产业群，使之成为战略产业之一。云南应充分发展针对山区高原地理特点的装备产品，形成独特的产业集群。山区高原具有氧气稀薄、路面崎岖、环境潮湿的特点，使得一些平原常用的设备在此地区无法得到有效利用，例如，高原地势高、氧气稀薄造成发动机功率下降，路面崎岖导致常用耕种设备无法使用，因此，云南可以据此大力开发山区高原特殊装备，进而在国内外市场占据一席之地。

第二，加强技术改造和创新，特别是基础配件的研发，使装备制造产品向纵深层次发展。我国装备制造业普遍存在着技术水平及产品附加值低下的情况，装备制造业作为技术密集性产业，技术进步是其发展的核心，加大技术改造投入，增强企业自主创新能力，将会大幅度提升产业竞争力。加强机械装备的基础部件、功能部件的核心技术研发，主要指同零部件相关的一些信息化技术、控制元件、控制理论及原材料和工艺技术。如果不加强对配套件投入与国家政策的扶持，我国的装备制造只能依赖国外的技术，而配套件的振兴也是振兴规划的重点。

第三，将装备制造业向服务型转化。在制造业服务领域，应将制造业的服务向两头延伸，加强前端服务的增加值。前端服务也叫个性化服务，它不仅是卖产品所赚取的后期利润，而是经过用户调研，用户需要什么样的产品、解决什么样的问题，企业就专门为用户开发成套装备，这样的设备在用户中的利用效率更好，企业获利更高。

第四，打造装备制造业产业链。装备制造业为新技术、新产品的开发和生产提供重要的物质技术，是经济高级化不可或缺的战略性产业，与各行各业都有着密切的联系。特别是矿产采掘业，高技术设备的应用将大大提高矿产的产量，矿产的开采又可促进装备的技术改造，两者相辅相成。打造装备制造业产业链，完成相关新产品的引进消化吸收、再创新和研制工作，并与相关产业关联形成产业配套，必将有助于装备制造业的智能化、柔性化、网络化、精密化、绿色化，从而推动新兴产业的发展。

6 云南烟草和电力工业分析

卷烟工业是现阶段云南最大的支柱产业，电力工业即将成为云南省重要的支柱产业。

6.1 烟草工业

卷烟工业是1988～2008年来支撑云南经济发展的支柱，随着云南省非烟工业的发展，消费群体的下降，卷烟工业的产业地位相对有所下降，提升科技含量，增加低危害卷烟的生产，有利于云南卷烟工业竞争力的提升。

6.1.1 云南省卷烟工业的发展现状及在全国的地位

卷烟工业在云南省的工业行业中经济效益仍然处于领先水平，发挥着经济支柱的地位，但从全国范围内看，近年来地位有所下降。

2008年，全省规模以上烟草制品业企业有21户，占全省规模以上工业企业的0.7%，从业人员约2.9万人，销售收入共计744.46亿元；工业增加值659.39亿元，占全省规模以上工业增加值的36.6%，占全省生产总值的11.6%；利税598.82亿元，占全省财政总收入的44%。2007年云南省卷烟工业单位企业产值34.08亿元，与2002年相比，增长率近70%，位于省内所有行业之首，且远远高于其他行业。从全国范围来看，在所有省份排名中，由2002年的第3名下降到第7名。从云南省所有行业内部来看，卷烟工业产品销售情况有很大程度的改善，由2002年的99.51%上升到2007年的100.24%，名次也由第9名上升到第5名，在全国的排名中名次也有较大幅度的提升，从第21名上升到第9名。2007年卷烟工业资产利税率达到75.47%，约为2002年的4倍，名次也由2002年的第2名上升到第1名，但与其他省份相比，增长速度远远低于其他省份，排名由2002年的第1位降至2007年的第20位。2007年卷烟工业增加值率有所增长，但增长幅度不大，虽然在所有行业中一直位居首位，但在全国排名中，名次有所下降，从2002年的第2名下降到第6名。从成本费用利润率来看，2007年卷烟工业成本费用利润率为42.29%，比2002年（26.66%）提高了16个百分点，远远高于其他行业，从全国范围来看，排名较为靠前，但名次有所降低，由2002年的第6位降至第7位。卷烟工业的流动资金周转速度一直较慢，2002年为1.2次/年，2007年也仅为1.27次/年，在省内所有行业中居于中部靠后的位置。云南省卷烟工业流动资金周转速度也远远低于其他省份，2002 年在所有省份中排第21 位，2007 年下降至第28 位。2007 年卷烟工业资产负债率仅为20.1%，比2002 年降低了近10 个百分点，在所有行业中仅低于化学纤维制造业，但与其他省份相比，卷烟工业资产负债率仍然偏高，由2002 年的第3 名下降到第8 名。云南省卷烟工业的总资产贡献率远远高于其他行业，与2002 年相比，也有所提高，一直位居所有行业之首，但与其他的省份相比，仍相对较低，排名由2002年的第17 位降至第27 位。卷烟工业全员劳动生产率较高，但增长速度较慢，在所有行业排名中由2002 年的第2 名升为第1 名；资产负债率在全国排名中，名次由第3 名降至第8 名（表6-1）。

表6-1 云南省卷烟工业经济效益指标及地位变化

卷烟工业	2002 年	2007 年	2008 年	行业排名			全国排名	
				2002 年	2007 年	2008 年	2002 年	2007 年
单位企业产值（亿元）	20.18	34.08	114.16				3	7
产品销售率（%）	99.51	100.24	97.25	9	5	10	21	9
资产利税率（%）	18.22	75.47	54.82	2	1	1	1	20
工业增加值率（%）	75.46	77.52		1	1		2	6
成本费用利润率（%）	26.66	42.29	39.61	1	1	1	6	7
流动资产周转次数（次/年）	1.2	1.27	1.18	15	19	19	21	28
资产负债率（%）	29.76	20.10	22.01	2	2	2	3	8
总资产贡献率（%）	40.54	52.20	57.65	1	1	7	17	27
全员劳动生产率[万元/(人·年)]	131.33	353.33		2	1		1	1

资料来源：根据云南工业经济信息资料2002、2007；中国工业经济统计年鉴2002、2007 计算整理。

2008 年，受金融危机的影响，云南卷烟工业的经济效益有所下滑，与2007年相比，企业盈利能力有所下降，资产利税率下降了20.5 个百分点，成本费用利润率下降了2.7 个百分点，总资产贡献率在工业行业中的排序下降了6 位，流动资产周转次数也有所下降，而企业的资产负债率有所提高，说明云南的卷烟工业受金融危机的冲击较为突出，而单位企业产值有显著提高，从2007 年的34.08亿元/户迅速提高到2008 年的114.16 亿元/户，说明云南卷烟工业的产业整合取得较大成效，产业集中度提高，有利于未来竞争力的增强和规模效益的发挥。

总体来看，卷烟工业经济效益呈逐年增长的态势，除流动资产周转速度较慢外，整体上经济效益好于其他行业；但与其他省份相比，云南省卷烟工业发展速度明显较低，经济效益逐年落后于其他省份，企业规模、产品销售情况、工业增加值率、成本费用利润率、资产负债率、全员劳动生产率在行业排名中均位于前

10位，但在全国范围内相对处于较低水平；而资产利税率和总资产贡献率虽然居于省内各行业首位，但从全国范围来看，仍处于较低水平，位于后10位。

卷烟制造业在整个烟草制造业中占有绝对比重。尽管卷烟制造业近年来在整个行业中比重有下降的趋势，但是其他烟草加工业比重增长过缓，这显示出云南烟草业的产品主要集中在卷烟制造业中，卷烟类商品比重占到90%以上，其他烤烟、烟叶、雪茄、再造烟等其他烟草产品产量过少，烟草制造业中烟草产品结构不合理。

通过以上分析可以看出，卷烟工业是现阶段云南省大而强的产业，但近年来其强势地位有所下降，建议推进科技创新、产品结构调整，保持和增强竞争力。

6.1.2 保持和增强卷烟工业核心竞争力的思路与建议

安全、低危害混合型卷烟成为世界烟草市场的主流。混合型卷烟占全球市场份额逐年上升，总量平均每年以1.4%的速度增长；由于安全和健康因素，低焦油、低尼古丁卷烟市场份额迅速增加；卷烟消费也逐渐由地方性、区域性品牌向国际性品牌转移；烤烟、白肋烟的质量要求进一步提高；全球供大于求、库存较大的主要都是低档次的烤烟。云南烟草行业的发展严重不符合世界烟草市场的发展趋势，产业结构调整势在必行，否则必然遭到淘汰。

从近年来的发展数据和指标看，卷烟制造业在整个烟草业中规模大，生产率、利税率、增值率与其他行业比仍占有绝对优势。同时，烟草复烤和其他烟草制品加工的生产率、利税率和增值率也在逐年上升。云南卷烟工业的升级思路是：继续保持卷烟工业的支柱产业优势，提高技术水平，扩大生产规模；同时大力发展卷烟等其他烤烟、烟叶、雪茄、再造烟以及健康型烟草产品，以调整产业布局，优化产品结构，扩大产品贡献率。

保持和增强云南卷烟工业核心竞争力的主要途径是推进科技创新与技术进步。集中主要科研力量加大科技投入，大力推进科技创新和技术进步，进而全面提高云南卷烟工业的整体科技水平。尤其注意以下几点：(1) 在技术开发利用上不能急功近利，而应把短期目标和中、长期目标结合起来，努力拓宽基础研究，增强应用研究，提高开发研究，加快科技成果转化，并使之产业化。(2) 研究开发工作应注重与市场结合，开发有市场需求的产品。企业科研开发是服务于市场，科技创新要在发挥科技研究工作本身特点的基础上关注市场的导向性。(3) 科研开发部门的组织结构布局必须适应市场发展的需要，采取灵活的方式发挥组织结构的效能；如建立战略联盟，在科研技术有优势的地方设置科研机构等方式推进科研发展。(4) 对研究成果要注重和加大知识产权的保护。(5) 依托先进技术提取烟草废弃物和低档次烟叶中的蛋白质等物质，积极培育发展生物医药、生物农药及其他生物产品。

6.2 电力工业

由于云南具有丰富的水能资源和中国所处的工业化阶段对电力的巨大需求，随着云南内几大江河的梯级电站建成发电，云南的电力工业还将获得快速发展。

6.2.1 云南省电力工业的发展现状及在全国的地位

云南省作为中国“西电东送”和“云电外送”的重要能源基地，电力工业近10年来获得了快速发展。2008年，全省规模以上电力企业有265户，占全省规模以上工业企业的9.3%，从业人员约6.8万人；增加值为203.31亿元，占全省规模以上工业增加值的11.3%，占全省生产总值的3.6%。2008年全省发电量突破1000亿千瓦时，达1039.56亿千瓦时，其中：水电年发电量621.65亿千瓦时，占全国水电总发电量的9%左右，在全国排第3位。从效益指标看，2007年云南省电力生产和供应完成总产值477.06亿元，完成增加值175.7亿元，电力、热力的生产和供应业单位企业产值1.87亿元，是2002年的近3倍，但其在行业及全国的排名中名次均有所下降，分别由第6位和第25位下降到第7位和第28位，虽然在行业排名中名次下降，但单位企业产值仍高于大部分其他行业，与其他省份相比，单位企业产值较低。产品销售率近年来并无显著变化，但在行业及全国排名中，名次均有所上升，分别由第12位和第24位上升到第7位和第16位，从名次上来看，产品销售率在省内所有行业中处于较高水平，但明显落后于其他省份。资产利税率也有所提高，但在行业及全国排名中，名次分别由第12位和第16位下降到第20位和第18位，在行业内部及其他省份中均居于较为靠后的位置。与2002年相比，工业增加值率下降了42%，其在行业及全国的排名中名次也相应由第2位和第6位下降到第9位和第11位，但相对来说，工业增加值率仍处于较高水平。成本费用利润率下降，其在行业排名中名次由第5位降到第14位，在全国排名中名次上升到第10位。流动资产周转速度较快，达到3.11次/年，在所有行业中位居第二，比2002年上升了7个名次，其在全国的排名中也上升了4个名次，位于第18位。资产负债率比2002年提高了近10个百分点，达到72.71%，其在行业及全国排名中，名次分别由第10位和第11位下降到第24位和第21位，资产负债情况较差。总资产贡献率有所提高，但提高幅度不大，其在行业及全国排名中，名次均有所下降，分别由第7位和第16位下降到第18位和第22位。全员劳动生产率相对较高，2007年达到71.85万元/（人·年），在行业中位居第5位，在全国排名中名次虽有所上升，但仅位于第19位（表6-2）。

2008年，受金融危机的影响，云南省的电力工业经济效益有所下滑，与2007年相比，盈利能力下降幅度较大，资产利税率下降了4个百分点，在工业行业中的地位下降了2位，成本费用利润率下降了2.4个百分点，在工业行业中的

表 6-2 云南电力工业经济效益指标及地位变化

电力热力的生产和供应业	2002 年	2007 年	2008 年	行业排名			全国排名	
				2002 年	2007 年	2008 年	2002 年	2007 年
单位企业产值（亿元）	0.63	1.87	1.74	6	7		25	28
产品销售率（%）	99.28	99.73	99.18	12	7	5	24	16
资产利税率（%）	5.79	7.70	3.73	12	20	22	16	18
工业增加值率（%）	63.38	36.83		2	9		6	11
成本费用利润率（%）	8.43	7.27	4.83	5	14	18	11	10
流动资产周转次数（次/年）	1.34	3.11	2.46	9	2	4	22	18
资产负债率（%）	62.62	72.71	75.28	10	24	23	11	21
总资产贡献率（%）	6.66	7.03	6.62	7	18	21	16	22
全员劳动生产率[万元/(人·年)]	15.94	71.85		7	5		23	19

资料来源：根据云南工业经济信息资料 2002、2007；中国工业经济统计年鉴 2002、2007 计算整理。

地位下降了 4 位，总资产贡献率略有下降，地位下降了 3 位，主要原因在于电力工业作为基础产业，受耗电企业生产经营效益的影响较大，金融危机导致大部分耗电工业企业生产下降，开工不足，企业生产对电力的需求显著下降，因此，电力企业的流动资产周转率也有所下降，资产负债率有所提高，企业经营风险有所增大，导致企业单位产值也有所降低，影响到产业的竞争力和对云南经济的贡献率。

云南省电力热力的生产和供应业工业增加值率和成本费用利润率均有所降低，其余经济效益指标均有所提高。其中产品销售率、流动资产周转次数以及全员劳动生产率名次均有所上升，与其他行业相比，处于较好水平，位于前 10 位，但落后于其他省份，在全国排名中均位于中部偏后的位置。单位企业产值、工业增加值率名次也有所下降，在省内行业中居于领先地位，但在全国范围内，却处于较低水平。资产利税率、资产负债率和总资产贡献率名次均有所下降，不仅落后于省内其他行业，而且落后于其他省份，排名均在第 20 位之后。

从以上效益指标可以看出，云南电力工业发展快，产业规模大，但集中度低，盈利能力处于中等水平，企业经营管理能力较弱，因此，电力工业是云南省典型的大而不强的产业。

6.2.2 增强电力工业核心竞争力的思路与建议

云南电力工业还存在着电源结构还需调整、管理体制还不完善、季节性缺电和富余电量并存等多方面的问题，云南电力工业核心竞争力还有较大的提升空间。

第一，应根据云南水能资源和煤炭资源的特点和区域差异，合理调整电源结构，云南不但具有水能资源优势，煤炭资源也很丰富，保有储量居全国第8位，在大力建设水电的同时，也要加快发展火电，特别是调节性火电站的建设对于保持云南电力工业的平稳发展具有重要作用。第二，应大力推进电矿结合，既保证对电力的需求，尤其是丰水期的电力需求，又降低矿业生产的成本，提升矿业的竞争力。第三，加快电力体制改革，继续探索和创新电力投资体制、电力管理体制，积极探索解决电网与电源点脱节，造成交易成本过高、电价过高的问题。促进电力生产和供应企业强化内部管理，降低生产成本和供应成本，提高经济效益，尤其是电站建设高峰过去后，强化内部经营管理将成为电力工业作为经济支柱的重要环节。第四，积极探索和实践电力工业的产业整合思路，通过产业整合，提高平均企业规模，提高产业集中度，增强核心竞争力和对云南经济的贡献率。

7 云南新产业发展潜力分析

金融危机对我国传统的工业行业产生了严重冲击，云南省由于资源型工业特征突出，受金融危机的影响更为显著，金融危机也使世界各国加快了经济转型和产业升级的步伐。有专家认为，以50年左右的长周期来看，上一个长周期处于电子信息时代，以电子信息和网络为代表的新经济支持了上一个长周期的增长，美国正是通过虚拟经济来维持增长，因虚拟经济得不到实体经济的支持最终爆发金融危机并演变为经济危机，经济危机后世界经济将进入新产业支持的新的长周期，生物技术、新能源、新材料、环保技术可能是支持下一个增长周期的产业。面对金融危机，美国的刺激经济计划侧重于新能源和基础设施，扶持计划主要用于汽车业和房地产业，体现出新一轮产业升级的趋势。结合云南省的优势、条件和产业基础，顺应新一轮经济增长周期，应重点发展新能源、新材料、生物技术产业、环保技术产业等。

7.1 新能源产业

7.1.1 太阳能开发产业

太阳能热发电技术由于具有发电成本较低、绿色无污染等特点，在国际上已进入快速发展期。太阳能产业近年在我国也正在发展壮大，2008年全国晶体硅太阳能电池总产量达到约2500兆瓦，尤其是上海、江苏等地发展较快，上海达到100兆瓦，江苏省达到1400兆瓦。2009年国家财政部联合多部委出台了《关于加快推进太阳能光电建筑应用的实施意见》和《太阳能光电建筑应用财政补助资金治理暂行办法》，随后又发布了《关于支持加快太阳能光电建筑应用的政策解读》，支持开展光电建筑应用示范，实施“太阳能屋顶计划”，城市光电建筑一体化应用，农村及偏远地区建筑光电利用等给予定额补助。中国将成为全球最大的太阳能需求市场，潜力巨大，云南必须尽快占有一定的市场份额。

云南省在光电理论、新型太阳电池材料及其太阳电池、多晶硅太阳电池、晶体硅太阳电池产业化技术、光伏发电系统技术及光电控制工程等方面的研究在国内同行中具有明显的研究特色和优势。云南发展太阳能产业占有得天独厚的地理位置，云南光照时间长，能较好地发展光热和光伏产业，除满足自身的发展需要外，还能进行“云电外送”和“西电东送”，将资源优势转化为经济优势；光热和光伏产业是清洁能源，对周围环境不造成污染；符合国家和云南的产业发展规划。因此，云南省应加快发展，尽快做优太阳能产业，重点推进城市光电建筑一体化应用，农村及偏远地区建筑光电利用，积极争取国家政策扶持，研究出台云南省扶持光电建筑一体化应用的政策，对从事太阳能产业的骨干企业，除享受国家政策优惠和补贴外，给予省内补贴扶持。

7.1.2　生物质能开发产业

生物质能开发是我国重点扶持发展的新能源产业，我国生物质能源的发展重点是：一是燃料乙醇技术与产业化发展。1998 年我国开始推广乙醇汽油。到 2005 年，我国生产了 102 万吨燃料乙醇，仅次于巴西、美国，我国已成为世界上继巴西、美国之后第三大生物燃料乙醇生产国和使用国。2006 年，我国燃料乙醇的生产达到 144 万吨，可用作制取非粮乙醇原料的能源作物包括木薯、甘薯和甜高粱等，而纤维素制乙醇在技术上也有相应的进步，是未来生物质能源技术与产业化利用的发展方向。二是生物柴油技术与产业化发展。2007 年开始，中石化、中石油、中海油都积极进入生物柴油行列中。原料上，中石化、中石油、中海油开始争抢国内外的木本油脂：棕榈树和麻疯树。中石化准备在印尼投资数十亿美元种植棕榈树，并计划在贵州、云南等种植麻疯树。中石油和国家林业局签订协议，在四川、云南建设第一批林业生物质能源基地，面积 60 多万亩，可实现 6 万多吨生物柴油原料供应能力，并先后与四川省、云南省及山东省政府订立战略合作发展生物质能源的协议。三是沼气技术与产业化发展。沼气产业规模发展不断扩大。国家计划在“十一五”期间，在农村地区推广户用沼气，全国新建农村户用沼气 2200 万户，到 2010 年，全国户用沼气总数达到 4000 万户，年产沼气总计约 150 亿立方米。为了完成目标，我国结合水体污染控制和治理，重点安排在东部沿海发达地区和内陆大中城市郊区，“三湖三河一库一线（太湖、巢湖、滇池，淮河、海河、辽河，长江三峡库区，南水北调工程沿线）”等重点水域周边地区以及“菜篮子”基地进行大型沼气工程建设，处理工农业有机废水，并获得优质气体燃料。

云南发展生物质能源产业具有较好的资源优势和区位优势，能提供充足的生物质能开发原料。云南有各类生物质能源林 1800 多万亩，其中以橡胶为主的油料能源林有 420 万亩，居全国第 2 位；马铃薯种植面积达 700 多万亩，居全国第 5 位，总产量 775 万吨，居全国第 3 位；糖料种植面积 421 万亩，日加工甘蔗 14.2 万吨，糖产量位居全国第 2。据调查，膏桐在金沙江、红河、澜沧江、南盘江和怒江等流域，海拔 1600 米以下的地区都有分布，尤其是海拔 1200 米以下的地区分布最多，含油率高达 35%~62%。云南省选择了不同区位的元阳、双江、景洪和元谋 4 个县，建立膏桐良种繁育中心，已种植膏桐 4 万多亩。云南拥有耕地总资源 9141.6 万亩。有荒山荒地 6000 多万亩，其中干热河谷和湿热地区适宜种植面积有2000多万亩，大部分可用于种植甘蔗、木薯、橡胶、膏桐等生物质能源原材料。云南分布在金沙江、澜沧江、红河等6大江河沿线的干热河谷区，可开发利用的面积达1000多万亩，虽然是生态最脆弱的区域，但却是最适宜种植发展生物柴油原材料膏桐的地区。与云南相邻的缅甸、泰国、老挝、越南等东南亚国家，是世界发展燃料乙醇原材料甘蔗、木薯等的主产区，在我国大力实施“走出去”战略的情况下，已经有一批企业在越南、老挝、缅甸等国家进行生物质能源原材料种植。

云南省在生物质能开发方面具有良好的技术支持和生产加工能力。生物质能源产业发展要依托先进的栽培技术和生物提炼技术。云南省经过大量的研究，取得了一些关键技术的突破。首先在新一代固定化酵母方面的研究达到国内领先水平；其次拥有自主知识产权的含水燃料乙醇技术；最后在生物质能源林膏桐的栽培方面取得了国内领先水平。云南省有普通乙醇生产企业420户，总设计生产能力30万吨；有机制白糖生产线79条，酒精生产能力15万吨。云南元谋龙川江生物化工公司、云南力量生物公司、芒市华侨集团公司等企业通过对现有乙醇生产线进行改造，用于生产燃料乙醇，总设计生产能力为50万吨，主要原料是甘蔗、木薯和马铃薯；另外，拟建生物柴油生产企业1户，总设计生产能力5万吨，主要原料是膏桐、橡胶籽等。云南省的高校和科研机构在生物资源种植、品种选良等方面的研究，取得了较好的经验和成果。

因此，云南完全具备发展生物质能源的潜能，应抓住发展机会，把云南建成中国生物质能源基地，把云南资源优势转化为经济优势。

7.1.3 风能开发产业

我国风能的发展现状。我国风能资源丰富，中国气象局2004～2006年组织开展的第三次全国风能资源普查结果显示，我国可开发风能总储量约有43.5亿千瓦。从新疆、甘肃、宁夏到内蒙古为一个大风力带，同时还有许多大风口，如张家口地区、鄱阳湖湖口地区、云南大理等。这些都为风能的集中开发利用提供了有利条件。截至2008年年底，我国风电装机容量达到1200万千瓦以上，居全球第4位。但在1200多万千瓦的装机容量当中仅有800多万千瓦实现了正常的发电，1/3处于不发电或者是发电不能上网的闲置状态，风电场投资普遍亏损。有调查显示，国内在建和已经建成的风电厂大多处于微利甚至亏损的状态，至于经济效益和社会效益是否会出现预期增长还很难估计。

云南风能发展前景。云南风能资源丰富，资源总储量1.2291❶亿千瓦，风能资源可利用区面积4.52万平方千米，占全省土地面积的11.48%。根据云南省

---

❶ 数据来源于《云南省风能资源评价报告》。

《云南省风能资源评价报告》的规划，计划在全省布局13个风电场，总装机容量134.1万千瓦。但仅有大理风电场正式投产，大理风电场位于大理市南面的者摩山上，总长度18千米，总装机容量78.75兆瓦，共安装105台风机，年发电量14362万千瓦时。依照统计数据来看，云南的风力发电潜力很大，云南应积极开发利用绿色能源，实现节能减排，让科技与旅游相结合，环保与发展共存，使风能成为云南新型资源开发的一个新亮点。

7.1.4 地热能开发利用

国际地热能产业的发展现状。地热能是一种综合性的有用矿产。作为一种新能源，它具有分布广、洁净、可直接利用等优点。到目前为止，全世界已有83个国家在进行这方面的工作，其中50多个国家具有相当的开发规模。其中装机容量在500兆瓦以上的国家有美国、菲律宾、匈牙利、冰岛。许多发展中国家也在积极利用地热发电以弥补能源的不足。

国内地热能发展现状。我国适于发电的高温地热资源主要分布在西藏、云南、台湾等地区。全国地热电站总装机容量为304兆瓦，发电量排名世界第12位。著名的西藏羊八井地热电厂已建成一座25兆瓦以上的工业型地热电站，到1996年底已发电11亿千瓦时，为缺煤少油的拉萨名城供电做出重大贡献。云南腾冲热海热田也是我国著名的高温热田，在此建设万千瓦级地热电站已列入国家"九五"计划，热田首期深部地质勘探设计的招标工作已经结束，预测能够钻取180摄氏度的高温流体。

云南主要的地热开发前景。云南水热活动强烈，温、热水泉孔分布广，类型多，地热资源潜量位居全国前列。全省温泉以热水型热储为主，共有温泉、热泉、过热水泉800多处。云南地热区划以红河—金沙江断裂为界，分为东、西两区。滇西高温水热活动区是藏滇水热带的南延带，共有地热泉500多处，是云南高温泉及过热水钻孔的主要分布区。其中腾冲、梁河地区属过热水—高温热水带，是中国少数地热资源"富矿带"之一，著名地热田有腾冲的热海热田和瑞滇热田。凤庆、云县、临沧、洱源、大理一带也是中温温泉集中的地区。云南中低温水热活动区，主要分布在滇东断陷盆地中，水温相对较低，但流量大，共有地热泉260余处。昆明、玉溪、曲靖、昭通、红河、文山地区的很多盆地中，都存在着储量较大的地热田。虽然云南拥有巨大的地热资源，但开发、利用地热资源主要集中在昆明地热田和腾冲热海，绝大部分盆地的热水资源基本上尚未开发，处于闲置状态。据调查，云南的低温地热田遍布全省，埋藏深度600~2000米，单井可开采量较大，适宜钻井开采，因此通过有效开发必将创造出显著的经济效益、社会效益和环境效益。

7.2 新材料产业

材料是人类文明的基础，过去人类历史是以其使用的基础材料划分为石器时代、青铜时代、铁器时代。随着人类文明的进一步发展，科学技术的进步使得材料出现了大的分野，即出现了传统材料和新材料。所谓新材料是指应用新原理、新工艺研制或制备出具有优异特性功能的，以高性能、复合化、低成本为目的的，可以满足高技术需求的材料。随着工业化的进展与科学技术的进步，新材料产业将成为未来经济发展的主导产业。

7.2.1 国内外新材料产业的现状与发展趋势

(1) 国际新材料的研发趋势与产业化发展趋势。随着工业化的进展与科学技术的进步，西方发达国家越来越重视新材料，并将其视为国家经济、科技、国防等重大发展计划。作为新一轮国际经济竞争的重要战略举措，被高度重视的新材料得到快速发展，新产品技术不断大量涌现，而且从研发到产业化的周期越来越短，并逐步在世界范围内形成一个庞大的新材料市场。

从美国、日本等西方国家新材料的发展规划和研究方向来看，发达国家新材料的发展趋势具有以下一些鲜明的特点：第一，具有鲜明的需求背景。研究开发密切联系实际应用，重点发展有影响与对国民经济有重大效益的行业材料，注重科技成果的实际应用和转化，从研发到产业化的周期越来越短。第二，处理好高新技术与传统产业的关系。注重新材料的研发和传统材料的挖潜和合理利用并重，注重尖端技术领域和高新技术产业所需材料的研发与基础产业所需材料的研发并重，注重材料科学和工程研究的并重。第三，推动材料的复合化与多功能集成化。材料的集成度进一步提高，并且具有产品小型化、精巧化、多功能复合化与高功率化等特点。第四，材料制备与加工技术向着高效率、低成本、低能耗、短流程、环保型方向发展。在技术上突出的趋势是尽量减少固态下的加工量，由熔铸或粉末冶金的方法直接得到所需的制品或近似的制品。第五，材料的研究和开发的环保意识化、绿色化。越来越重视材料的全寿命过程的环境协调性，材料的循环再生。第六，材料科学的研究出现了多学科渗透与综合化的趋势。新材料与信息、能源、医疗卫生、交通、建筑等产业的结合越来越紧密，材料科学工程与其他学科交叉的领域和规模都在不断扩大，如生物学、医学、电子学、光学等。

从产业发展的角度来看，新材料产业具有如下一些特点：出现了与上下游产业进一步融合的趋势。随着高新技术的发展，新材料与基础材料产业结合日益紧密，产业结构呈现出横向扩散的特点；同时新材料技术与器件的一体化趋势也日趋明显，新材料产业与上下游产业相互合作与融合更加紧密，产业结构出现垂直扩散趋势。新材料市场需求旺盛，产业规模急剧扩大。随着社会科技的进步和新兴产业的快速发展，对新材料需求的种类和数量都大大增加，新材料市场需求前景十分看好，以新材料为支撑的新兴产业，如计算机、通信、绿色能源、生物医药、纳米产业等的快速发展，对新材料的种类和数量需求也将进一步扩大。新材料产品标准化出现全球化趋势。在经济全球化日益加强的背景下，能否在世界不同地方对同一材料采用相同的标准是至关重要的。各国材料及其产品数据标准不一致将会引起混乱、低效并增加成本，不利于市场应用的国际化。因此对材料供应商和用户来说，不同的国家以相同方式测试材料特性是非常重要的，对于新兴市场上的新材料，这种要求尤其强烈。跨国公司对新材料产业发展影响力加强，跨国公司及其分支公司在新材料产业的发展作用显著，这些企业规模大、研发能力强、产业链完善，它们通过战略联盟、大量的研发投入、产业技术及市场标准制定并控制知识产权，寻求在竞争中处于优势甚至垄断地位，一些新材料产业出现了被大型跨国公司垄断的现象或趋势。

就国际上新材料产业的发展热点来看，主要有以下一些重点：信息材料。信息材料是最活跃的新材料领域，微电子材料在未来 10～15 年仍是最基本的信息材料，集成电路及半导体材料将以硅材料为主体，化合物半导体材料及新一代高温半导体材料共同发展；光电子材料将成为发展最快和最有前途的信息材料，主要集中在激光材料、高亮度发光二极管材料、红外探测器材料、液晶显示材料、光纤材料等领域。新能源材料。新能源材料是发展新能源的核心和基础，发展方向是开发绿色二次电池、氢能、燃料电池、太阳能电池和核能的关键材料。研究热点和技术前沿包括高能储氢材料、聚合物锂离子电池材料、质子交换膜燃料电池材料、多晶薄膜太阳能电池材料等。生物医用材料。随着生物技术、医药技术、信息技术、制造技术、纳米技术和材料科学技术的迅猛发展与交互融合，新型和新概念生物医用材料层出不穷。药物控制释放材料、组织工程材料、纳米生物材料、生物活性材料、介入诊断和治疗材料、可降解和吸收生物材料、新型人造器官、人造血液等代表了新的发展趋势和方向。纳米材料与技术。纳米材料与技术发展趋势一方面是开展纳米加工、纳米电子、纳米医疗以及机器人等未来能形成新兴主导产业领域的基础研究；一方面是利用纳米粉体材料的功能特性对现在的信息高科技产业和传统产业进行改造和提升。超导材料与技术。超导材料与技术的发展趋势是不断探求更高温度超导体，实现高温超导材料产业化技术在能源、电力、移动通信、国防领域的应用。从国际上高温超导产业化应用的趋势来看，在继续改善超导粉末带材（也称为第一代带材）的同时，各国现正在努力研究开发一种在柔性金属基带上涂以特定厚膜的涂层导体（第二代高温超导带材）。化工新材料。化工新材料向高性能化、多功能化、精细化、低成本化、生产全球化、工艺无害化、装置大型化、应用普及化、创新持续化、竞争激烈化方向发展。随着催化剂技术、生物技术、纳米技术、组合化学技术的发展，增强了技术人员对于微观化学合成领域的控制能力，使得化工新材料新产品的合成更为灵活，速度不断加快，效率也大为提高。高性能结构材料。从世界上新材料的发展趋势看，钢铁材料和有色金属材料的生产一直在向短流程、高效率、节能降耗、洁净化、高性能化、多功能化的方向发展；高性能结构陶瓷在保持原有耐高温、高强度的前提下向强韧化、易成形加工方向发展；高分子材料向材料的微观设计、多层次结构调控、集成化、智能化、多功能化方向发展；复合材料以高性能、低成本制造技术为发展重点，向材料设计—制造—评价一体化、功能化、智能化的方向发展。

（2）国内材料产业的发展现状。就传统材料产业而言，我国已经是传统材料生产的大国，粗钢、铝、铅、铜、水泥、平板玻璃、建筑陶瓷、合成纤维以及有色金属等的产量位列世界前茅，有的甚至是跃居世界首位。近年来，材料的加工能力得到了快速发展，尤其是有色金属，加工材料的制品包括板、带、箔、管、棒、型材、线材以及锻件等；在材料产品的规格上，也形成自身的体系，大多可以批量生产众多品种；在产品质量上，有些产品的质量指标已经达到了国际先进水平，产品也投入了国际市场。因此，我国传统的材料基本上可以满足国民经济的发展和提高、人们生活水平的需要。尽管如此，我国传统材料的生产也存在着明显的弊端，主要是：产品结构不合理，初级加工能力过剩，低附加值的传统材料产品供过于求，高加工度产品、高技术产品、高精尖度产品远远不能满足国民经济的需求；产品生产集中度低，企业规模明显偏小、企业分散；技术水平低，大多数中小企业技术装备落后，生产工艺落后，生产效率低，能源与原材料消耗高；产品质量不高，技术附加值低，产品质量波动大，尤其是深加工度产品的质量；环境污染严重等。

就新材料而言，从20世纪90年代中后期开始，国内许多省份将新材料产业列为高新技术产业发展的重点，纷纷制定产业发展规划，出台相应的扶持政策，使得国内新材料研究进入了快速发展阶段。在这样的背景下，我国已初步形成了与国民经济和国防建设相适应的门类较为齐全的新材料研制和生产能力，一个有别于大规模生产、能够符合特殊要求的新材料研究生产体系已经形成。我国新材料研究与产业发展的重点主要体现在以下几个方面：电子信息材料。主要是电子、光电子用功能单晶将以大尺寸、高均匀性、晶格商完整性为主要发展方向，而新型元器件将向低微化、多功能化、片式化、超高集成度和低耗能化方向发展，初步形成半导体照明产业、平板显示、纳米电子等。高性能结构材料。主要是新一代钢铁结构材料、高性能陶瓷材料、稀贵金属材料、新型有色金属合成材料等。新能源材料。主要是高能储氢材料、聚合物电池材料、中温固体氧化物燃料电池电解质材料、多晶薄膜太阳能电池材料等，初步在节能型多晶硅、多晶薄膜太阳能电池、锂电子电池、锰酸铁锂等方面形成了规模。超导材料与技术。主要在铋系高温超导线材、超导电缆、超导滤波器、钕铁硼永磁材料、高温合金和金属间化合物结构材料、高温超导薄膜及其应用器件、超导量子干涉仪（SQUID）等方面形成了一定的国际竞争优势。纳米材料与技术。主要是在创造和制造优异性能的纳米材料，设计制造各种纳米器件和装置，探测和分析纳米区域的性质和现象等领域。化工与复合新材料。包括有机氟材料、有机硅材料、高性能纤维、纳米化工材料、无机功能材料、磷质石基复合材料、聚合物基复合材料，等等。

7.2.2 云南省材料产业的发展现状

就传统材料而言，云南省是有色资源大省，也是有色、黑色金属产品生产的大省，同时这些产业已经成为云南省发展国民经济的支柱产业。全省部分有色金属产量在全国占重要地位，10 种有色金属产量 216 万吨，居全国第 2 位，黄磷 35 万吨，居全国第 1 位。在技术方面，全省有色、黑色金属产业方面也取得了一些重要的进展，铜锌铅锡等有色金属冶炼技术装备达到国际先进水平，钢铁工业拥有了镀锌彩涂板、热轧板、干熄焦生产设备等。但在另一方面，全国材料产业存在的问题在云南省传统材料产业领域不仅全部存在，而且表现得更加尖锐，特别产品精深加工与高技术附加值方面。

就新材料产业而言，云南省从 20 世纪 60 年代就开始起步，主要是昆明贵金属研究所在以铂族金属为主的贵金属材料方面逐步积累和发展。自 20 世纪 90 年代以来，省政府高度重视新材料的发展，开始组织实施一批新材料产业化的重大项目，其中有列为国家高新技术产业化新材料重大专项的“稀土贵金属三效汽车尾气净化催化材料”、“铂族金属二次资源回收”、“高纯砷系列产品”、“年产 10 万吨造纸用超细硅灰石纤维新材料产业化示范工程”、“蜂窝纸板”。列为国家新材料产业化推进项目的有“复合电沉积”、“粉镀法复合带材”、“抗菌材料”。由地方或企业支持的重大项目有“真空炼锂与锂系列产品”、“锂离子电池正极材料——钴酸锂”“昆明国家稀贵金属新材料产业化基地”等。

云南省在新材料领域已经拥有一批研究、生产和测试单位，开展应用研究和科技攻关，研究开发主要分布在有色金属新材料、稀贵金属新材料、无机非金属材料、化工新产品新材料等四大领域，在功能型陶瓷、敏感材料等方面也进行了一定的研究和开发。在有色金属材料、稀贵金属材料、非金属矿新材料、精细磷化工深加工产品、金属基复合材料、敏感材料等方面取得了一些成果，而且有些产品形成了一定批量，并进入了国际国内市场。

在有色金属材料方面，全省已有数十种有色金属产品，并具备一定的产值规模，有的甚至位列全国同类产品产量的前列，形成了一定的精深加工产品。在稀贵金属材料方面，云南省已经形成了一定规模，相关科研成果已应用于国家重点军事工程、化工、医药、通信、建材等行业，2009 年在昆明市建立了国家级稀贵金属新材料产业化基地。在无机非金属材料方面，全省展现出了强劲的发展趋势，开发生产了超细活性非金属功能填料，矿物复合纤维材料及涂料，水环境处理工程材料，陶瓷、轻工、化工及其他功能性非金属材料。其中，以硅灰石为原料开发了系列产品。在化工新材料和其他新材料方面，也相应地形成了一批有一定竞争能力的新材料产品。

7.2.3 云南省发展新材料产业的有利条件

基于国内外新材料产业的研发现状与发展趋势，并充分考虑全省材料产业的发展，云南省发展新材料产业的有利条件主要表现在以下四个方面：

（1）资源优势。材料产业的基础是矿产资源，尽管开发和发展新材料产业离不开高新技术，但同时也离不开传统的矿产资源。云南省地处于“环太平洋成矿带”和“地中海—喜马拉雅山成矿带”的交汇部位，是全国不多见的有色、稀有、稀土、贵金属特大矿区，拥有丰富的有色金属、黑色金属、稀贵金属、稀土以及一些非金属矿产资源，可为发展新材料产业提供可靠的资源保障。

（2）工业基础。随着工业化的进展，尤其是重化工业的快速推进，以有色金属采选、压延以及加工产业，黑色金属采选、压延和加工产业，磷化工产业，煤化工产业为主的冶金和化学工业得到了快速的发展，并成为全省国民经济发展的支柱产业，为全身发展新材料产业提供了比较好的孵化条件。云南省应以多种方式进行重组，实现规模化、集团化，提高产业竞争力，在资源合理开发与保护并重的前提下，推进原材料工业在资源富集地区聚集发展，滇中地区的昆明、玉溪、楚雄以钢铁、黄磷、黄金等产业为主，建设国家级磷化工基地和有色金属基地；滇东北地区的曲靖和昭通，重点发展焦炭、铅锌、电石等产业，建设全国重要的新型煤化工基地；着力培育大企业集体，加快调整原材料工业产品结构，大力发展低能耗、低污染、高附加值产品，积极推进有色金属信息型材料产业化创新基地、新型煤化工基地和昆明新型钢材项目等重大项目的建设；加快发展石油化工，鼓励发展节能环保和资源综合利用的新型建材业。

（3）市场空间。由于投资环境的改善和中国经济活力的不断增强，发达国家加快了对中国的投资进度，中国的制造业得到了迅速发展，并成为“世界工厂”，对原材料，尤其是新材料的需求很大；随着中国—东盟自由贸易区的建设和泛亚铁路概念的提出，云南省迅速由开放的后延转变为开放的前沿，这也为新材料产业的发展提供了广阔的市场空间；由于中国和东盟各国产业结构趋同，中国在新材料产业上的研究和开放抢占了制高点，也能够为云南省的新材料进入东盟市场提供契机。

（4）历史机遇。随着我国新型工业化的快速推进，以信息化带动工业化，推动产业结构的优化升级，运用高新技术和先进技术改造传统产业，大力振兴装备制造业等都需要新材料产业的支撑；而金融危机之后国家出台的有色金属与钢铁等产业振兴规划，加大了对这些行业的技术改造与研发的支持力度；特别是国家科技部启动的“西部新材料行动”，云南省发展高新技术产业的“十一五”规划等都将新材料产业作为重要方向。这些都为云南省新材料产业的发展提供了难得的历史机遇和广阔的发展空间。

7.2.4 云南省新型材料产业可重点发展的领域

考虑到云南省新材料产业的发展现状以及有利条件，未来全省新材料产业的主攻方向应该结合自身的比较优势，形成有色的新材料产业。

（1）有色金属新材料及精深加工。云南省是国内有色金属生产大省，但云南省有色金属深加工发展落后，高技术附加值产品所占比例过小，因此需要顺应省内工业化的进展，提升云南有色金属深加工能力和水平，加快有色金属新型材料的研发和生产。考虑到有色产业的现在，有色金属材料新材料及其精深加工可以以有色金属新材料、有色金属专用新型材料、有色金属军工专用材料、有色金属材料先进加工技术为重点。

（2）稀贵金属新材料。在稀贵金属新材料方面，云南省不但具有丰富的贵金属、稀有金属等资源优势；而且在技术研发方面也具有一定的优势，20 世纪 60 年代建立的昆明贵金属研究所在铂族金属研究方面具有相当的优势。因此，云南省应充分利用这些有利条件，重点发展贵金属化合物合成，金、银、铂族金属及其合金材料，钛及钛合金新材料，钒、锗、铋、铟、硒、碲、镉等及相关化合物。

（3）新型钢铁结构材料。钢铁结构材料是国民经济各支柱产业和国防工业的重要支撑材料和应用范围最广、使用量最大的材料。因此，云南省要紧紧抓住全省钢铁产业处于较快发展，新产品开发步伐加快，部分新产品已具备了产业化开发等有利条件，加大在高效采选技术、钢铁冶炼技术、轧钢新技术、高端产品开发、大型冶金成套装备技术集成、节能节水和废弃物综合利用新技术等方面研发力度，推动钢铁产业向短流程、高效率、节能降耗、洁净化、高性能化、多功能化的方向发展，重点打造化工、矿山、冶炼用高耐磨、抗腐蚀材料，蜂窝钢板、多孔钢板、长寿命新型钢结构材料。

（4）新能源材料。高纯材料广泛用于电子工业与能源产业，云南省近年来通过攻关，已经开发了一些高纯材料产品，但品种、规格、数量还不够多。这就需要结合云南省的自身优势，尤其是省内硅资源相当丰富以及高原太阳能充足等有利的自然条件，有重点地发展半导体照明用基础材料、太阳能电池用多晶硅、光纤用高纯四氯化锗产品及锗的系列产品开发等，继而着力打造全球太阳能电池生产基地。

（5）新型复合材料。复合材料既具有能够降低生产成本的特点，又能获得单一材料无法具有的性能、性质，并拓展材料的使用功能以及充分发挥出材料的特有潜能的优点。考虑到全省资源多样与丰富并存的特点，有色金属、稀贵金属、非金属产品的发展已具备一定规模，可以重点考虑以下一些新型复合材料：双金属或多金属复合材料、金属-非金属复合材料、非金属基-金属/高分子复合材料、陶瓷-金属复合材料、高性能碳纤维、废弃物复合材料等。

（6）新型特种功能材料。功能材料种类很多，用途广泛，但考虑云南省在新材料研发和产业化发展的客观现实，尤其是在敏感材料、半导体信息材料、新能源材料、远红外辐射涂料等方面初步形成了一批科技成果，已具备产业化的基础条件，因此，可以重点发展以下一些新型特种功能材料：功能陶瓷，新型气敏、光敏材料，碲锌镉半导体材料，新型量子材料，光电材料，新能源材料，锡、锌等抗静电、装饰类金属涂料，抗菌材料，生态环保材料。

（7）非金属矿物新材料。云南省具有丰富的非金属矿产资源，尤其是硅藻土、石英、硅灰石等非金属矿资源不但储量丰富，而且品质优良，具有发展非金属矿物新材料产业的资源优势。因此，可以顺应市场的需求，在充分利用这些有利条件的基础上，重点发展硅藻土系列矿物新材料，石英系列矿物新材料，重质碳酸钙，硅灰石矿物新材料，云母系列矿物新材料，膨润土系列矿物新材料，精细陶瓷、紫砂、黑陶等非金属矿物材料等。

7.3 医药生物技术产业

世界生物制药研究与开发、生物技术药品市场、生物技术专利、药物专利主要集中于美国及欧洲，日本也占据较小份额，而其他地区，尤其是发展中国家在此领域还存在很大差距。近些年，中国医药生物技术产业发展迅速，我国同世界主要发达国家仍有一定的差距，有我们自己知识产权的品种很少，生产企业仍大都面临着规模小、效益低的问题。

云南生物资源丰富多样，药用植物、动物、矿物种类及真菌等微生物资源种类均在全国位居前列，独有的药用资源就达 1260 种。中药资源总数和药用植物总数分别为全国的 51. 4 % 和 55. 4 %，天然药物资源的品种和数量均居全国之首。发展天然药物产业的优势得天独厚。其中市场影响力较大的产品有：三七系列产品，青蒿素及蒿甲醚系列产品，紫杉醇（特效抗癌药品）系列产品，灯盏花素系列产品，天麻系列产品和薯芋皂素激素类产品等。已开发出了具有云南特色的云南白药、宫血宁胶囊、篙甲醚注射液、血塞通注射液、感冒消炎片、三七总甙、排毒养颜胶囊、皮康王、绿 A 等名牌产品。

云南的医药生物技术优势主要集中在天然药物产业，已有多家研究机构和公司从事生物医药的研究和开发，并拥有中国科学院昆明植物研究所和动物研究所、中国医学科学院昆明医学生物研究所、云南省农科院、云南省林科院、云南大学、西南林学院、云南农业大学等一批有较强实力的生物技术研发单位，建立了一批与天然药物药理相关的重点实验室和中试基地，并培育了云南白药集团等一批有自主研发能力的生物资源开发企业。

云南应充分利用中央驻滇研究单位的技术、设备优势，充分发挥研发和产品优势，研究开发抗肿瘤、抗病毒和免疫调节新药；充分利用生物种质资源优势，做大做强天然药物产业；要引进和建立天然药物筛选模型，采用现代科学技术，对疗效显著的中药复方和彝药、傣药、藏药等民族药进一步开发，加强珍贵药用动植物引种和规模化生产技术研究，解决珍贵药用动植物栽培的关键技术。

7.4 环保技术产业

加快发展环保技术产业既是贯彻可持续发展理念的基本要求，也是建设资源型节约型与环境友好型社会的基本任务。环保技术产业已被许多国家列为21世纪新的经济增长点，受到了越来越多国家和地区的关注。

7.4.1 环保技术产业的发展环境

环保技术产业，是国民经济产业体系中以防止环境污染、改善生态环境、保护自然生态环境为目的，进行环保技术开发、产品生产、商品流通、资源利用、信息服务、工程承包等活动，并具有一定经济效益的产业的总称。经济持续快速发展和日益恶化的环境使得环保技术产业的发展面临着机遇和挑战。环保技术产业作为产业体系的一部分，其自身的发展不仅能够吸收就业，促进国民经济发展，而且能为产业结构高级化和现代化进程提供支撑。可持续发展要求经济的增长方式应当由粗放型向集约型转变，提高资源的利用效率，降低单位产品污染物的排放，减轻生产过程对环境的不利影响。

7.4.2 云南省加快环保技术产业发展的重点

结合全省新型工业化的进程、工业内部结构特点与行业发展重点，云南加快发展环保技术产业重点，一是针对工业污染物排放，特别针对云南磷煤化工、冶金、建材、火电、制糖、医药、造纸、亚麻等主要行业的工业清洁生产工艺、污染治理技术和设备；二是固体废物处理处置技术及设备，如工业固体废物再生循环利用技术，利用工业固体废物生产复合材料、工程结构制品等技术及设备，有害化学品处理技术，放射性废物的处理技术和装备等；三是饮用水安全保障技术，云南省许多人口稠密地区的饮用水以湖、库作为水源，原水中一些污染物质导致自来水水质下降，可重点考虑微污染饮用水处理技术和设备，农村生活污水和养殖废水（包括散养畜禽粪尿）处理技术与装置，高盐、高氟等特殊地区的工业化膜过滤（超滤、或反渗滤 RO）技术与装置等；四是高原湖泊综合治理保护技术，高原湖泊保护是云南省生态环境建设的重点，是实现云南经济社会可持续发展的重要保障，可重点关注湖泊生态用水和水体置换技术，入湖河流河口区、湖岸水位消落带与过渡带的复合湿地（非生活污水和工业废水、以处理暴雨径流污水为主），湖库生态用水的水资源开发和再生处理，清洁农业生产技术及设备等。

7.4.3　加快环保技术产业发展的政策重点

一是需要加强环保法制建设，规范市场行为，通过制定环保标准和产业发展标准，提高环保企业的整体竞争力。二是加快环保产业市场的发展，提高环保处理设备的技术水平。云南的环保企业几乎都不能大规模生产各种性能好、质量高的环保设备，可考虑采用引进国内先进技术，并给予政策倾斜等方式解决，提升环保处理设备的技术水平。三是通过信贷和价格机制的调整，拓宽环保产业投资的资金渠道来源。

8 云南工业经济结构的主要特点和问题

8.1 云南工业经济结构的主要特点

近年来，云南全省加快工业经济结构调整的步伐，特别是2003年11月省委、省政府作出走新型工业化道路、实施工业强省战略的重大决策以来，全省工业经济结构逐步优化，工业经济总量不断提高。2008年工业增加值2056.95亿元，创历史新高；全省已经形成行业门类较全、初具规模、具有一定特色和实力、涵盖38个工业行业的工业体系；2009年上半年全省规模以上工业企业达3261户，比2005年增加899户，分布于国民经济的38个工业行业大类中，与全国其他省市相比，属工业行业分布相对较全的省份。

8.1.1 从工业“轻重”关系看——轻工业比重总体呈下降态势，重工业比重呈上升态势

从云南省工业经济结构的“轻重”关系看，轻工业比重总体呈下降态势，重工业比重呈上升态势。全省规模以上轻重工业比重由2001年的66.3:33.7调整到2008年的45.4:54.6，实现了轻重工业齐头并进，蓬勃发展（图8-1）。

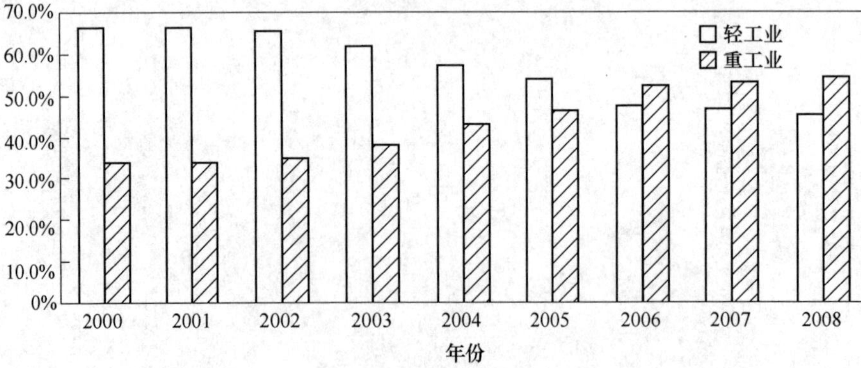

图8-1 2000~2008年云南省轻重工业增加值比重变化情况

资料来源：2000~2007年各年云南工业经济信息资料；2008年云南统计公报。

就总量而言，2005年，全省规模以上工业增加值共计998.83亿元，其中：轻工业537.16亿元，重工业461.67亿元；重工业比轻工业增加值少75.49亿

元。2006 年，全省规模以上工业增加值共计 1271.50 亿元，其中：轻工业 606.21 亿元，重工业 665.29 亿元；重工业比轻工业增加值多 59.08 亿元。2007 年，全省规模以上工业增加值共计 1566.10 亿元，其中：轻工业 732.44 亿元，重工业 833.66 亿元；重工业比轻工业增加值多 101.22 亿元。2008 年，全省规模以上工业增加值共计 1803.73 亿元，其中：轻工业 818.61 亿元，重工业 985.12 亿元；重工业比轻工业增加值多 166.51 亿元。可以看出，2005 年云南轻工业发展规模大于重工业，从 2006 年起重工业发展规模逐渐扩大。

就规模以上工业企业户数而言，2007 年，全省规模以上重工业企业有 1958 户，占全省规模以上工业企业户数的 72.6%，轻工业企业有 740 户，占全省规模以上工业企业户数的 27.4%。而 2008 年，全省规模以上重工业企业有 2091 户，比 2007 年增加了 0.6%，其中，煤炭工业 286 户、有色金属工业（采选和压延）312 户、黑色金属工业（采选和压延）188 户、化学工业 288 户、电力工业 265 户；全省规模以上轻工业有 764 户，比 2007 年下降了 0.6%，其中，医药工业 101 户、制糖工业 53 户、烟草工业 21 户、纺织工业 19 户。重工业户数比轻工业多 1327 户。

就发展速度而言，近年来，全省重工业发展速度明显快于轻工业，但 2008 年下半年来，受国际金融危机的影响，云南重工业受到了冲击（图 8-2）。2009 年上半年全省规模以上工业实现增加值 841.26 亿元，同比增长 2.1%，较一季度提高 1 个百分点。其中，轻工业完成增加值 433.07 亿元，同比增长 9.3%；重工业完成增加值 408.19 亿元，同比下降 3.9%。轻工业增速比重工业加快 13.2 个百分点。

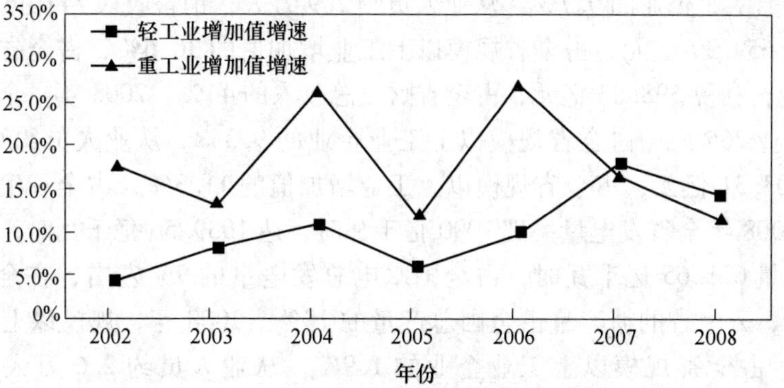

图 8-2 2002 ~ 2008 年云南省轻重工业增长变化情况

资料来源：云南省统计局。

8.1.2 从工业“大小”关系看——有色、化工、黑色等相对比医药、光电子等产业大

从云南省工业经济结构的“大小关系”看，有色、化工、黑色等产业的总产

值、从业人数、工业增加值在全国同类行业中比较靠前，在全省工业中均居于前列，属于“大”的产业；而医药制造、光电子等产业的总产值、工业增加值率等在全省工业中所占比重较小，属于“小”的产业。

（1）十种有色金属产量居全国第2位。

（2）磷肥、磷矿石、黄磷产量居全国第1位，化肥产量居全国第4位。

（3）粗钢、钢材产量分别居全国第17位和第19位。

（4）原煤产量居全国第10位。

然而，云南省依然存在众多产值规模较小的产业，如医药制造业占全省规模以上工业增加值的2.2%，占全省生产总值的0.7%。2008年，规模以上医药制造业企业有101户，占全省规模以上工业企业的3.5%，从业人员约1.9万人；工业增加值39.76亿元，占全省规模以上工业增加值的2.2%，占全省生产总值的0.7%。2008年，全省共有11户光电子骨干企业，占全省规模以上工业企业的0.4%；工业增加值约12亿元，占全省规模以上工业增加值的0.7%，占全省生产总值的0.2%。

8.1.3 从工业“强弱”关系看——烟草、电力、制糖等产业相对强于装备制造、建材、纺织等产业

烟草、电力、制糖等产业的总产值、工业增加值在全省规模以上企业中处于强势地位，因此从云南工业经济结构的“强弱”关系看，这些产业相对其他产业而言，属于“强”产业。2008年，全省规模以上烟草制品业企业有21户，占全省规模以上工业企业的0.7%，从业人员约2.9万人，销售收入744.46亿元；工业增加值659.39亿元，占全省规模以上工业增加值的36.6%，占全省生产总值的11.6%；利税598.82亿元，占全省财政总收入的44%。2008年，全省规模以上电力企业265户，占全省规模以上工业企业的9.3%，从业人员约6.8万人；增加值203.31亿元，占全省规模以上工业增加值的11.3%，占全省生产总值的3.6%。2008年全省发电量突破1000亿千瓦时，达1039.56亿千瓦时，其中：水电年发电量621.65亿千瓦时，占全国水电总发电量的9%左右，在全国排第3位。另外，云南省的糖产量占全国总产量的18%。2008年，规模以上制糖业企业53户，占全省规模以上工业企业的1.9%，从业人员约2.6万人；增加值21.42亿元，增长16%。2008/2009榨季糖产量达223.5万吨，占全国总产量1243.12万吨的18%；全省平均产糖率12.8%，比上榨季提高0.69个百分点，位列全国南方产糖省区第一。

然而，装备制造、建材、纺织、食品制造、饮料制造等产业在全省规模以上企业中一直处于弱势地位，相对其他产业而言，属于“弱”产业。其中，2008年，规模以上装备制造业314户，占全省规模以上工业企业的11%，从业人员约

6.9万人，实现销售收入304亿元，工业增加值仅74亿元；全省2008年生产水泥4011.98万吨，增长13.3%，平板玻璃335.38万重量箱，增长1.7%；全省规模以上298户建材工业增加值40.37亿元，增长11.8%；2008年，规模以上纺织工业19户，占全省规模以上工业企业的0.7%，工业增加值仅7.28亿元；2008年规模以上食品制造业工业增加值仅7.80亿元；2008年规模以上饮料制造业工业增加值仅24.10亿元。

8.1.4 从工业"优劣"关系看——铜、锌、锡、铝冶炼及部分化工技术相对优于其他新材料及精深加工等技术

云南省具备丰富的矿产资源，素有"有色金属"的王国之称。在此基础上，通过大力引进技术，改良原有生产工艺，终使铜、锌、锡、铝等有色金属冶炼及部分化工业技术在国内处于领先地位，成为云南的"优"产业。

有色金属冶炼加工业的技术优势如下：

(1) 铜冶炼技术。云铜集团云铜股份公司"艾萨炉"的铜冶炼装备，创造了在全球8座同类炉子中占地面积最小、体积最大的世界纪录。通过二次创新，"云铜艾萨"的各项实际指标均优于引进时的设计指标，使云南铜行业的铜冶炼技术、生产规模、经济效益、污染治理与防治等跃居世界同行业先进水平，成为世界范围内艾萨熔炼技术与装备的样板。已形成40万吨/年的阴极铜生产能力，主要经济技术指标达到国际先进水平。在电解净化、电解添加剂研究、电解工艺控制等方面，电解生产工艺技术处于国内先进水平，形成了一些公司拥有专有技术的工艺控制方法。

(2) 锌冶炼技术。首先，云南冶金集团的"锌精矿加压浸出、长周期电解关键技术研究及产业化"技术属于我国锌行业重大技术创新项目，获得2007年国家科技进步二等奖。该技术实现了多项创新：第一，在国内首次实现湿法炼锌氧压浸出技术的工业应用，打破了国外在该领域的技术垄断，实现了锌的选择性浸出；第二，在锌冶金领域首次在国内实现系统不外排二氧化硫气体，硫化锌精矿中的硫92.2%转化为元素硫；第三，在国内首次实现了湿法炼锌加压浸出冶金过程的高新技术化；第四，实现周期48小时以上仍保持合适电流效率，锌片厚度3毫米以上，满足机械剥锌的技术要求，剥锌成功率达90%以上。其次，云南冶金集团和昆明理工大学联合开发了高铁锌精矿铁自动催化加压浸出新工艺，处理含锌42.2%、铁14.4%、硫29.3%的精矿，工业性连续试验指标达到：锌浸出率98.1%，铁浸出率仅29.2%，元素硫转化率92.2%。该技术已建成投产了10000吨/年电锌的生产线，进入了产业化阶段。该工艺具有流程短，将常规湿法炼锌的焙烧、余热锅炉、收尘、制酸、浸出、渣处理等多道工序合并为一段或两段加压浸出，流程简洁。另外，该工艺直接产出元素硫，避免了焙烧烟气制酸

后尾气排放和残余二氧化硫及酸雾对环境的污染。最后，高硅氧化锌矿的处理，近年有突破性进展，祥云飞龙公司将高硅氧化锌矿与硫化矿焙砂的中温中酸浸出渣，按适当配比混合，再经高温高酸浸出，用针铁矿法沉铁、脱硅、净液、电解生产电锌，已取得国家专利。该厂采用上述工艺已生产多年，锌的总回收率达94%。

（3）锡冶炼技术。澳斯麦特技术进行锡的还原熔炼代表了当今世界锡冶金技术的最高水平。云锡集团用澳斯麦特技术进行锡的还原熔炼是世界第二家、国内首家，并且是世界最大的澳斯麦特炼锡炉，使云锡集团锡精矿还原熔炼技术跃居世界领先水平，并与原已有的世界领先的以结晶机与真空炉为主的火法精炼技术相配套，代表了当今世界锡冶金技术的最高水平。自2002年4月18日投产以来，炉床指数、综合冶炼回收率、熔剂率、渣率、渣含锡、炉子寿命等各项技术经济指标达到了国际领先水平，提高了劳动生产率与资源利用率，有显著的经济效益和社会效益。

（4）铝冶炼技术。云南冶金集团云铝股份公司通过开发使用开沟槽的阳极、节能型钢爪、高石墨质阴极底块等材料，实施计算机多变量双平衡控制和低温寻优、不停电停启槽、高压风机变频改造、无煤气煅烧石油焦技术等技术，进行锂盐添加、电压效应分摊的优化，极大地降低了电能消耗，铝锭交流电耗吨铝为13600千瓦时左右，比国际先进水平低近600千瓦时，比国内平均水平低近1000千瓦时。

在化工技术方面，湿法磷酸、硫酸及高浓度磷复肥生产技术及装备水平达到国际先进水平。云天化集团、云南煤化工集团等化工企业的单系列年处理100万吨磷矿擦洗、18改30万吨湿法磷酸、80万吨硫酸、30万吨湿法磷酸、60万吨磷酸二铵、40万吨重钙及配套生产装置的陆续建成投产，使云南湿法磷酸、硫酸及高浓度磷复肥生产技术及装备水平处于国内领先，达到国际先进水平；聚甲醛装置的建成投产，不仅填补了国内空白，而且打破了国际技术封锁，为我国发展高档工程塑料提供了可靠原料保障。

然而，云南在其他新材料及精深加工等技术方面，相对处于劣势。一是大部分矿冶及新材料精深加工和关键技术原创性不足，产业链短，精深加工不够；二是现代生物技术、微生物技术等开发应用不足，云南生物资源及药物资源优势发挥不够；三是自动化成套设备、高新技术产业化关键设备、信息技术改造传统设备等研发不足，信息与装备制造业整体水平较低；四是资源综合利用、节能降耗等技术研发推广不足，节能产业发展有待加快。

8.2 云南工业经济结构的主要问题

从上述对云南工业“轻重”、“大小”、“强弱”、“优劣”等基本情况的分析看来，在应对国际金融危机过程中，更加明显地暴露出工业经济结构存在的问题，主要表现在以下七个方面：

（1）重工业资源依赖度高，大而不强。2008 年，全省规模以上重工业企业有 2091 户，占全省规模以上工业企业户数的 73.2%，规模大、数量多。但从重工业平均户数实现的工业增加值看，2008 年全省重工业平均每户增加值仅 0.47 亿元；另一方面，在重工业中，70% 以上的资产和产品销售收入，80% 以上的利润，70% 以上的工业增加值来源于以资源为主的采掘工业和原料加工工业。

2008 年，昆钢集团铁矿石的对外依赖度为 60% 左右；云铜集团铜矿石的对外依赖度为 70% 左右；云南冶金集团铅锌矿的对外依赖度为 60% 左右，铝土矿则高达 90% 以上。2008 年中国企业 500 强排名中，云锡集团排第 374 位，云天化集团排第 219 位，云南煤化工集团排第 396 位，昆钢集团（非钢产业）排第 419 位，云南冶金集团排第 278 位。云南资源型重工业企业资源对外依赖度高达 60% 以上，且没有一家企业在中国企业 500 强排名中进入 200 名以内。

（2）轻工业烟草“一枝独秀”，其他行业小散弱。云南轻工业一直以来以烟草为主，通过近年来的努力，医药、农特产品加工（食品加工、制糖、制茶、饮料制品、林产、丝麻）、造纸等轻工业取得了快速发展，但轻工业结构单一，烟草“一枝独秀”的局面并没有改变。2008 年全省烟草制品业增加值 659.39 亿元，占全省轻工业增加值的 80.5%；而全省规模以上烟草制品企业仅 21 户，占全省规模以上轻工业户数的 2.7%。也就是说，占全省规模以上轻工业 97.3% 的企业只完成了 19.5% 的轻工业增加值。在全国 44 家中药上市公司中，总市值、营业收入、加权净资产收益率均排在第 1 位的云南白药集团，2008 年净利润仅有 4.6 亿元，工业增加值仅 12 亿元。

（3）工业产品结构不合理，高新技术产值比重低、新产品开发缓慢。从全省工业产品结构情况看，由于创新能力不足，相当一部分企业工艺设备落后，产品科技含量不高，产品以传统产品、初加工产品居多，结构性矛盾突出，且新产品开发步伐缓慢，产品更新换代严重滞后，高新技术产品、高附加值产品所占比重较低、精深加工产品少，资源型、原料型产品比重较大成为全省工业产品的主要特征。2008 年全省规模以上工业新产品产值 144.11 亿元，仅占全省规模以上工业总产值的 2.8%；2009 年上半年全省规模以上工业新产品产值 67.32 亿元，仅占全省规模以上工业总产值的 3.1%。

（4）全省工业经济行业发展不平衡，重工业增长不稳定。2008 年，全省规模以上烟草制品业、化学原料及化学制品制造业、黑色金属冶炼及压延加工业、有色金属冶炼及压延加工业和电力、热力的生产和供应业等 5 大行业工业增加值共计 1277.02 亿元，占全省规模以上工业增加值的 70.8%。但这 5 大行业规模以上企业户数为 927 户，仅占全省规模以上工业企业户数的 32.5%。云南虽然工业行业齐全，但发展不平衡。另外，从近年来重工业的增长变化可以看出（图8-3），全省重工业增长波动比较大，主要是由于云南重工业生产受市场等外部因素影响很大，其快速增长时期就是国内外需求旺盛、价格上涨的时期，而且云南重工业内源动力支撑偏弱，造成了增长不稳定。

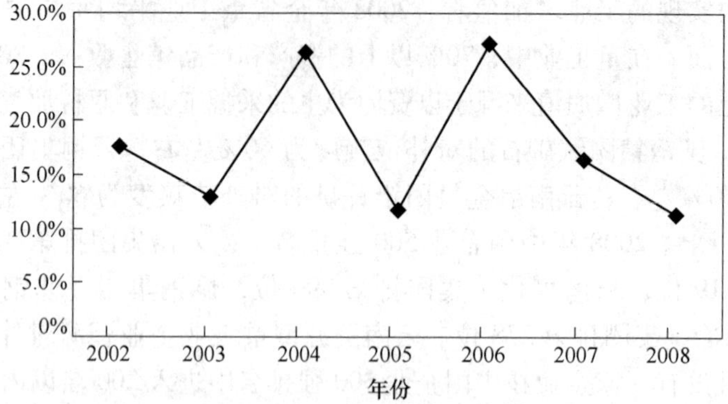

图 8-3　2002 ~ 2008 年云南省重工业增加值增长变化

资料来源：2000 ~ 2007 年各年云南工业经济信息资料；2008 年云南统计公报。

（5）企业资金周转慢，库存多，产、销总体衔接差。2009 年 1 ~ 5 月，全省工业企业应收账款净额为 4349.46 亿元，同比增长 21.0%，产成品库存为 299.00 亿元，同比增长 5.0%。由于应收账款及产成品库存增加，使部分企业资金周转困难，生产经营陷入困境。1 ~ 6 月全省规模以上工业实现销售产值 2106.59 亿元，产品销售率为 96.8%，低于上年同期 0.3 个百分点，其中：轻工业实现销售产值 709.76 亿元，产品销售率为 96.8%，高于上年同期 1.1 个百分点；重工业实现销售产值 1396.84 亿元，产品销售率为 96.8%，低于上年同期 0.7 个百分点。与一季度相比，保山、昭通等 9 个州（市）产销率回升，黑色、有色、医药等 21 个行业回升。尽管工业产销衔接水平有所好转，但总体水平仍处于低位，去年库存产品多，消化库存压力仍然较大。

（6）企业效益大幅下滑，亏损企业亏损额加大。2008 年 1 ~ 11 月，全省规模以上工业企业利税 912.64 亿元，同比仅增长 0.4%，利润 289.11 亿元，同比下降 20.4%。亏损企业亏损总额 69.2 亿元，同比增长 1.71 倍。应收账款 434.5 亿元，同比增长 31.3%，产成品资金占用 355.3 亿元，同比增长 32.4%，两项资金占用合计 789.8 亿元，比 11 月末工业短期贷款余额多 68.78 亿元。同时，企业利息支出大幅度增长，11 月末，全省规模以上工业利息支出同比增长 44.9%。

2009 年上半年，企业亏损面及亏损企业亏损额明显上升。1 ~ 5 月全省工业企业亏损面为 46.01%，比去年同期上升 10.8 个百分点，但比 1 ~ 2 月下降 2.0 个百分点；亏损企业亏损额为 63.66 亿元，比去年同期上升 1.35 倍，但上升幅度较1~2月回落了35.6个百分点。分行业来看，亏损企业亏损额超过5亿元的大行业有4个，依次是化学原料及化学制品制造业、有色金属冶炼及压延加工业、黑色金属冶炼及压延加工业、电力热力的生产和供应业，这4大行业的亏损企业亏损额合计为46.07亿元，占全省亏损企业亏损总额的72.4%，且除了电力热力的生产和供应业亏损企业亏损额较去年同期有所下降外，另外3个行业的亏损企业亏损额较同期均有不同幅度的上升。

（7）工业品出厂价格持续走低，严重影响了工业经济效益。受国际金融危机的影响，国际国内市场需求萎缩，云南工业品价格持续走低。工业品出厂价格自2008年11月开始下降以来，一直走低（图8-4）。由于工业产品价格持续下跌，致使企业盈利空间缩小甚至亏损，严重影响了全省工业经济效益的提高。

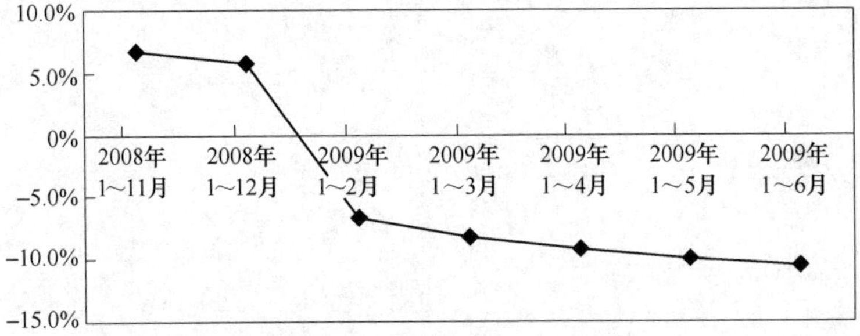

图8-4 2008年1~11月至2009年上半年全省工业品出厂价格涨幅走势

资料来源：云南省统计局。

另一方面，2009年上半年云南工业品出厂价格降幅大于购进价格降幅5.9个百分点，仍“高进低出”（图8-5）。由于工业品出厂价格指数与原燃材料动力价格指数“剪刀差”的进一步扩大，企业利润空间缩小。2008年第三季度前，云南相当多的企业在经济形势较好、国际有色金属价格和原材料价格持续走高的情况下，购买了一部分高价原材料。仅铁矿石、氧化铝、铜精矿和硫黄4种原材料，增加企业成本57亿元，影响了云南企业产品价格的竞争优势。

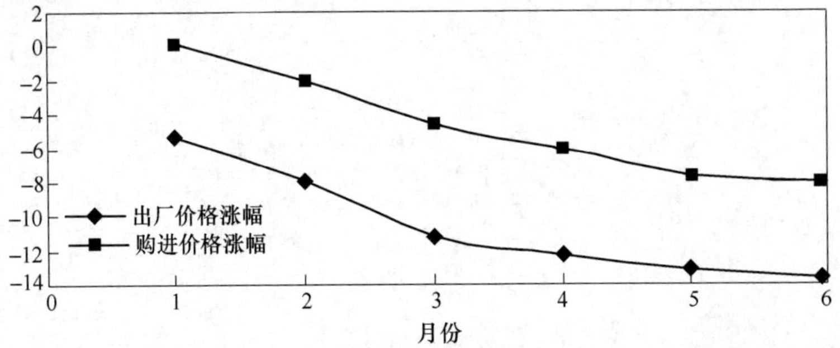

图8-5 2009年上半年云南省工业品出厂价格和购进价格涨幅走势

资料来源：云南省统计局。

在金融危机中，有效需求不足，进一步加剧了供需矛盾。工业经济结构暴露出的主要问题要求坚持加快发展、坚持创新发展、坚持安全发展、坚持节约资源持续利用、坚持统筹兼顾以工促农、坚持保护环境生态立省抓好工业经济平稳较快发展，推进工业经济调结构上水平。

9 云南工业经济调结构上水平的思路与重点选择

9.1 基本思路

应把握世界经济在后危机时代的经济转型和产业升级趋势，以新型工业化的理念和要求，坚持发挥云南工业经济发展中的资源优势、区位优势和特色产业优势，加快推进现代产业体系建设，新的做优、小的做大、大的做强；着力推进产业结构高级化和发展方式的转变，推进优势产业向优势区域集中，优势资源优先开发，优势技术加快发展；加快推进体制机制创新，强化企业管理，努力扩大对外开放，促进区位优势向经济优势和竞争优势转化；大力发展轻工业、优化升级重工业、加快培育新产业。

9.1.1 新的做优

应把握世界经济从金融危机复苏中的经济转型和产业升级动态，跟踪世界经济在后危机时代的经济转型和产业升级趋势，结合我国高技术产业发展规划和云南省高新技术产业发展规划，把握世界经济和科技在下一轮增长周期中的支撑产业，在生物技术、新能源、新材料、环保技术等领域，选准云南省具有优势和发展潜力的领域。应重点发展燃料乙醇、生物质能、太阳能、地热能等新能源产业；依托云南矿产资源优势和矿业企业实力，高起点引进开发新材料的先进设备和技术，发展先进技术与云南矿产品相结合的新材料产业；发挥云南的生物多样性优势，加快培养生物技术产业，针对生物、微生物技术中云南省已有自主知识产权的领域，引进风险投资或战略投资者，加快已有技术的产业化进程，针对云南有资源优势而技术优势不强的领域，引进科研团队与省内的生物资源开发企业或研究机构合作，尽快推进这些领域的生物技术创新和产业发展，根据未来一个时期人们对健康保健的需求变化趋势，加快发展云南的生物制药业；在环保技术方面，积极挖掘云南能够配套发展的领域，重点进行扶持发展；创新体制机制，加大培育和扶持力度，营造良好的科研、创业、投资环境，加快技术转化和产业化步伐。

9.1.2 小的做大

针对有资源优势但企业规模小、产业集中度低的行业，要运用现代经营管理理念，利用资本市场融资，化解小企业融资难题，整合小企业，从追求个体规模经济向范围经济转变，通过产品的差异化、品牌多样化、股权多元化来做大企业规模小但产品有竞争力的产业。针对不受原料限制的农副食品加工业，重点扶持对农村和农业发展带动能力强的农业产业化龙头企业，帮助这些企业建品牌、树现象、建营销网络、建标准化原料基地，提升产品在全国市场的竞争力；针对受原料品质限制的小企业，以产业关联性为纽带，鼓励行业内龙头企业通过整体打包包装上市，利用资本市场融资，以整体构建全国范围的营销网络，以整体打造共享品牌，提升产业在国内乃至国际市场的竞争力；针对云南有独占性资源优势、消费群体特殊且企业经营效益好的产业，实施产品多元化、主业多样化战略，开发资源的新用途，大力发展范围经济，扩大企业规模，壮大产业实力。

9.1.3 大的做强

要突出创新，做强大而不强的产业。一是要加强产品创新，发挥大企业（集团）的资金优势和研发优势，提升自主创新能力，结合产业未来的发展趋势，强化新产品开发，延伸价值链，培植新的增长点；二是加强营销网络创新，彻底改变国有企业重生产轻营销的局面，提高产品销售率；三是加强管理体制机制创新，增强对大型企业的制度供给，继续支持大企业整合资源和中小企业，发挥规模经济，支持大企业到省外、国外（特别是周边国家）投资，壮大产业规模；四是加强增长模式创新，努力延伸产业链，投资上下游产业，形成一体化经营，内化并降低成本，鼓励建立上下游产业链企业聚集形成工业园区，加强推进循环经济，推进废弃物的再利用。

9.2 大力发展轻工业

大力发展轻工业应以生物医药、制糖、制茶、丝麻、纺织等行业为主导，改变轻工业小散弱的现状。

轻工业承担着繁荣市场、增加出口、扩大就业、服务“三农”的重要任务，是国民经济的重要产业，在经济和社会发展中起着举足轻重的作用。大力发展轻工业，有利于加快推进实施以工促农、以城带乡发展战略，有利于发展食品加工、服装等劳动密集型工业，有利于提高云南对越南、老挝、缅甸等国家的陆上对外开放水平，有利于抑制云南轻工业比重下降态势，优化轻重工业结构（纵向比较看，2000 年以后云南轻工业比重下降很快，规模以上工业增加值中轻工业的比重从 2001 年的 66.3% 下降到 2008 年的 45.4%，7 年下降了 21 个百分点）。

云南具有发展轻工业的原料基础。云南有 1.7 万多种高等植物，占全国高等植物总数的 60% 以上；热带、亚热带的高等植物约 1 万种，占全国高等植物种类的一半以上；中草药 2000 多种、香料植物 400 多种、花卉植物 1500 多种。有

“植物王国”、“药物宝库”、“香料之乡”之称。

结合云南实际，要大力发展生物制药、制糖、制茶、丝麻、纺织等产业。

9.2.1 生物制药

培育扶持云南白药集团等重点医药企业开展研发和技改，通过推进新药研发工程、特色产品工程、品牌建设工程，提升市场竞争力，提高医药行业的整体素质，将云南建设成为全国重要的植物药生产基地。

云南生物制药结构调整思路主要是：（1）研发方面，由传统中药转为同时积极关注生物医药、现代中药和化学仿制药。（2）产品方面，装备现代化的药品生产线，开发健康系列产品。

9.2.2 制糖

进一步提升蔗糖产业发展的集中度、速度和质量，鼓励各大型糖业集团（公司）采取自主研发与引进相结合，有选择地开发精制糖、绵白糖、有机糖、低聚果糖、木糖醇、生物酶转化糖、抗氧化剂等新产品。

9.2.3 茶叶

争取普洱茶、滇红、滇绿、紧压茶、CTC 茶、速溶茶以及茶叶深加工产品在产品质量、服务等方面有提高和创新；支持有品牌、有实力、有市场的企业兼并、重组规模小的茶叶加工企业，提高产业集中度；支持企业进行精深加工，提升茶产品的技术含量和档次，开发适合现代生活需要的茶叶饮品。

9.2.4 丝麻

优化调整丝麻产业的产品结构，引进战略合作伙伴，解决产业发展的关键技术，有效延伸产业链，提升产品质量和产品档次。

9.2.5 纺织

加快发展纺织行业，包括棉纺、毛纺、丝绸、麻纺、针织、制衣等行业。

9.3 优化升级重工业

优化升级重工业应以有色、化工、黑色等行业为主导，改变重工业依赖资源大而不强的现状。

工业化是现代化的标志。马克思主义经济理论、现代西方经济学以及国内外工业化进程的实践表明：资本有机构成提高和生产资料优先增长是推进新型工业化进程和提高工业化水平的重要途径。

物质是不灭的，材料是永恒的，终端是可变的。资源型工业是走新型工业化道路的坚实基础。

2007年，云南轻重工业增加值结构比例为46.2:53.8，全国比例为30.1:69.9，云南重工业比重比全国水平低16.1个百分点，在全国31个省（市、区）中排名倒数第2位，仅比福建省（51.9%）高1.9个百分点。2008年，云南重工业占54.6%，与全国水平（70.8%）相比还很低。优化升级重工业是工业经济调结构上水平的必然要求。

云南发展重工业具有资源优势。云南矿产资源丰富，有50多个矿种的保有储量居全国前10位，其中铅、锌、锡、铝的保有储量居全国第1位；铜保有储量居全国第3位；铁矿资源保有储量居全国第7位；磷矿资源储量居全国第1位。煤炭资源探明储量252.9亿吨，保有储量246.5亿吨，居全国第8位。

结合云南实际，要优化升级有色、化工、黑色等产业。

9.3.1 有色金属产业

（1）铜。以云铜集团为重点发展铜工业，组织抓好云铜集团云铜股份公司新增18万吨/年电解铜产能技改、云铜集团凯通公司10.5万吨粗铜冶炼改扩建、云锡集团10万吨/年铜冶炼、云铜集团迪庆公司15万吨/年普朗铜矿采选、云铜集团思茅山水公司大平掌铜矿采选技改扩建、云铜集团迪庆公司羊拉铜矿采选、云铜集团楚雄矿冶公司5万吨铜精矿/年技改、云铜集团弥渡县九顶山矿业公司铜矿技改扩建等项目的实施。云南铜产业结构调整思路主要是：突出发展铜主产业，集中人力、物力、财力，夯实矿山、冶炼、深加工的物质基础，依托云铜集团在铜产业发展中积累的资源保障、产品品牌、管理基础、技术优势、人才储备、文化积淀，打造中国铜产业的排头兵。

（2）铝。以云南冶金集团为重点发展铝工业，推进矿电结合和铝电联营，促进昆明、曲靖、红河等地电解铝技术升级，有序开发大理鹤庆铝土矿资源，构建铝土矿、氧化铝、电解铝和铝深加工为一体的铝产业链。组织抓好云南冶金集团云铝股份公司80万吨/年氧化铝及配套电解铝、云南冶金集团实施铝产业扩能改造升级规划等项目的实施。

（3）锌、铅。以云南冶金集团、云锡集团、蒙自矿冶公司、祥云飞龙公司、罗平锌电公司、华联锌铟公司等企业为主体发展铅锌工业，组织抓好云南冶金集团驰宏锌锗公司会泽片区10万吨电锌及渣综合利用、云南冶金集团驰宏锌锗公司会泽片区6万吨粗铅、云南冶金集团新立公司彝良铅锌矿2000吨/日选矿厂、云锡集团10万吨/年电铅、蒙自矿冶公司铅冶炼厂技术改造及10万吨/年锌冶炼、祥云飞龙公司15万吨电锌技改、祥云飞龙公司难处理氧化锌矿和氧化锌矿浸出渣提锌新技术应用、罗平锌电公司6万吨氧压浸出及资源综合利用、华联锌铟公司年产10万吨锌冶炼等项目的实施。

云南铝产业结构调整思路是：推广运用自主研发的“曲面阴极中低温高效节能铝电解新技术”，使电解铝单位产品电耗降至13000千瓦时以下，2015年铝生产规模达到250万吨；在铅锌产业方面，进一步研发运用超大型电解槽工艺技术；在产品结构方面，电解铝2010年产能达到65万吨/年，2015年达到250万吨/年；电锌2010年产能达到32万吨/年，2015年达到56万吨/年；电铅2010年产能达到16万吨/年，2015年达到22万吨/年。

（4）锡。以云锡集团为重点，综合开发利用现有个旧、马关、蒙自、西盟、梁河、腾冲等地的锡资源，积极开展国际化经营，建立省外和海外矿山、冶炼和加工基地，不断提高锡矿的采、选、冶水平。组织抓好云锡集团7万吨/年锡冶炼系统技改、个旧东区深部及外围地址勘查工程等项目的实施。云南锡产业结构调整思路主要是：进一步做强做大锡产业，加快发展铜、铅、锌、镍等有色金属产业；进一步做强做大贵金属产业。

9.3.2 化工产业

（1）煤化工。焦化控制新增产能，鼓励企业联合重组，合理配置资源；集中建设3~5个50万吨级/年大型煤制合成氨生产装置；对氮肥生产能力实行原料路线和动力结构调整的改造。组织抓好云南煤化工集团云维公司年产20万吨丙烯酸及酯、20万吨/年醋酸、7500吨/天甲醇，云南煤化工集团解化公司昭通煤化工、红河煤化工基地等项目，云天化集团水富煤化工等项目，富源德鑫集团100万吨焦炉煤气及煤焦油循环利用、100万吨/年机焦项目，泸西大为焦化公司95万吨/年焦化配套10万吨/年甲醇、5万吨/年双氧水工程，弥勒吉成能源化工公司80万吨/年焦化项目等。

（2）磷化工。加快建设国家磷肥基地，进一步优化磷化工企业资源配置，以云天化集团为基础，培育磷矿勘探、采选、黄磷、合成氨、高浓度磷复肥、精细磷化工为一体的大型联合企业，促进磷化工产业多元化发展。组织抓好云天化集团国际化工公司50万吨/年饲料磷酸一氢钙和二氢钙混合物项目，一期4万吨/年湿法磷酸净化、二期20万吨/年湿法磷酸精制项目，云天化集团红磷公司年产80万吨硫酸、20万吨磷酸、120万吨磨矿、20万吨磷酸浓缩、2万吨氟硅酸钠项目，云天化集团年产850万吨磷矿浮选项目，云天化集团磷化公司500万吨/年磷矿采选项目，云南宣威磷电公司电化一体化项目等。

（3）乙炔化工和盐化工。以昆明、曲靖、昭通、文山为重点，形成煤化工和盐化工相结合的乙炔化工，构建以电石为起点，烧碱、聚氯乙烯为核心的产业基础，延伸产业链。组织抓好云天化集团盐化股份公司氯碱二期技改工程10万吨/年烧碱、80万吨/年真空制盐项目，云南煤化工集团云维公司宣威年产60万吨电石、300万吨石灰岩矿山、20万吨醋酸乙烯、2.5万吨1，4-丁二醇等项目，云南煤化工集团云维公司保山5万吨/年醋酸乙烯配套20万吨/年电石项目，南磷集团寻甸磷电公司30万吨/年烧碱、39万吨/年聚氯乙烯项目，大关天元化工公司20万吨/年电石项目。

（4）云南化工产业结构调整思路主要如下：

1）发展思路逐步实现六大转变，一是发展重点从“以肥为主”向“以化为主”转变；二是发展方式从资源规模型向质量效益型、技术创新型转变；三是业务模式从以生产经营为主向生产经营、资本运作、商贸流通三个平台互动转变；四是创新形式从引进消化吸收为主向自主创新转变；五是组织体系从单一的母子公司向更能适应企业发展的现代企业组织转变；六是经营范围从以国内为主向国内国际两个市场、两种资源互动转变。

2）产业发展重点：

①化肥产业，磷复肥逐步从基础肥向复合肥、专用肥、控释肥延伸，从化肥产品经营向肥粮结合延伸；氮肥将积极寻求扩张计划，适时整合省内外氮肥资源；钾肥以中寮矿业为突破点，重点建设好老挝5万吨/年钾肥项目。

②磷矿采选产业，继续推进磷矿资源整合，探、采、洗、选配套发展。

③有机化工产业，围绕聚甲醛等产品逐步从低端向高端延伸。

④玻纤产业，继续巩固国外市场的同时，加大国内市场开拓力度。

⑤盐化工产业，从单一氯碱产品向多元化、深加工延伸。

⑥磷化工产业，近期重点发展电子级磷酸。

⑦开展石油化工、生物化工等新产业的研究。

9.3.3 黑色金属产业

组织抓好武钢集团昆钢股份公司新型钢材、节能减排、淘汰落后产能重大技术改造项目；昆钢集团120万吨/年球团项目Ⅱ期工程项目；昆钢集团大红山800万吨铁矿扩产项目；力争将昆钢集团培育成千万吨级的钢铁企业集团；武钢集团新兴钢铁公司提钒炼钢项目、焊管公司搬迁项目；昆明、玉溪、曲靖、保山等州市重点钢铁企业的升级改造项目；促进德胜集团楚雄钢铁公司和玉溪、曲靖等地方钢铁企业的技术进步、产品升级和节能降耗，引导钢铁企业联合重组。

9.4 加快培育新产业

加快培育新产业应以黑色金属合金、有色金属合金、化工材料、光电子材料、装备制造配套等行业为主导，改变新产业发展慢、新而不实的现状。

世界范围内正在展开新一轮以科技革命为先导的产业革命竞争。在新材料、新能源、信息、环保等新产业上尽快实现突破，才能抢占新一轮大发展的制高点，让经济增长更上层次、更有后劲、更可持续。

云南具有加快培育新产业的资源优势。钛铁矿是云南既有资源优势又有规模发展优势的矿产资源；钒矿资源较为丰富；铟、铊、镉等稀有贵金属保有储量居全国第1位；银、锗、铂金属储量居全国第2位；云南硅矿资源丰富，是中国四大硅工业省份之一。

结合云南实际，要加快培育黑色金属合金、有色金属合金、化工材料、光电子材料、装备制造配套等新产业。

9.4.1 黑色金属合金

逐步淘汰强度335兆帕及以下热轧带肋钢筋，加快推广使用强度400兆帕及以上钢筋，促进建筑钢材的升级换代，400兆帕及以上热轧带肋钢筋使用比例达到60%以上。发展建筑钢材深加工品种，拓展建筑用棒线材的加工与配送业务（定尺钢筋、箍筋、弯曲钢筋、焊接网、钢筋笼、柱等）。增加热轧、冷轧钢卷及中厚板品种，发展高强度钢筋和节材、优质碳素钢、管线、锌板，电工、路桥、船、模具、高压容器用钢等。支持昆钢集团建设60万吨冷轧硅钢生产线，以适应电力装备工业的发展需要，建设直缝焊管生产线和螺旋缝埋弧焊管生产线，以适应中石油滇缅油气管线建设的需要。

综合利用锰矿石资源，建立采、选、冶、化一体的锰产业链，以文山、红河为主，发展锰系铁合金。组织抓好云南建水锰矿公司20万吨/年锰系合金节能减排项目；砚山县阿舍冶炼厂12万吨/年铁合金结构调整、提高产能技改项目；昆钢集团的五氧化二钒产业，利用钒钛磁铁矿炼钢吹炼出的钒渣进一步加工形成五氧化二钒，力争尽快达到年产4000吨规模；昆钢集团的钛材加工产业，建成楚雄钛材加工基地。

9.4.2 有色金属合金

（1）铜材。鼓励各类铜材加工企业发展。开发电工用铜线坯，高速电气化铁路接触网导线，高效节能电动机用铸铜转子，超细电解铜粉和电磁线、管、板、带、箔以及铜基合金材料等铜深加工产品，开发机械装备、建筑用铜制品。组织抓好云铜集团20万吨铜基新材料加工等项目。

（2）铝材。以冶金集团云铝股份公司等重点企业为主，在现有铝合金、电工圆铝杆、铝铸轧卷、冷轧板、铝箔、型材基础上，不断开发新产品，提高铝加工能力。组织抓好云铝股份8万吨中高强度宽幅铝合金板带、云铝股份4万吨/年铝合金圆杆等项目。

（3）锌材铅材。以云南冶金集团驰宏锌锗公司、云锡集团、祥云飞龙公司等企业为重点，积极发展铅基合金、锌基合金，开发压铸用锌合金、氧化锌粉、合金锌粉、镀锌原料、锌基新材料系列产品以及硫化锌、硒化锌、硫酸锌等相关化工产品；发展铅电极、铅酸蓄电池、电动车用铅蓄电池、锌-气电池等，提高产品附加值。组织抓好云铜集团锌业公司 7.5 万吨/年锌基合金技改和 10 万吨/年锌锭铅锭资源综合利用等项目。

（4）锡材。以云锡集团为重点，继续发展锡材和锡化工。以锡粉、锡粒、BGA 锡球、锡珠、锡球、锡半球、锡柱、无铅焊锡球、纯锡电解阳极、浮法玻璃专用锡、锡基轴承合金等锡材产品为龙头；稳定发展锡铅焊料丝、铸造（挤压）锡铅焊料、汽车水箱专用锡铅焊料、球型锡铅焊料粉、无铅焊锡条（丝）等；继续开发生产氧化亚锡、锡酸钠、氯化亚锡、硫酸亚锡、二氧化锡、锡酸钠、锡酸锌、羟基锡酸锌、无铅氯化亚锡、焦磷酸亚锡、辛酸亚锡、锡酸钾、无水四氯化锡、陶瓷色料等锡化工产品。组织抓好云锡集团锡材深加工、6000 吨/年甲基锡等项目。

9.4.3 化工材料

（1）精细磷化工。利用商品磷酸从事精细磷酸盐（铵盐除外）产品生产项目，以黄磷为原料就地深加工项目，以磷肥或其他磷化产品为原料的复混肥、特种肥或磷化工产品的再延伸项目，以固体废弃物或尾气为原料的资源综合利用项目。积极开发消防、造纸、纺织、耐火材料、水处理、食品、饲料、医药、电子、金属加工等领域的磷酸盐产品。组织抓好中化集团晋宁工业园区精细磷化工、寻甸龙蟒磷化工有限公司 30 万吨/年饲料级磷酸盐、云南新龙矿物质饲料有限公司 30 万吨/年饲料级磷酸盐、云天化集团天创科技公司精细磷化工等项目。

（2）煤化工。集约化发展煤气化工、无机化工、煤焦化、煤化工（含甲醇制烯烃及后加工）、煤液化、乙炔化工。支持云南煤化工集团、省外大企业采用先进技术对昭通褐煤等煤资源进行开发利用。组织抓好云南煤化工集团 12 万吨粗苯加氢精制、10 万吨氨纶、10 万吨甲胺、6 万吨聚甲醛，云南冶金集团红河 60 万吨/年焙烧碳素阳极等项目。

（3）石油化工及天然气化工。结合中石油集团 2000 万吨原油炼化项目，建设 100 万吨烯烃裂解装置，并发展乙烯、丙烯、丁二烯、苯、甲苯、二甲苯的衍生产品。项目建成后销售收入达到 200 亿元以上。结合中石油天然气项目发展天然气化工，经过净化分离和裂解、蒸汽转化、氧化、氯化、硫化、硝化、脱氢等反应，发展合成氨、甲醇、乙烯、乙炔、二氯甲烷、四氯化碳、二硫化碳、硝基甲烷等材料。

9.4.4 光电子材料

（1）硅材料。建设硅基础材料、硅核心材料和硅光电子材料产业基地。引进技术发展非晶硅（化合物半导体GaAs-Ge）光伏产品。以迪庆为主发展硅系铁合金，以保山、德宏、怒江、文山、临沧为主，集中发展工业硅。组织抓好昌宁县立得硅业公司20万吨/年金属硅项目，美国环球特种金属公司10万吨/年金属硅项目，云南冶金集团永昌铅锌公司5万吨/年工业硅项目，潞西市卓信硅业公司5万吨/年工业硅项目。

（2）锗材料。依托临沧鑫圆锗业公司、云南冶金集团驰宏锌锗公司，重点建设昆明光电子产业基地锗材料项目，临沧鑫圆锗业公司的零位错、低位错光伏锗单晶片和红外锗镜头生产项目。

（3）铟材料。在标准铟、高纯铟的基础上，积极发展铟化合物、铟基合金、半导体材料、含铟太阳能薄膜电池材料等。

（4）蓝晶基片。以玉溪蓝晶科技公司为主体，实施半导体照明关键材料（LED）产业化项目。完善100万片蓝宝石单晶基片生产线和基片加工中心。

9.4.5 装备制造配套

（1）TD等3G产业。推进TD（TD-SCDMA）等3G产业发展，直接带动设备制造业、信息产业和劳动力市场需求，对于提高云南原材料供应能力，调整产业结构，拉动经济增长具有重要作用。要切实按照国务院《电子信息产业调整振兴规划》的要求，认真落实《云南省人民政府 中国移动通信集团公司战略合作框架协议》、《云南省人民政府 中国电信集团公司关于推进云南信息化建设的战略合作协议》、《云南省人民政府 中国联合网络通信集团有限公司战略合作框架协议》，将TD网络建设纳入云南重点建设项目，积极引导和鼓励各类重点建设项目应用TD网络技术，推动相关产业发展。

（2）电力装备。面向西南地区和东南亚电力建设市场加快发展电力装备，建设昆明电工装备基地，重点组织大中型水力发电设备、高电压等级输变配电装备的攻关和制造，加快发展10万千瓦以上水力发电设备、500千伏级及以上电力变压器和高压开关成套设备；加快220千伏电力变压器、126～550千伏电压等级高压开关扩能改造；开发生产500～1000千伏安变压器。

（3）汽车拖拉机内燃机及零部件。进一步开创中、轻型载货车发展的新局面；积极开发生产新型轻型载货车、皮卡、工程车及专用车；适时开发乘用车和大型载货车；积极发展中、轻型客车和大型豪华客车等新产品；积极发展大中型拖拉机；积极开发电动等新能源动力汽车和专用零部件。积极推进云南省与第一汽车集团公司的战略合作，认真落实《云南省人民政府 中国第一汽车集团公司战略合作框架协议》，加快发展SUV、轿车、MPV整车制造项目；推进一汽红塔公司-汽-通用公司轻卡、工程车和商务车制造项目的合作；推进东风云汽皮卡及货车的发展；推进力帆骏马公司与国外知名汽车公司的合作。以力帆骏马公司、一汽红塔公司、东风云南公司、云内动力公司、西仪公司等企业为主体，通过新产品开发、产业协作，形成大理、曲靖和昆明汽车、内燃机及零部件产业集聚区，延伸配套产业链。

（4）民用机场装备及系统等。认真落实《云南省人民政府 中国船舶重工集团公司战略合作协议》，重点建设民用机场装备国产化研发制造，固体废弃物及污水处理装备系统研发制造，现代物流装备及系统研发制造，烟草机械设备及烟草加工原创性新工艺、新技术、新设备、新产品开发，水中兵器及海洋工程配套装备的研发制造等项目。

9.4.6 新能源

根据云南实际，新能源产业扶持发展的重点为太阳能、生物质能、风能、地热能、氢能等。密切关注国际原油产销动向，推进煤制油产业化技术。认真落实《云南省人民政府 中国长江三峡工程开发总公司战略合作协议》，切实推动有关工作。

9.4.7 环保技术产业

随着我国对环境问题的日益重视和环保法规的不断完善，环保产业的发展有着广阔的前景，有望成为最具潜力的新经济增长点。云南在继续加强工业“三废”治理技术研发利用的同时，更应充分利用微生物资源优势，积极开发微生物环保技术，研发生物可降解材料及微生物除污等技术。

10 推进云南工业经济调结构上水平的举措

根据工业经济结构存在的主要问题和工业经济调结构上水平的选择，围绕动力源提出“三动”措施建议。

10.1 创新驱动

创新是一个民族进步的灵魂，是社会经济发展的不竭动力。应加快建立以企业为主体的技术创新体系，全面提高企业的自主创新能力，提升云南工业品牌与工业经济的整体实力，从而促进云南工业经济结构的调整与升级，大力实施技术装备提升工程。

要紧紧围绕烟草制品业、装备制造业、生物产业、能源产业、矿产业这五大重点产业，加快有色金属新材料、磷煤化工、光电子、装备制造业、生物质能源等产业化创新基地建设，以数控机床、汽车及柴油发动机、铁路养护装备、电力装备、自动化物流设备和环保设备为重点，引导并加大技术改造投入，积极支持运用高新技术、先进适用技术特别是信息技术提升技术装备水平，初步形成以重大特色装备、知名品牌和骨干企业为支撑，一批专、精、特、新中小企业相配套的装备制造产业格局，把云南打造成我国重要的大型数控机床基地、大型铁路养护设备基地、烟草装备基地和现代物流设备基地。

10.1.1 大力实施企业创新平台建设工程

围绕增强企业创新能力的发展目标，深入实施建设创新型云南行动计划，突破一批核心技术和关键技术，提升现有企业技术中心的能力和水平；鼓励和支持具备条件的大中型工业企业建立技术中心及博士后流动工作站，支持有条件的省级企业技术中心申报国家级企业技术中心，积极推进有条件的州市开展州市企业技术中心认定；鼓励冶金、化工、机械、生物医药等优势行业内的企业技术中心建立开放式运作模式；鼓励中小企业建立技术联盟或共同建立行业性技术创新和服务平台。

10.1.2 大力实施“产学研”联合创新工程

在风险共担、成果共有、利益共享的原则下，实施以政府为引导，企业为主体，“产学研”相结合的联合创新工程。通过委托开发、联合开发等形式，以社会和市场需求为纽带，发挥高等学校、科研院所技术优势和企业的资金、管理和市场优势，开展联合创新。重点推进与有色金属、生物及医药、机电、化工等产业有关的研发资源整合，加快建立“产学研”相结合的有色金属研发体系、“云药”研发体系、光机电一体化研发体系、磷化工及煤化工研发体系，形成以市场为导向、企业为主体、技术为纽带的“产学研”联合创新模式，努力提升云南“产学研”联合创新能力。

10.1.3 大力实施企业信息化工程

按照政府引导、企业为主、市场化运作的原则，推动信息技术在工业领域的应用，以智能化、数字化、虚拟化、网络化、敏捷制造为方向，对传统企业设计、生产流程进行再造，实现生产信息化，大力推进信息化与工业化融合。要围绕烟草、生物医药、能源、矿冶、机械与电子等重点产业，组织实施一批具有行业示范作用的企业信息化项目，全面提升企业的自动化、现代化整体技术水平，促进产业优化升级。扶持10～20项企业信息化项目，通过企业信息化示范项目的带动，加快云南企业信息化进程。

10.1.4 大力实施新技术推广工程

综合运用网络、多媒体、远程通信等现代信息技术，广泛开展多层次、多渠道、多形式的新技术推广活动，鼓励企业采用先进、成熟、适用的新工艺、新技术、新材料、新装备。充分发挥科技中介组织的作用，促进新技术的推广和应用，以提高产品质量，降低原材料、能源消耗，提高生产效率，改善劳动条件，消除环境污染，改进和完善传统工艺，提高企业应用新技术的水平和能力，加快科研成果和新技术的推广应用。定期或不定期举办非公企业技术创新成果展览交易会，组织非公企业创新论坛，提升非公经济创新能力和成果转化效率。

10.1.5 大力实施工业品牌培育工程

积极推进工业企业核心技术研发，强化企业质量管理，大力推进商标、名牌、知识产权等工作，着力壮大一批传统工业品牌，发展一批新兴产业工业品牌，培育一批工业企业上市品牌，创立一批自主创新品牌。在云南全省逐步形成比较完善的重视、鼓励和扶持工业品牌培育和发展的良好环境，初步建立社会公认工业品牌的体制和机制。

10.2 改革推动

云南工业的发展史，就是一部改革史。在国际金融危机的冲击下，进一步推进工业体制机制改革，强化工业企业的现代化管理，既是应对危机的有效“法宝”，也是企业谋求长远发展、增强内生动力的迫切需要。要重点抓好三个方面改革推动的工作。

10.2.1 在转换工作机制上更深一层

体制机制改革是经济社会发展永恒的主题，谁更深入一层，谁就赢得主动。一是要按照监管科学化、产权多元化、资本证券化、人才市场化、事权服务化的思路，进一步完善国有资产监督管理体制，加大力度深入推进资源资本化进程。二是要引导企业积极推进内部体制机制改革，进一步完善公司治理结构，规范企业的董事会、监事会等的设立制度以及运行机制，真正形成企业决策、监督和经营三权各司其职、相互制约、相互监督的良性循环机制。三是要大力推进企业组织结构调整和兼并重组，进一步夯实应对危机、降本增效、持续发展的坚实基础。发展的实践证明，越是困难的形势，越要深化改革。通过进一步深化云南工业体制机制的改革，努力使云南的工业企业形成适应国际、国内市场变化和经济结构调整的管理体制、运行模式和相关制度体系，在应对金融危机的具体工作中，在推进工业强省战略的进程中增添更多的动力、注入更多的活力。

10.2.2 在加强企业管理上更实一步

管理是企业的生存之本。没有科学的管理，企业内部要素资源配置就不可能得到优化，企业做大做强就难以推进。在十分困难的形势下，一是要大力引导、支持和帮助企业进一步提高人才、技术、资金、物资和信息等资源的配置效率，努力建立科学、规范的决策、规划、组织、控制和监督等方面的管理制度；二是要大力引导、支持和帮助企业积极推行精细化管理方式，全面强化成本、资金、质量、安全、营销和生产等各项基础管理，全方位多角度挖潜、降本、增效；三是要大力引导、支持和帮助企业加快完善经营管理和质量管理体系，以信息化与工业化的整合推动管理上台阶；四是要大力强化企业家队伍的高端培训和新知识研修等工作，加快培育和发展壮大云南企业家队伍群，进一步强化企业科技人才和管理人才的队伍建设，尽快制定云南企业家培育的具体实施办法，为云南工业企业实施战略管理、组织管理、投资管理和人本管理提供人才保障。

10.2.3 在应对危机上更快一拍

国务院相继审议通过十大产业振兴规划，对云南企业战略性重组、淘汰落后产能、加快技术进步、推动产业发展带来了新的历史机遇。2008 年下半年以来，云南省委、省政府在贯彻落实国家扩大内需各项政策工作中，制定了一系列及时、坚决、有力的政策措施，相继出台了云南省加快非公有制经济发展的决定和云南省促进工业产品销售保持工业平稳较快发展的意见。从2009年上半年全省工业经济运行情况来看，已取得了显著的成效，工业经济运行呈现“七稳一降”的良好态势。要立足国际竞争激烈、省际竞争加剧的大背景和大形势，充分研究和吃透国家政策，尽快实现与省情实际的无缝对接，争取更多地享有国家政策的机会，进一步加大对省委、省政府重大决策部署的落实力度，积极作为、突出实效，努力在这新一轮全国产业振兴的大潮中，因地制宜、顺势而谋、抢占先机。

10.3 开放带动

加快发展，开放为先。开放要有全局的视角、要有超前的理念、要有世界眼光。要把开放拉动工作做细、做实、做出成效。开放是解决工业发展过程中的深层次矛盾和问题的重要动力。要突出抓好三个方面开放带动的工作。

10.3.1 以开放的力度提升云南工业对外开放合作水平

坚持开放带动，在更大范围、更广领域、更高层次上参与国际经济技术合作与竞争，以大开放促进大发展。打破公有私有、省内省外、国内国外、行业企业的限制，实行“非禁即放”，努力扩展对外开放的广度和深度。积极引进战略合作伙伴，用先进的技术和管理经验来带动全省工业企业的发展，促进产业结构调整。鼓励和支持有条件的企业对外投资，带动商品和劳务出口，同时充分发挥区位优势，以电力、化工、钢铁、有色金属、机电、建材、食品、日用化工等行业为重点，在昆明、河口、瑞丽、景洪、腾冲等口岸城市建设进出口加工贸易区，把云南建设成为我国面向东南亚、南亚的出口加工基地。

10.3.2 以开放的深度推进各项应对举措的落实与完善

一是要狠抓对中央大政方针精神的领会与把握，要狠抓省委、省政府“抢机遇、促投资、强产业、扩消费、增动力、重民生、抓生态、保稳定”的工作方针和“稳工业、增投资、促消费、保民生”等一系列重大政策的落实，真正把政策的思路变成行动，把政策的目标变成现实。二是要不断调整和完善相关应对措施。如进一步加大保护和统筹资源，停止或调减资源粗加工产品铁路外运；在推进直购电试点工作方面，积极推进煤矿电一体化、水电矿一体化等，都是应对危机、促进发展的空间和手段。三是要进一步做好“研究政策、拓展空间、挖掘潜力”的文章，大力推进企业战略合作，充分利用整合并购成本相对较低的有利时机，加快推进云南优势资源的整合工作，积极推动煤炭、磷矿石、钢铁等行业的大型优势集团跨行业、跨地区、跨所有制的重组，进一步开展战略合作、优化产业布局和上下游的资源配置，进一步增强云南工业企业的总体竞争力。

10.3.3 以开放的广度抓好东部产业转移的承接工作

在充分看到云南承接东部产业转移已取得较好成效的基础上，更要看到面临的困难。从外部讲，金融危机导致产业转移的速度减缓，同时中西部省区的竞争更加激烈；从内部看，云南地处内陆，运输距离较长、在运输成本上处于劣势，铁路、公路、航空运力紧张等。如何立足优势、搭建平台和求得实效，要突出抓好四个方面的工作：一是加强统筹协调。要加强对这方面工作的领导，明确职能部门，制定工作目标、细化工作任务。二是要创新招商引资。实现特色招商，关键是把云南的优势、特色产业筛选好、宣传好、包装好、推介好。要以云南优势企业和各类工业园区为载体，主动出击，走一条以商招商、委托招商路子。三是要推进工业园区建设。要狠抓宣传、贯彻和落实。要充分看到云南具有连接东亚、东南亚、南亚三大市场，沟通太平洋、印度洋的优势，加大向国家积极申请建立“跨境经济合作区”的力度，力争将瑞丽、河口、磨憨等口岸作为重点，设立综合保税区，以承接整个行业和产业的大规模转移。四是要提升工作水平。良莠不分、不加选择，云南工业产业的转型升级就不但推进不了，还会带来阻碍因素。要以矿产、电力、生物资源开发等为重点，以石油天然气炼化、茶叶、核桃、橡胶、珠宝玉石等为优势产业，以合金材料、化工材料、光电子材料、装备制造配套等为新兴产业；以日化五金机电、服装、鞋帽、塑料包装等为主的劳动密集型产业，尽可能吸引同类型的企业抱团进入，引入群体性的产业集群转移。

参考文献

[1] 张培刚．农业与工业化［M］．武汉：华中工学院出版社，1984.

[2] 钱纳里．工业化和经济增长的比较研究［M］．吴奇，等译．上海：上海三联书店，1989.

[3] 简新华．产业经济学［M］．武汉：武汉大学出版社，2002.

[4] COLIN CLARK. The Conditions of Economic Progress［M］. MacMillan Company，1957.

[5] 刘培哲．可持续发展理论与《中国21世纪议程》［M］．北京：气象出版社，2001.

[6] 云南省统计局．云南工业经济信息资料［M］．昆明：云南科技出版社，1997.

[7] 国家统计局工业交通统计司．中国工业经济统计年鉴［M］．北京：中国统计出版社，2006.

[8] 云南省统计局．云南统计年鉴［M］．北京：中国统计出版社，2005.

[9] 杨治．产业经济学导论［M］．北京：中国人民大学出版社，1985.

[10] 李悦．产业经济学［M］．北京：中国人民大学出版社，2008.

[11] 李柏洲，马永红，于兴武．新编工业经济管理学［M］．哈尔滨：哈尔滨工程大学出版社，2003.

[12] 刘希宋．现代工业经济管理［M］．哈尔滨：哈尔滨工程大学出版社，2002.

[13] 周天勇．新发展经济学［M］．北京：经济科学出版社，2002.

[14] 王子元．云南工业体系发展导向研究［M］．昆明：云南人民出版社，1997.

[15] 廖鸿志，张永水．云南“两烟”与区域可持续发展［M］．香港：香港文化传播事务所，2000.

[16] 云南论坛2008组委会．云南经济：模式、能力、质量［C］//云南论坛2008论文集．昆明：云南大学出版社，2009.

[17] 云南论坛秘书处．聚焦德宏：先行先试 产业引领 开放共赢［C］//云南论坛2012论文集．昆明：云南大学出版社，2012.

[18] 云南论坛秘书处．科技、产业、创新——“两强一堡”战略与云南可持续发展［C］//云南论坛2010论文集．昆明：云南大学出版社，2010.

[19] 王大明．云南矿业可持续发展初探［C］//第十届中国西部科技进步与经济社会发展专家论坛，2009.

[20] 杨先明，王斌．结构变化与产业成长［M］．昆明：云南大学出版社，2004.

[21] 邓超，邹建．发展的选择——中国加入WTO形势下云南优势产业研究［M］．昆明：云南人民出版社，2004.

[22] 陈昭锋．高新技术产业化与政府行为创新［M］．北京：中国物资出版社，2001.

[23] 云南省花卉产业联合会．云南花卉产业发展规划与研究［M］．昆明：云南美术出版社，2004.

[24] 和段琪．循环经济与云南产业发展［M］．昆明：云南民族出版社，2006.

[25] 车志敏．云南发展研究［M］．昆明：云南科技出版社，2006.

[26] 文力．旅游产业——21世纪的支柱产业［M］．贵州：贵州人民出版社，2004.

[27] 杨冠琼，黄冀翰．环保产业——21世纪的绿色浪潮［M］．贵州：贵州人民出版社，2004.

[28] 王维刚. 中国医药产业成长特征与机理研究 [D]. 上海：同济大学，2007.
[29] 宋光兴. 加入 WTO 对云南磷化工产业的影响及对策分析 [D]. 昆明：昆明理工大学，2003.
[30] 甄万里. 云南省工业结构优化研究 [D]. 昆明：云南财经大学，2012.
[31] 邓睿. 构建云南矿业竞争优势研究——以铜业为例 [D]. 北京：中央民族大学，2007.
[32] 邱岚岚. 云南省产业结构调整与经济增长质量的研究 [D]. 昆明：云南财经大学，2011.
[33] 王边莲. 云南省产业结构与就业结构关系分析及预测 [D]. 昆明：云南财经大学，2012.
[34] 中国社会科学院工业经济研究所. 中国工业发展报告：世界分工体系中的中国制造业(2003) [M]. 北京：经济管理出版社，2003.
[35] 中国社会科学院工业经济研究所. 中国工业发展报告：中国工业技术创新 (2004) [M]. 北京：经济管理出版社，2004.
[36] 中国社会科学院工业经济研究所. 中国工业发展报告 (2005) [M]. 北京：经济管理出版社，2005.
[37] 中国社会科学院工业经济研究所. 中国工业发展报告 (2006) [M]. 北京：经济管理出版社. 2006.
[38] 中国社会科学院工业经济研究所. 中国工业发展报告 (2007) [M]. 北京：经济管理出版社，2007.
[39] 中国社会科学院工业经济研究所. 中国工业发展报告：中国工业改革开放 30 年 (2008) [M]. 北京：经济管理出版社，2008.
[40] 中国社会科学院工业经济研究所. 中国工业发展报告：新中国工业 60 年 (2009) [M]. 北京：经济管理出版社，2009.
[41] 中国社会科学院工业经济研究所. 中国工业发展报告：国际金融危机下的中国工业(2010) [M]. 北京：经济管理出版社，2010.
[42] 中国社会科学院工业经济研究所. 中国工业发展报告 (2011) [M]. 北京：经济管理出版社，2011.
[43] 施庆华. 云南装备制造业现状及发展浅析 [C] //中国机械工程学会年会 2007.
[44] 陈渝中，栾玉琴. 振兴云南装备制造业的战略思考 [C] //第四届十三省区市机械工程学会科技论坛暨 2008 海南机械科技论坛.
[45] 王志勇，等. 提升云南省矿业国际竞争力的对策研究 [C] //云南省青海省矿业可持续发展高层论坛，2005.